残酷すぎる人間法則

9割まちがえる「対人関係のウソ」を科学する

PLAYS WELL WITH OTHERS

The Surprising Science Behind Why Everything You Know About Relationships Is (Mostly) Wrong

エリック・バーカー一著
橘玲一監訳
竹中てる実一訳

飛鳥新社

監訳者序文

「人生においてただ一つ、本当に重要なものは他者との関係だ」

「残酷すぎる人間法則」は、この一行に要約できるだろう。問題は、どうすれば「他者とうまくやっていけるか（Plays Well with Others）」がわからないことだ。——これが本書の原題になる。

人気ブロガーのエリック・バーカーは日本でもベストセラーになった『残酷すぎる成功法則』で、多種多様な成功哲学をエビデンスベースで検証して高い評価を得たが、今回もその手法は変わらない。原書の副題にあるように、「あなたが人間関係について知っていることのすべては（ほとんど）間違っている」という不都合な事実を、「驚くべき科学」によって解き明かしていく。

本書でバーカーが挑む大きな問いは、以下の4つだ。

- **人間関係：人は見た目で判断できるのか？**
- **友情：「まさかのときの友こそ真の友」は本当か？**
- **愛情：「愛はすべてを克服する」のか？**

・孤独：ひとは一人で生きていけるのか？

「傾聴（聞く力）」は長期の関係には役に立たず、犯罪プロファイリングは疑似科学で、「人は見た目が2割」——わたしたちは他者の考えや気持ちを読み取る能力が恐ろしく低いが、人の心を読むのが得意だと思っている——であることが多くの研究で明らかになった。読者は次々と意表をつくデータを突きつけられて、〝常識〟が崩壊していく快感を味わえるだろう。

前作『残酷すぎる成功法則』でバーカーは、社会的・経済的に成功する方法を検証した。その続編である本書では、どうすれば人間関係（とりわけ友情と愛情）で成功できるかを「科学」的に検証している。

私は、人生の土台を「金融資本」「人的資本」「社会資本」の3つで考えている。このフレームでいうならば、『残酷すぎる成功法則』のテーマは主に人的資本（社会的な成功）で、『残酷すぎる人間法則』はそれを社会資本（人間関係の成功）へと拡張したことになる。

バーカーと私の仕事が重なるのは偶然ではなく、突き詰めていうならば、「幸福」にとってもっとも重要なのは社会資本（他者との関係）で、社会的・経済的成功はそれを実現するための道具（ツール）にすぎない。

お金（金融資本）が増えたり、会社内の地位（人的資本）が上がれば幸福度は高くなるだろう。だがよく考えると、この効果は、お金や地位によって人間関係が改善するからだとわかる。

お金があれば、ブランドものやスーパーカー、豪邸などで「勝ち組」であることを見せびらかせる。これが「顕示的消費」で、生きていくのに必要な額を超えれば、お金の価値は、富を顕示することによりステイタス競争で優位に立つことしかない（使わないお金は、銀行のサーバーに格納されたたんなるデータだ）。

お金が幸福感に与える影響は逓減《ていげん》し（徐々に減っていき）、収入では年収８００万円（世帯では年収１５００万円）、資産では持ち家と金融資産１億円を超えると幸福度は変わらなくなるとされる（逆にいえば、この金額に達するまでは幸福度は大きく上がっていく）。

だとしたら、個人資産20兆円を超えるイーロン・マスクはなんのために必死に働きつづけているのか。生物としての人間が物理的に使える金融資産の上限はとうのむかしに超えているのだから、あとはリゾートでカクテルを飲みながら、悠々自適の暮らしをすればいいではないか。

そんなわけにはいかないことは、近年のTwitterをめぐる買収騒動で明らかだろう。人類史上、もっとも大きな富を獲得した男がこころの底から欲しているものは、酒池肉林の生活ではなく（どんな乱痴気騒ぎもすぐに飽きてしまうだろう）、１億人を超えるフォロワーからのさらなる評判（社会的評価）なのだ。

幸福はなぜ人間関係からしか得られないのか。それは長大な進化の過程のなかで、ヒトが社会に埋め込まれたからだ。

他者を足蹴にして利益を得る完全な利己主義者は、短期的には成功できるかもしれないが、長期的には破滅する。言葉を獲得して以来、ヒトが結託して陰謀をめぐらすようになったからで、どのような権力者も、利益の代わりに自分に忠誠を尽くす派閥（人間関係）をつくらなければ、たちまち失脚し（中世以前なら）処刑されてしまっただろう。

旧石器時代の数百万年のあいだ、わたしたちの祖先は150人程度の共同体で暮らしていたと考えられている。濃密な共同体では、高い評判を獲得すれば生存や生殖に有利になり、逆に評判を失うと仲間外れにされるか、最悪の場合、共同体から追放されただろう。当時の過酷な環境では、これはそのまま死につながったはずだ。

このようにしてわたしたちの脳に、他者の評判に敏感に反応する計測器＝ソシオメーターが組み込まれた。賞賛や尊敬によってセンサーの値が上昇すると脳の報酬系が刺激されて幸福感に酔いしれ、批判や侮辱で数値が落ち込むと大音量で（「このままでは死んでしまう」という）警報が鳴る。これが、わたしたちがつねに他者の評価に振り回される理由だ。

進化の過程でヒトの脳は、他者がなにを考えているかを理解するメンタライジング（こころの理論）、相手の気持ちと自分の感情を重ね合わせる共感力、すばやく集団行動をとる同調性、集団と自分を一体化させるアイデンティティ融合など、さまざまな向社会性を発達させてきた。これが生物としてのヒトの基本設計である以上、「幸福」という報酬は、原理的に、大きな社会資本（他者／共同体からの評判）からしか得られない。

だがここでの問題は、相手の歓心を買おうと言いなりになったり、集団のために身を犠牲にしたりするだけでは、「利己的な遺伝子」の複製（より多くの子孫）をつくれないことだ。アッシーくん（ただで使えるタクシー）やメッシーくん（食事のときだけ呼び出される財布代わり）は仲間集団の最底辺で、性愛の相手とは見なされないだろう。「利己的な遺伝子」の優秀な乗り物（ヴィークル）になるためには、共同体のなかでの地位をすこしでも上げなくてはならないのだ。――これは男の場合だが、女も競争のしかたが若干ちがうものの、集団内の地位が生存・生殖や子育ての成功に直結したのは同じだろう。

このようにしてヒトは、仲間に共感し、集団に同調する「利他性」によって共同体のなかでの評判を維持すると同時に、仲間よりも相対的に有利な地位を手に入れようと「利己性」を発揮するという、きわめて複雑なゲームを強いられるようになった。わたしたちはみな、この「無理ゲー」に勝ち残った者の子孫なのだ。

成功を目指すのは、それが幸福への道だと思っているからだろう。だが社会資本（人間関係）のゲームは、金融資本（お金）や人的資本（能力）の獲得よりずっと難しい。あらゆる局面で困難なトレードオフ（結婚すれば子育てが楽になるが、他の異性と性愛関係をもつのが難しくなる、など）を突きつけられるからで、だからこそバーカーは、このテーマで新たに一冊の本を書こうと思ったのだろう。

私は人間関係を、大きく「愛情空間」「友情空間／政治空間」「貨幣空間」に分けている。愛情空間は性愛のパートナーや子どもとの関係、政治空間は学校や会社（あるいはママ友）などの人間関係で、そのなかで自分の味方になってくれるのが友だちだ。この友情空間は、最大5人の「親友」と、最大15人の「イツメン（いつものメンバー）」で構成される。人間関係の核となる5人には性愛のパートナーが、イツメンには親友が含まれるので、愛情空間と友情空間の上限は多くても十数人だ。

わたしたちの心理的な世界は、愛情空間と友情空間を核として、顔と名前が一致する認知の上限である150人程度の政治空間でつくられている。性愛の候補者も、学校や会社のライバルも、みなこのなかに含まれる。その外側には、感情的なつながりはないものの、経済的な取引でネットワークされている茫漠とした貨幣空間が広がっている。

本書でバーカーが扱うのは、主に愛情空間と友情空間だ。それがもっとも幸福に影響を与えるからだが、成功法則と同様に人間法則にも「正解」はない。

誰かと性愛関係になれば、別の誰かと同じことはできない。誰かと遊びに行けば、別の誰かのために時間を割くことはできない。このように、愛情空間や友情空間にはきびしい時間資源の制約がある。最近の言葉でいえば、ベタな人間関係はものすごくタイパが悪いのだ。

それに加えてバーカーは、愛情や友情には「脆弱性」が必要だという。相手に信用してもらい、強い関係を築くには、自分のもっとも弱い部分をさらけ出さなければならない。しかしこれは、そのままリスクに直結する。信頼していた相手に裏切られると、（とりわけSNS時代には）取り返しのつかないことになりかねないのだ。

じつは私は、近著の『シンプルで合理的な人生設計』（ダイヤモンド社）で、社会資本（人間関係）を資源制約から考察している。その多くは本書と重なるが、重要な部分で異なっていることもある。

バーカーは本書で、孤独がいかに幸福度を下げるかを指摘し（これには膨大なエビデンスがあり議論の余地はない）、共同体に包摂されることが幸福への道だと説く（「人生の意味とは帰属することである」）。

だがわたしたちは共同体から追放されたのではなく、自らの意思で「自由」と「自律」を選択し、その結果として、孤独という代償を支払うことになったのではないか。この過程は不可逆なので、今後もわたしたちはますますばらばらになっていき、弱い人間関係のなかから「幸福」を見つけていくしかないと私は考えている。

もちろんこれは、どちらが正しいというわけではない。どのような方法で幸福を追求するかは、読者一人ひとりが、自らの人生として選択すべきものだからだ。

本書には、人間関係を改善する多くのヒントが散りばめられている。「どうすれば大切なひととうまくやっていけるのか」を、魅力的な、そして時に驚くべき例をあげながら、エビデンスをもとに徹底的に考えていくバーカーの世界を、今回も楽しんでほしい。

残酷すぎる**人間法則**　9割まちがえる「対人関係のウソ」を科学する――もくじ

第3章　愛こそすべて？

第4章　人はひとりでは生きていけない？

はじめに

　まだ誰も撃たれてない。ああ、そうだ、大して気休めにもならない言葉だが、それさえ今の私からすれば、やたら楽観的に響く。

　二人組の男が強盗目的でコンビニを襲い、レジ係がサイレント・アラームを作動させた。警察が到着したが、男たちはバリケードを築き、レジ係を人質にして立てこもった。緊急出動部隊（SWATの凝った言いかた）が外に待機し、ニューヨーク市警の人質交渉チーム（HNT）が容疑者とコンタクトを開始した。

　ちなみに今日、HNTには特別ゲストがいる。私だ。ある日突然、差出人が「ニューヨーク市警、トンプソン刑事」などというメールを受け取ったときは背筋が凍ったが、折しも、人との関わりかたについて本を書こうとしていた私には、楽しく学べる機会に思えたのだ。

　だが来てみたら、「楽しい」なんて言葉はどこかへ吹っ飛んだ。SWATチームが出動し、人命が危険に曝《さら》されている。やっぱり新時代の人間関係セミナーとやら——銃を突きつけられることはそうそうない——で週末を過ごせばよかったと悔やんでいるところだ。でもこうなったら、スタントでも何でも全部自分でこなすしかない。これからの五分は、私の人生で最もストレスフルな一〇年分に匹敵するだろう。

意外にも、電話の向こうの男はけっこう話せそうな様子だ。しかし、何につけ良い感触を持つには早すぎる。人質交渉は、最初の三〇分間が最も危険だ。容疑者とのあいだに、まだラポール（意思の疎通を図れる信頼関係）も、感情の転移もなく、事態が悪化したときに緩衝材として機能するものが何一つない。あるのはアドレナリンと恐怖だけだ。

交渉官が男と話し始めると、私は心のなかで正しい手順を確認した。話すペースはゆっくりと。アクティブリスニング（傾聴）の手法を用いる。声のトーンも重要だ。自分の対応が相手に伝染することを忘れてはいけない。

しかし、今この瞬間に何より重要なことは、「相手に話を続けさせること」だ。話している最中に人を撃つことはないからだ。だが残念ながら、男はもうこちらと話していない。回線が切れてしまった。これ以上まずいことはない。

だが、事態はさらに悪化した。向こうがかけ直してきたが、先ほどの彼ではなく、別の男だ。早口で、そのうえ凄い剣幕でまくしたてている。満足に聞き取ることさえできないが、ムショ帰りで、数年前に二人殺害した前科があること、ほかにもありとあらゆる重罪歴があることが、何とか聞き取れた。

「落ち着け」と自分に言い聞かせつつも、私は完全にパニックに陥っていた。よく映画のエンドクレジットで、「この映画を制作するにあたり、危害を受けた動物は一切いません」と表示されるが、この本の断り書きには、「本書を執筆するにあたり、被害を受けた人はほぼいません」と記すことになるかもしれない。

　交渉官が容疑者に応答した。「苛立っているようだな」。また随分と控えめな表現だが、これは傾聴の基本的なテクニックで、「ラベリング」と呼ばれる。つまり、人質犯の感情に名前をつけたわけだ。UCLAのマシュー・リバーマンによる神経科学の研究で、ラベリングには強い感情を抑える効果があることが検証された。また、相手の波長に合わせて共感を示すことで、ラポールを構築する効果もある。

「ああ、俺はイラついてる！　SWATが揃ってお出ましとはな！　おかげで甥っ子が、死ぬほどびびってるんだ！」

「甥っ子が？」と交渉官がくり返した。これは「ミラーリング」と言って、傾聴のもう一つの重要なテクニックだ。相手が最後に言ったフレーズを、質問の形でくり返す。そして容疑者の話を長引かせる。そうするあいだに、さらに多くの情報を得て、相手とのラポールを形成する。

「そうさ、さっきあんたと話してた……。いいか、俺はシャバではやっていけない。だがあいつには、そうなって欲しくないんだ」

　交渉官は「気がかりなんだな、甥っ子の将来が。そこから無事に出したい、そう思っているんだな」と返す。その後もさらなるラベリング、さらなるラポール形成を続ける。そうして少しずつ、こちらが望む方向へ容疑者を誘導していく。

　なおも話を続けるうちに、会話のトーンが次第に変化する。敵意がじょじょに薄れていき、いつしか問題解決に向けて両者が力を合わせているようだ。ほどなく、容疑者は人質を解放した。次いで甥を出て行かせた。それからまもなく男も投降した。

傾聴の威力を目の当たりにした私は、顔面にフリスビーをぶつけられたような衝撃を受けた。マジックでも見せられた気分だが、手品師の帽子から出てきたのはウサギどころかレクサスだった。

この手法は、人の気を変えさせるだけでなく、銃も捨てさせ、刑に服すことまで受け入れさせる。私はすっかり興奮した。次の本への手がかりが見つかったことにワクワクし、自分が電話で話さずに済んだことも喜んでいた。

そのとき交渉官が私のほうを向き、こう言った。「エリック、次はきみの番だ」。

――おっと、これは人質交渉の模擬訓練だと言わなかったかな？　それは失礼。「真似ごと」とはいえ、私のアドレナリンが急増したのには理由《わけ》がある。このニューヨーク市警の訓練施設は、壮観のひと言だ。

空港ターミナルほどの広さがあり、ハリウッドの屋外撮影セットを彷彿とさせる。銀行のロビーや警察の取り調べ室、屋上を飛び移る逃走劇を想定したセット、コンビニエンスストア（陳列棚にはオレオまで完備）などなど、人質事件の現場になりそうな場所が実物そっくりに再現されている。そして加害者や人質の役を務めるのはプロの役者で、真剣そのものだ（なお、ニューヨーク市警から要請があり、訓練プロトコルの機密保持のために、私は先ほどのシナリオの一部を変更した）。

傾聴は最強だが、家族には効かない

たっぷりと恐怖を疑似体験した後、私は最高の気分だった。対人スキルのマスターたちから奥義を授けられ、人間関係について悟りを開いた境地だった。訓練が終わって雑談していたときも、私はまだ有頂天だった。人とのコミュニケーションへのマスターキーが見つかった。それは「傾聴」だ。家庭での人間関係を改善するために誰もが必要とするものが、ようやく今わかったのだ。

「ところで傾聴はね、家族には効かないんだ」と、交渉官の一人がにべもなく言った。

「はぁ？？」心臓が止まるかと思った。

「このテクニックを、家で配偶者に使っても効果がないってこと」。もう一人の交渉官もうなずき、「まったくその通り」と言うように笑いを洩《も》らした。がっかりじゃないか。つまりこの素晴らしい対人関係の技法は、妻が憤慨していたり、夫の態度が最低だったりするときに役に立たないってことか？　人命は救えても、結婚生活は救えない？　私は叫びだしたい気持ちだった。

「なんてこった！　本を書くのに、キャッチーなコピーが必要なのに！」

でもそうはしなかった。かわりに深呼吸をした。私は、銃をもった銀行強盗への対処法には詳しくないが、心理学についてはそこそこ知識がある。あらゆる種類の夫婦セラピーの多くが、対立している状況で相手の話を積極的に聞く傾聴を推奨している。私はホテルに戻ってから、再確認してみた。やはりそうだ。誰もが傾聴を薦めている。

なのに傾聴は効かない。すべての夫婦問題セラピスト（そして私）が間違っていた。人質交渉官が正しかったのだ。ワシントン大学の心理学名誉教授、ジョン・ゴットマンが実際に検証していた。

傾聴は素晴らしいものだと思われている。たしかに人質交渉やセラピーのように、実践する側が第三者で、問題から一定の距離を置いている場合には有効性が高い。しかし、どちらかがゴミ出しをしない、といった夫婦喧嘩ではうまく機能しない。配偶者に怒鳴られている状況で「ミラーリング」や「ラベリング」を試み、相手のすべての感情を受け入れろと言うのは、暴力をふるわれても逃げるな、殴り返すなと言うに等しい。

ゴットマンの調査で、言い争いの真っ只中でそんなことはとてもできないことが明らかになった。また追跡調査によると、傾聴を実践できた数少ないカップルの場合でも、効果があったのはごく短期間で、争いがたちまち再燃した。

人質交渉では、短期的な効果があればそれで十分だ。つまり、容疑者に手錠をかけるまで持続すれば完璧だ。だが、数時間、数日単位よりずっと長く続く（願わくは）結婚において、それでは惨憺《さんたん》たる事態が待っている。夫婦セラピストたちは傾聴を薦めたが、ゴットマンが調べるまで、その有効性を試したものは誰もいなかった——人質交渉官以外は。夫婦セラピーを受けた一年後に、夫婦関係が改善したと報告するカップルは一八〜二五％に過ぎないという調査結果が出ているのは、そのためかもしれない。

自分へのメモ：テロリストや情緒不安定な人のために作られた策は、家族にとって最適なわけではない（もしかしたらあなたの家族には有効かもしれないが、そうは推測したくない）。

人間はじつに複雑だ。さながら3次元チェスのように。これほど複雑なものに、シンプルで普遍的なマスターキーがあることを期待した私が甘かった。

人への対処法として当然だと思ってきたことが間違っていた。ほぼすべての夫婦セラピストたちが信じていたことが誤りだったのだ。そして、あなたが人間関係について当然だと思っていることの多くも間違っている。まあまあ、落ち着いて。あなたのせいじゃない。私たちはこれまでずっと、相反する情報を聞かされてきたのだ。

- 「身なりは人を表す」？　でも、「見た目で判断してはいけない」とも言われてきた。
- 「類は友を呼ぶ」？　いや、「正反対のもの同士は引かれ合う」とも言う。
- 「自分らしくあるべきだ」？　それとも、「郷に入っては郷に従え」だろうか？

もちろん、私たちは混乱するし、つまらないことも信じてしまう。それは無理からぬことだ。しかし、人との関係はきわめて重要だ。私は、ホールマークのカードみたいなきれいごとの話をしようとしているわけではない。

ハーバードが突きとめた長寿で幸せな人生にただ一つ必要なもの

たとえばこうした事実がある。ハーバード大学メディカルスクールが行なったグラント研究では、二六八人の男性を八〇年以上にわたって追跡調査した。その結果、何部屋も埋めつくすほどのデータが蓄積され、長寿で幸せな人生をもたらすものは何かというテーマに関して膨大な知見が得られた。しかし、人生のかなりの部分を費やして同研究を率いたジョージ・ヴァイヤン教授は、数十年にわたるこの研究から何を学んだか問われると、一言こう答えた。

「人生においてただ一つ、本当に重要なものは他者との関係だ」

これほどの大調査の結果がこの一文に集約されるとは、馬鹿げているようにも思える。しかし、真実である。私たちは、人生で浅はかなことを追求するのに多くの時間を費やす。だが悲惨な出来事があったり、深夜に悶々とするとき、この上なく重要なのは人間関係なのだと思い知らされる。

- 誰を信じればいいのか？
- 私のことを本当に理解してくれる人はいるだろうか？
- 心から気づかってくれる人はいるのだろうか？

あなたにとって最も幸せな瞬間を思い浮かべれば、それは必ず人と関わっている。最も辛い瞬間も、やはり人に関わることだ。人生を築くのも、壊すのも、すべて人との関係なのだ。

何千年ものあいだ、人間は人と向き合ってきたのに、いまだに人間関係がうまくいかない。どうして良い答えが見つからないのだろう？

人生で最も重要なことが、生まれつきの能力や耳学問、あるいは苦痛や拒絶を通して容赦なく学ばされるわずかな知識に委《ゆだ》ねられている。人との関係についてはテキストが山ほどあるじゃないかと言う人もいるだろうが、「人間関係の本」という言葉は、「インフォマーシャル」と同じ調子《トーン》でつぶやかれる。その大半が、科学的正確さで言えばせいぜいマジック・エイト・ボール（ビリヤードの8番ボールに似た占い玩具）程度の上っ面だけの見解だと誰もがよく知っている。そうではなく、私たちは、本当の答えを求めているのだ。

フロイトは、「人間性の核をなすのは、愛と仕事である」と言った。私は初の著書で仕事について書き、「神話バスターズ」として、昔から耳にしてきた成功にまつわる格言や法則の正否を確かめた（ありがたいことに、同書はベストセラーになった。もし成功に関する本を書いて売れなければ、書き手自身が何もわかっていないということこれ以上の証拠はない）。そこでこの本では、フロイトの言った前半部分について取りあげる。すなわち、人間関係である。

本書では、人間関係に関して、私たちが何を勘違いしているか、どうすれば正解に近づけるのかについて書こうと思う。子どものころから耳に馴染んだ次の格言が、はたして科学的に正論なのかどうかを検証していく。

・「人は見た目で判断できる」のか？ それとも、それができるのはシャーロック・ホームズぐらいなのだろうか？
・「頼れる友だち」は果たして存在するのか。「まさかのときの友こそ真の友」という言葉の本当の意味とは？
・「愛こそすべて」なのだろうか？ それとも離婚率が高い背景には、気が滅入るようなもっともな理由があるのだろうか？
・「人は一人では生きていけない」のだろうか？

この本では、入手しうる最善の証拠《エビデンス》を活用し、月並みな説や、因果関係が明らかでない魔術的思考は排除する（私は、サイコロに息を吹きかけて幸運を祈る効果を信じない。ブラックジャックなどで既出のカードを記憶し、特定のカードが配られる確率を計算するカードカウンティングのほうを信じる）。

そして、格言の真偽について評決をくだす前に、その問題をさまざまな面から検討する。そこから発見される事実はときに直感に反し、驚くべきものになるだろう。これまでの常識を覆すことになるかもしれない。神話を打ち破り、真実の答えを見つけ、それをどう活用すれば愛と優しさ、温かみに満ちた人生を送れるかを学んでいこう――もちろん、その過程で誰にも危害を及ぼすことなく。

人間関係に関する「確かな情報」を集めに集めた本

私は過去一〇年間、ブログ「間違った木に向かって吠える（Barking Up The Wrong Tree）」で人間行動の科学を研究してきた。洒落《しゃれ》た学位をいくつか取得し、ニュージャージーで無事に育って生き抜いてきた。しかし人間関係の地獄めぐりツアーの案内人として私を信頼すべき理由はそれだけではない——。

私はこれまでさまざまに称されてきたが、「社交的な人」と呼ばれたことは一度もない。心理学者が人の性格分析に用いる五つの基本的特性のなかに「協調性」があるが、その項目で私は一〇〇点満点中四点だった。

この本は、そんな私が、「自分がどうすればいいかさっぱりわからなかったので、あなたや私よりはるかに賢い多くの人の話を聞いて、確かな情報を集めた」本なのだ。

あなたがどんなに切実にこうした答えを求めていても、どんなに人間関係でしくじったことがあっても、一匹狼であっても、アウトサイダーであっても、あるいは、単に人づき合いがなんとなくしっくりいっていない人であっても、私は味方だ。あなたとともにいる。私たちはこの旅の道連れなのだ。

それから、人間関係の根幹は、アイデンティティや組織、コミュニティを創りだすために脳が織りなす物語であること、そして、それらの物語は人びとを結びつけるばかりでなく、気をつけないと私たちを引き裂きかねないことを説明していく。

さらに、人生の意味についても説明する。もちろん真面目に。

私たちを至福へいざなうのも、「よもやここまで落ちるとは……」という奈落の底へ突き落とすのも人間関係だ。

誰しも、傷つくことや恥をかくことを怖れている。自分は呪われているんじゃないか、もう立ち直れないんじゃないかと思うこともある。波は止められないが、サーフィンを覚えることはできる。すでに人づき合いが得意な人も、引っ込み思案で内向的な人も、私たちは皆、より良い友人関係を築き、愛を見いだして再燃させることができる。たがいの心の距離が遠のき、孤独感が増しているこの時代にあっても、人ともっと近づくことができるのだ。


人間関係の問題は往々にして、相手を正しく認識できていないことに端を発する。私たちは皆、人の性格を判断しようとして痛い目に遭《あ》ってきた。

練習すれば、人を正確に見きわめられるようになるのだろうか？　相手が何を考えているのか、科学的に知ることはできるのだろうか？　嘘を見破ることはどうだろう？　あるいは、仕草を読み取ることは？（さらにこれら全部を六〇ページ以内におさめることは？）

ずばり言えば、「人を見た目で判断する」ことは、可能なのだろうか？

まずはそこから始めよう。

第１章

人の心は見た目が２割

1 犯罪プロファイリングは占いレベルの精度？

一週間前、一八歳の娘が忽然と姿を消し、警察は何の手がかりもつかめなかった。一九一七年二月一三日、ヘンリー・クルーガーの娘ルースは、アイススケート靴を研《と》いでもらいに出かけ、それきり戻らなかった。警察上層部はこの事件の捜査を優先すると請け合ったが、捜査の糸口はすぐに途絶えた。追い打ちをかけるように、新聞の報道合戦が過熱した。裕福な名家の子女が行方不明？ メディアは興味津々だった。

娘の母親は、夜な夜な泣き叫んだ。父親も安穏としていたわけではない。ヘンリー・クルーガーは、諦めるような男ではなかった。彼には富も力もあった。そして、娘を必ず見つけだせると確信していた。ピカ一の〝捜査官〟を雇ったところだったからだ。

その〝捜査官〟は刑事ではなく、探偵だった。少し前にも、死刑判決を受けた人間を見事な捜査で救いだしていた。変装の名人で、元米国地方検事でもあった。しかも、一九一七年にどんなにタフな男でも直面しなかったような抵抗や困難をくぐり抜け、これらすべての偉業を達成していた。なぜなら二〇世紀初頭、アメリカで最も偉大な探偵だったその人は、男ではなかったからだ。

彼女の名はグレース・ハミストン。ニューヨークの新聞が彼女を「ミセス・シャーロック・ホームズ」と名づけるまで、さほど時間はかからなかった。なにしろその人生は探偵小説を地で行っていたからだ。

彼女は黒い服しか着なかった。事件の捜査はすべて無償で引き受けた。当時、ハーバード大学やコロンビア大学のロースクールはまだ女性の入学を認めていなかったので、ニューヨーク大学で学んだ。グレースが一九〇五年に弁護士資格を取得したとき、全米には女性弁護士がまだ一〇〇〇人しかいなかった。

グレースは、貧しい移民の弁護人になるために自身の法律事務所を立ち上げ、彼らを搾取する雇用主や貧民街の悪徳家主との戦いを支援した。今日《こんにち》の迷惑メールさながらに、彼女のもとには殺害予告の脅迫状が頻繁に届いた。仕事を求めてやってきた移民たちが深南部（ジョージア、アラバマ、ミシシッピ、ルイジアナ、サウスカロライナ）で姿を消し始めると、グレースは潜入捜査を決行し、国家的スキャンダルに発展したペオン制（債務の肩代わりを名目とした債務奴隷制）の陰謀を暴いた。そしてグレースは、二七歳にしてアメリカ初の女性地方検事となった。まだ投票権すらあたえられていなかった女性としては破格の出世だった。

だがそんなグレースをもってしても、今回は難しいヤマになりそうだった。捜査が手詰まりになっていただけでなく、世間の関心も下火になっていた。新聞はすでにスキャンダラスな憶測を書きつくし、ヨーロッパで勃発した第一次世界大戦に注目を移していた。どこからも援軍は来ない。さしもの女シャーロック・ホームズも、ワトソンを必要としていた。

女シャーロックと強面のワトソン

グレースが、〝クロニー〟と出会ったのは、司法省で働いていたときだ。クロニーことジュリアス・J・クロンは、役所で働くには少しばかり強引すぎる――そしておそらくはちょっと正直すぎる――という評判で、そこがグレースの望みにかなっていた。彼は元ピンカートン社の探偵で、顔に深い傷跡があり、リボルバーを片時も手放さない。クロニーは、グレースが日々受け取る殺しの脅迫を単なる脅しで喰いとめるにも打ってつけだった。彼自身、三人の娘の父親であり、クルーガー事件への協力を求めて説得するまでもなかった。二人はさっそく仕事に取りかかった。

まずは町じゅうの遺体安置所や病院をくまなく調べたが、空振りに終わった。多少なりとも容疑者らしき人物は、アルフレッド・コッキだけだった。事件当日、ルースがスケート靴を研いでもらいに行った店のオーナーだ。警察はコッキを尋問したが、何も発見できず、容疑者リストから外していた。じつは二度も。最近イタリアから移住したばかりのコッキは、家に暴徒が押しかけることを怖れ、母国へ逃れていた。進展はほとんどなく、新たな手がかりも見つからないまま、五週間が過ぎた。

しかし、グレースは諦めていなかった。警察は何か見落としているに違いないと確信していた彼女は、クロニーと手分けしてすべてを洗い直した。クロニーが持ち前の「説得力」を活かして街でコッキのことをさらに調べ上げるあいだ、グレースは、事件に関するありとあらゆる証拠を徹底的に調べ直した。

クロニーが周辺住民に聞き込みをしたところ、コッキには警察がつかんだ以上のことがあるとわかった。コッキの店は、ギャンブラーやいかがわしい連中のたまり場になっていた。そしてコッキは若い女性が好きだった。それも随分と。閉店後の酒盛りのために、娘たちを地下室に誘い込んでいた。さらに、客との〝出会い〟を斡旋《あっせん》しているという噂だった。暴行まで行われていた。だが誰も警察に通報しなかった。親たちが、娘の評判に傷がつくことを怖れたからだ。

一方、グレースは警察の資料を見直し、新聞が報じていない事実を発見した。警察が初めて話を聞いたとき、コッキの顔と腕に深い引っかき傷があったという。それが最後の決め手になった。グレースはコッキを目にしたこともなかったが、彼が犯人だとわかった。それを証明するには、どうしても店の地下室に入る必要があった。

ところがコッキの妻がそれを許さなかった。夫が逃亡して以来、店の捜索をことごく拒んでいた。クロニーをハンマーで脅したこともある。しかも警察はすでに店内を捜索していたので、令状を出してもらう道も閉ざされていた。そこでグレースは、代わりに店の権利証書を手に入れた。なんと仲介者を通して、実際にコッキの妻から店を購入したのだ。新しい所有者が地下室を調べるのを阻む手立ては何もなかった。

グレースとクロニーは、数人の作業員とともに暗く冷たい階段を降りていった。作業場にしては、不気味なほど空っぽだった。あったのは家具が一つだけ――コッキの作業台だ。男たちが持ちあげて横に動かした。すると、台の下の床板が剥がされていた。

むき出しになったコンクリートに扉がはめ込まれている。クロニーがそれを開け、暗闇を見下ろした。インク壺を覗いているようだ。下に何があるのかまったく見えない。クロニーは躊躇せず暗闇のなかに飛び降り、着地した――何かの上に。

死体だった。腐敗がひどく、誰のものかわからない。手足が縛られ、頭蓋骨が陥没している。そしてグレースの目に入ったのは――アイススケート靴だった。それは乾いた血で覆われていた。

一九二〇年一〇月二九日、アルフレッド・コッキは母国イタリアで、ルース・クルーガー殺害の罪で有罪判決を受けた。グレースはコッキに会ったこともなかったが、彼がホシだと確信し、それを見事に証明した。彼女はシャーロック・ホームズ流の演繹推理をしたのだろうか？

いや違う。『ミセス・シャーロック・ホームズ（未邦訳、原題Mrs. Sherlock Holmes）』の著者、ブラッド・リッカによれば、そう質問されたとき、グレースは笑ってこう答えた。

「いいえ、シャーロック・ホームズは読んだことがありません。あいにく演繹推理の信者でもありません。常識と粘り強さがあれば、謎は必ず解けます。芝居がかった言動もワトソン博士も必要ないのです。ひたすら事件にこだわり続ければね」

というわけで、シャーロック・ホームズに最も近い実在の人物は、極めつけの難事件を解決するのに「人を読むスキル」を必要としなかった。犯人を見たこともなかった。人を正確に見抜く能力が発揮されるのは、フィクションのなかだけなのだろうか？

そんなことはない。だが、その正しい方法を学ぶ前に、私たちが間違ってきたことの背後にある秘密を解き明かす必要がある。

犯罪者プロファイリングの精度は三パーセント以下

きわめてリスクが高い状況下で、ごく限られた情報で人の性格を分析しなければならないのは誰だろう？　相手の協力が得られず、人命がかかっているときに、人の行動を分析する最も標準的《ゴールドスタンダード》な手法と言ったら何だろう？

それは連続殺人犯のプロファイリングだろう。この性格分析システムを構築するために、少なからぬ時間とエネルギー、資金が投入されてきた。ＦＢＩの行動分析課は、一九七二年の設立以来、犯罪者プロファイリングに取り組んできた。人を見た目で判断する方法を学ぶには、まさに最適な出発点ではないだろうか？　ただし一つだけちょっとした問題がある……。

犯罪者プロファイリングは役に立たない。疑似科学だからだ。

トレーニングを受けていない素人がやっても大差ない結果が得られるだろう。研究者であるコチシュ、ヘイズ、アーウィンによる二〇〇二年の調査によると、化学専攻の学生たちのほうが、訓練を受けた殺人事件の捜査官たちより有効なプロファイルを作成したという――。これはキツすぎる。

また二〇〇三年の研究では、警察官の二グループの片方にプロが作成した本物のプロファイルを、もう片方のグループに架空の犯罪者に関する偽のプロファイルを渡したところ、警察はその違いを見分けられなかった。さらに、二〇〇七年のメタ分析（あるテーマに関する研究結果をすべて統合し、全体像を把握すること）では、「正体不明の犯罪者の特徴を予測する際、プロファイラーたちの実績は、他の犯罪分析グループより決定的に優れているわけではない」とされている。

英国政府は、プロファイリングを捜査に活用した一八四件の犯罪ケースを調べた結果、プロファイリングが実際に有効だったのはたった二・七％だったと結論をくだした。アメリカ人である私がどうしてイギリスの統計を引き合いに出すのか、いぶかしむ向きもあるだろう。その理由は、FBIがこの種のデータさえ公表を拒んでいるからだ。犯罪者プロファイリングは実際どのくらいの頻度で有効なのか、当局は明らかにしない。

こうした状況にありながら、プロファイリングは役に立つと人びとは信じている。事実、調査によれば、訴訟事件に関わる心理学者の八六％が有効だと考えている。あなたも五分前まではそう思っていただろう。

殺人のような深刻な事態に関して上層部の信頼を得ているシステムが、ほとんど役に立たないのはなぜなのか？　どうして私たちは皆、騙されたのか？　じつは、それほど驚くことではないとわかった。多くの人が、占星術や偽の超能力者に騙されるだろう？　あなたは多分、

「それはまったく別の話」と思うかもしれないが、そうではない。実のところ、まったく同じ話なのだ。

何人もの人にまったく同じ内容の性格診断をくだしたらどうなる？

それは心理学では、「フォアラー効果」として知られ、より印象深い名前では、「バーナム効果」とも呼ばれている。そう、悪名高い興行師、P・T・バーナムの名に由来する。

一九四八年、大学教授のバートラム・フォアラーは、学生たちに性格診断のペーパーテストを行なった。それに基づき、フォアラーは一週間後、個々の学生の性格分析結果を配布した。そしてそれぞれの内容が自分に当てはまるかどうかを〇～五のスコアで評価してもらった。すると評価の平均は四・二で、四以下と評価した学生は一人だけだった。そこでフォアラーは真実を明かした。じつは、学生たちはまったく同一の性格診断を受け取っていた。それなのに全員がそれを見て、「ああ、これはまさに私のことだ」と口々に言っていたのだ。ちなみに、フォアラーはその性格的特徴をどこで手に入れたかと言うと、占星術の本からだった。

バーナム効果は、研究で何度も確認されている。脳が起こす一般的なエラーだ。コーネル大学の著名な心理学者、トーマス・ギロビッチは次のように定義する。

「バーナム効果とは、占星術や性格検査などの『診断』手段に基づいてとくに自分のために書かれた記述だと信じる限り、一般的な言葉で表現された同一の診断内容を、驚くほど自分のことを描写していると解釈してしまう傾向のことである」

ここでカギとなるのは、統計学者が「基準率」と呼ぶものだ。簡単に言えば、ある事柄が概してどれほど一般的であるかを示す。「電話をかけたことがある」の基準率は、とんでもなく高い。他方、「NASAで宇宙遊泳をしたことがある」の基準率は、きわめて低い。だから、誰かが電話をかけたことがあると知っても、人びとの集団を絞り込むにはほとんど役立たない。一方、ある人物が宇宙遊泳をしたとわかれば、地球上の人口から限られた人数まで絞り込むことができる。

警察の犯罪者プロファイルは、フォアラーの実験のように、基準率の高い内容を（意図せず）採用していた。ほとんどの人が好かれたいと思っている場合、「あなたは好かれたいと思っている」と誰かに言うことは、当たる確率が高いが、恐ろしく洞察力に欠ける。

もっともらしく見える犯罪者プロファイルを作りたい？ それなら、基準率の高い事実（たとえば全米の連続殺人犯の九〇％は男性、七五％は白人）を用いる。そこに、まず間違いないが検証不可能な内容をつけ加える（「彼は逸脱した性的空想を抱いているが、おそらくそれを認めようとしない」など）。最後に、でたらめな推測をいくつか加える（「彼はまだ母親と同居し、いつもカジュアルな服装をしている」など）。これらの推測は、間違っていてもうまく言い抜けられる。だが運が良ければ、あなたは天才のように見える。

警察官が偽のプロファイルを見抜けなかった二〇〇三年の研究で、まさにそのことが明らかになった。バーナム効果を意図的に機能させるために、研究者たちが曖昧《あいまい》な推論で構成されたプロファイルを作成したところ、警察官は、本物のプロファイルと同等に正確なものだと判断したのだ。

フォアラーは学生たちを騙したが、その結果、犯罪者プロファイリングが人びとを欺いてきたことがわかった。漠然とした基準率が高い特性が、関連性の高い話を伝えると言われると、私たちはそれが真実であることを望む。実際、それが真実となるような証拠を探してしまう。そして私たちには、自分の信念を裏づけることを記憶し、そうでないことは忘れるという強いバイアスが備わっている。

人びとが水晶玉やタロットカードに頼るのは、確かな答えを得るためではなく、人生にコントロール感をあたえてくれるストーリーを得るためだ。そしていんちき霊能者や魔術師は、あたかも人の心を読み、未来を予測できるように見せかけるために、バーナム効果と基準率を活用した「コールド・リーディング」と呼ばれる手口を使っている。

加えて私たちの心も、彼らの話が真実に思えるように共謀するのだ。メンタリストのスタンリー・ジェイクは、そのことを実証した。彼は人びとの運勢を占い、標準的な手相占いなら言ったであろうことと反対の内容を伝えた。その結果どうなったか？　まったく問題なかった。何を伝えても人びとは同じように信じたのだ。

人は誰でも、意味のないところに意味を見いだす生き物

マルコム・グラッドウェルが二〇〇七年に『ニューヨーカー』誌の記事で説明したように、それが基本的に犯罪者プロファイリングの本質だ。つまり、「意図しないコールド・リーディング」なのだ。

プロファイリングの無効性に関する代表的な研究者、ローレンス・アリソンは、超能力占いに関する研究（オレゴン大学心理学者、レイ・ハイマン）を次のように引用し、プロファイリングも同様だと説明している。

「ひとたび顧客が、占い師から発せられる、ときに矛盾する一連の発言の意味を理解しようと積極的に取り組むと、その発言全体に一貫性と意味を見いだそうとする創造的な問題解決者となる」

私たちは聞いたことを客観的に評価するのではなく、パズルのピースをはめようとする能動的な参加者になる。もっともらしく説明し、言い訳し、曖昧な内容を、「かなり当たっている」として受け入れるのだ。

タロットカードや水晶玉を信じる者はホッケーのスコア並みの低ＩＱだと思うかもしれないが、私たちは皆、多少なりともこのバイアスの影響を受けている。天文学者（アストロノマー）より、占星術師（アストロロジャー）の数のほうが多い根本的な理由もここにある。ギロビッチの

言うように、人間には、意味のないところに意味を見いだす傾向がある。心情的に、自分の周囲の世界をコントロールしているという感覚を求めるからだ。

私たちには、世界が少なくとも理に適っているように見えることが必要なのだ。そしてそのために、たとえ真実ではなくてもストーリーを必要とする。たとえば、「恋人と別れたのは、水星逆行期だったからだ」とか。

人を分析する際の真の難題は、対象となる相手ではなく、自分にある。たしかに、他者の行動を解読するのは難しい。だが、私たちがめったに気づかず、また、けっして取り組もうとしない隠れた問題は、自分たちの脳がしばしば悪さをするということだ。

人びとは、人の心を読み取る秘訣は、ボディランゲージや嘘を見ぬく魔法の指標か何かを学ぶことだと思っている。しかし、いちばんに対処すべきは、自分自身の認知バイアスである。それこそが、真に克服すべき相手なのだ。

2 「自分は相手の心がわかる」は残念な勘違い

一八九一年、ヴィルヘルム・フォン・オステンは、愛馬のハンスが天才だと気がついた。いや、もちろん、アインシュタインのような天才ではなく、馬としての天才だ。

ハンスは史上最も有名な馬の一頭となり、科学の歴史に多大な進歩をもたらすことになる――しかしそれは、フォン・オステンが期待し、望んだような形ではなかった。

フォン・オステンは、動物の知能は過小評価されていると信じ込んでいた。その信念が高じて、とうとう愛馬に算数を教え始めた。正解したときのご褒美は、砂糖の塊《かたまり》やニンジンだ。その訓練を来る日も来る日も……それから四年も続けた。しかし、そもそも馬は本当に人間のように学べるのだろうか？　それともやはり馬鹿げた妄想にすぎないのか？

さて、四年におよぶ長い特訓の後、フォン・オステンは、愛馬の腕前を初めて人前で披露した。舞台の前には群衆が集まっていた。フォン・オステンがハンスに向かって、「2＋1は？」と尋ねると、馬は足を三回踏み鳴らした。楽しそうな笑顔が観客に広がった。「16の平方根は何？」ハンスは四回踏み鳴らした。人びとの笑顔は驚きに変わった。「今週の水曜日は何日？」

ハンスは九回踏み鳴らした。観客たちは息を呑んだ。

それからハンスは分数の計算をし、時間を伝え、観客の数まで答えた。「ハンスには一四歳並みの計算能力がある」と後に評した者もいた。眼鏡をかけた観客の数ンスは口頭での命令に答えただけではなく、フォン・オステンが黒板に「3」と書いても、三回足を踏み鳴らして答えた。

また、アルファベットを数字で表す（A＝1、B＝2、など）ことによって、ハンスは単語も綴り、質問に答えることができた。色やトランプ、あるいは群衆のなかの人も識別できた。曲を流せば作曲者の名前を、絵を見せれば画家の名前を答えた。さすがに完璧ではなかったが、正解率はほぼ九割にのぼった。

「賢いハンス」と呼ばれる馬の噂は、瞬く間に広まった。フォン・オステンがハンスを連れて巡業をするや、観客の輪は週ごとに膨れあがり、一大センセーションとなった。ドイツ国境をはるかに越えた地域でも注目されだした。

しかしなかにはもちろん、懐疑的な人びともいた。フォン・オステンが馬に答えを教えているんじゃないか？　すべて仕組まれているんだろう？　そしてついに、この奇跡の馬があまりにも有名になったので、政府が検証に乗りだした。

一九〇四年、ドイツの教育委員会は、「ハンス委員会」を設立。だが、『ニューヨーク・タイムズ』紙が報じたように、委員会はいかなる不正も発見できなかった。最も説得力があったのは、フォン・オステンがいなくても、ハンスが驚くべき能力を発揮したことだ。これ以降、ハンスの評判は爆発的に広まった。この馬は人の心が読めるのかもしれないと信じる人びともいた。

「計算ができる馬」の意外なからくり

しかし、誰もが信じたわけではない。

ハンス委員会にも名を連ねていた若手科学者のオスカル・プフングストは、さらなる実験をしたいと考えた。そして以前より幅広い質問をし、はるかに多くの設定条件でテストを重ねた。ハンスは依然として見事な成績をおさめたが、プフングストは、とくに二つの点で引っかかり、関心をそそられた。

一つは、馬の気を散らすものはうまく制御されていたものの、実験中にハンスがどこに注意を向けているか、誰も考慮していなかったことだ。ハンスは「数えるべき対象の人や物、読むべき言葉を少しも見なかったが、それでも適切な返答をした」と、プフングストは書き留めている。

もう一つは、ハンスが出した間違った答えに、誰も注意を払わなかったこと。たしかに回答の大半は正しかったが、間違ったときの答えはあまりにも大外れで、質問をまったく「理解」していないことを暗に示していた。

そこでプフングストは、新たな実験を試みた。ハンスに目隠しをし、質問者が見えないようにしたのだ。するとどうだろう、ハンスは初めて攻撃的になった。どうにかして質問者を見ようと、激しく抵抗した。やっとのことで目隠しをした状態でテストを受けさせたところ、八九％だった正解率は六％に落ちた。

プフングストはまだ混乱していたが、核心に近づいていると感じた。今度はハンスの目隠しを取って質問者を見えるようにしたが、質問者自身が答えを知らない状態にした。するとまたも、散々な結果になり、正解率は九〇％からたったの一〇％にがた落ちした。つまり、質問者の姿が見えないか、質問者が答えを知らない状態だと、馬のＩＱは急落するのだった。

プフングストはようやく腑に落ちた。ハンスは天才ではなかった。ただ人の素ぶりを読み取る力が優れていたのだ。研究によれば、馬は、人間がわずか五分の一ミリ頭を動かしただけでも察知するという。ハンスはおいしい砂糖の塊に充分に動機づけられ、自分が正しい数を踏み鳴らしたときに質問者が発する無意識の合図を感じ取っていた。ハンスはどこにでもいる馬で、ご褒美の餌につられて、刺激に反応しただけだった。

何かに驚いても、ハンスは足を踏み鳴らして出ていくことはしなかった。「ほらやっぱり凄いじゃないか」と思うだろうか？　いやいや、代わりにヒヒンといないいて近くの人に咬《か》みついた。どの馬もそうするように。

プフングストが実験結果を公表すると、フォン・オステンはいたって理に適った、客観的、かつ科学的な対応を取った。激怒し、以後いっさいの検査を拒否し、愛馬を連れて家へ帰ったのだ。

しかし、ハンスはこの後、心理学のみならず、科学全般に多大な影響をあたえた。そして今日でも、「クレバー・ハンス効果」、または「観察者効果」として教科書に取りあげられている。もし「二重盲検法」という言葉を聞いたことがあるなら、ハンスに感謝しよう。この方法が導入されたきっかけはハンスによる教訓で、研究の実施法に大きな影響を及ぼしたからだ。

通常、医学的研究では、被験者の半数に実際の薬をあたえ、残りの半数にプラセボをあたえる。たとえば私が実験者としてどちらがプラセボかを知っていて、被験者にそれを渡す度にくすくす笑って目を白黒させたらどうだろう？　ハンスの場合と同様に、「答え」を知っている実験者は、意識的、無意識的に患者に情報をあたえてしまい、実験の客観性が損なわれることになる。そのため、実験者も被験者もどちらがプラセボなのかを知らない「二重盲検法」によって研究が行われているのだ。ハンスに目隠しをするように。

というわけでハンスは天才ではなかった。でも、人の気持ちを読むことはできた。馬が人の心を読めるようになるのなら、私たちにもきっとできる――そうだろう？

「君の気持ち、わかるよ」なんて言わないほうが身のため

あなたは人の心を読めるようになりたいだろうか？
周りの人たちが考えていることや感じていることを知りたい？
もちろん、そうだろう。

そんな能力があったらいいと望むことは、けっしておかしなことじゃない。調査によると、少しでもこの能力に秀でていると、大きな力になる。「人を正しく認識すること」は、個人的にも、対人的にも、さまざまなメリットにつながる。研究によれば、こうした能力の持ち主はより幸せで、物怖じせず、人づき合いがうまく、より親しい人間関係を築き、より良い賃金や勤務評価に恵まれる。もっと具体的に、仕草や非言語的コミュニケーション（表情、視線、身ぶりなど）の解釈に優れている人に着目した場合にも、同様のポジティブな効果が見られる。

ぜひそうなりたい？　でも一つだけ問題がある。概して、私たちの大多数は、人の心を読み取る能力が恐ろしく低い。滑稽《こっけい》なほどお粗末なのだ。

シカゴ大学教授のニコラス・エプリーの著書によると、ビデオに出てくる人の考えや気持ちを察する実験をすると、見知らぬ人の場合、正答率は二〇％にすぎない（当てずっぽうの正答率は五％）。もちろん、よく知る相手のほうが確率は上がるが、大差ない。親しい友人で三〇％。配偶者で最大三五％ほどだ。学校の成績（A～F）で言えば「F（五九点以下）」に相当し、実際には「G」に近いかもしれない。配偶者の頭のなかで何が起こっているのか理解しようとしても、三分の二は間違っているのだ。

だが、本当に滑稽なのはここからだ。

私たちは、人の心を読むのが得意だと思っている。

またも厄介な脳が、私たちを喜ばせるストーリーを語っているのだ。人びとにパートナーの自尊感情を評価してもらうと、四四％の確率で正しく理解している。しかし彼らは、自分の判断が八二%の確率で正しいと自信を持っている。そして、相手といっしょにいる期間が長ければ長いほど、その自信は高くなる。正確さのほうは？ そのままだ。時を経ても改善しない。自信のほうだけが、間違いなく高まっていくのだ。

私たちの判断を狂わせ続ける自己中心性バイアス

どうして私たちはこうも的外れで、それでいて正確さに自信を持っているのか？ その原因は、専門用語で「自己中心性バイアス」というものだ。心理学者のエプリーは、私たちは自分の視点にとらわれすぎているとして、次のように述べている。

「ほとんどの人は、他者が自分と同じように考え、信じ、感じている度合いを誇張する傾向にあることが、さまざまな調査でわかっている」

プロファイリングと同様に、私たちは自分の頭のなかのストーリーにとらわれ過ぎている。そして研究結果によると、たとえ他者の視点に立とうとしても、精度は改善しない。自己中心性バイアスはいく分減るが、それに代わる解釈も、何ら改善しない。他者に質問をすれば、精度は多少上がるが、それを十分行なうわけでもない。通常、私たちは自分の頭のなかで自作のストーリーを操り、間違った思い込みを別の間違った思い込みに置き換えているだけなのだ。

それでは、人の考えや感情を受動的に読み取ることに優れているのは誰だろう？ 一言で答えろと言われれば、「誰もいない」。厳密に言えば、それは真実ではない。もちろん、わずかに秀でている人もいるだろう。しかし、かなり低めの厳しい上限があるようだ。メンタル的に、ある分野では優れた特殊能力が授けられ、別の分野では欠陥があって相殺されていることがままある。私たちは皆、人の心を読むことはかなり苦手なのだ――幸いにもそうと気づかぬだけで。

「待って！　女性は男性より人の心を正確に読み取れるのでは？」と思う人もいるだろう。うーん、物議を醸しかねないテーマだ。政治課題やジェンダーの議論はさておき、あなたは内心、人の心を推測することに関して男女間に能力差があると思っているだろうか。夥《おびただ》しい数の科学的研究は何と言っているだろう？

はたして正解は……イエス、女性のほうが優れている。非言語的コミュニケーションを読み取る能力における女性の優位性は、充分に実証されている。わずか二%の差だが、年齢、調査法、文化の違いに関わらず、一貫して証明されている。とはいえ、女性が一様に優れているわけではなく、嘘を見抜く能力は男性と変わらない。女性がとくに優れているのは、人の表情の読み取りと、感情の認識においてである。

女性のほうが人の心を上手に読み取れるのはなぜ？

では、女性のほうが優れているのはなぜだろう？　直接的には、生物学的要因によるものではない。じつは、性別に関係なく人の心を読む能力を高める一つのものに起因する――それはモチベーションだ。

根本的な原因を探った数々の研究から、平均して、女性のほうが男性より人を正確に読み取ることに意欲的であることがわかった。ただ単に、女性のほうが関心が高く、熱心なのだ。

心理学者のジェフ・トーマスとグレゴリー・マイオによる二〇〇八年の研究は、この点を明確に示している。研究者が男性被験者たちに、共感性を高めると女性があなたに興味を持つようになりますよと伝えるとどうなったか？ そう、男性たちのモチベーションが上がり、人の考えや感情を正確に認識する能力が上がった。ニンジンにつられたハンスのように。もちろん裏を返せば、モチベーションが下がれば、その能力も下がるということだ。不幸な結婚生活を送る夫たちは、妻の非言語的コミュニケーションより、無作為に選ばれた女性のそれのほうが正確に読み取れるのだという。

神経科学者にとってこの結果は、まったく驚くに当たらない。私たちの脳が多くの場合、いかに怠惰であるかを知っているからだ。モチベーションは、神経科学的に万能薬とも言えるものだ。何かを気にかけ、関心を持つだけで、ほとんどすべてのことで脳の能力が向上する。ほぼすべてに何も注意を払わないことが、私たちの脳の初期設定だからだ。

ボストン大学教授で、同大学の「注意学習研究所」の共同設立者であるマイケル・エスターマンはこう述べている。

「人は、『好きだから』という内発的動機や、『賞がもらえるから』という外発的動機によって、脳の活動レベルをよりうまく一定に保つことができ、さらに、予想外の事態にもより良く備えられるということは、科学的に証明されている」

恋人の気持ちを判断しようとするときにも、読み取りの精度が上がる。ある研究で、恋人との関係に不安を感じている女性たちに、恋人が魅力的な女性研究者からインタビューを受けている様子を聞かせたところ、どうなっただろう？　そう、恋人の返答を正確に予測する能力が上がった。しかし損も得もない状況では、脳はただ怠けているだけなのだ。

この類の本では、主だった原則にキャッチーな名前をつけることになっている。食べ物を床に落としても五秒以内に拾えば大丈夫という「五秒ルール」みたいにだ。でも〝ジャンル警察〟に追いかけられたくないので、ここはただ怠惰な脳の原理™としておこう。

というわけで、人の心を読み取る力を向上させる第一歩は、興味を持つことだ。さらに、自分のモチベーションを上げてくれる何らかの外的な利益や損失があればもっと良い。

問題は、たとえモチベーションが十分にあっても、この能力を改善できる程度は限られるということだ。

私たちは元来、人の心を読むのがそれほど得意ではない。たしかに意欲によって精度は上がるが、それも対象となる人が表情豊かで、読み取りやすい場合に限られる。ボトックスを打ちすぎのような無表情な相手だと、モチベーションもあまり役に立たない。

このことから、二つ目の大きな洞察がもたらされる。「自分が読み取る力より、相手の読み取りやすさのほうが重要」ということだ。人の心を読み取る能力は個人によってそれほど差がないが、読み取りやすさは相手によって大きく異なる。人の心を読めるとしたら、その理由の大半は、私たちの能力の高さではなく、相手の表情の豊かさにあるのだ。

心を読むより、「本音が出やすい環境をつくる」が正解

というわけで、人の考えや気持ちを読むことに関するかぎり、もし「人を見た目で判断する」ことが、人を受動的に評価することだけを意味するのであれば、この神話はすでに崩壊している。もう一度チャンスをあたえるために、それがこの格言の意味するところではないと仮定しよう。それでもまだ分が悪い。

私たちは日常的に人を誤って解釈するもので、それを防ぐ手立てはほぼないと受け入れるべきなのだろうか？　そんなことはない。たとえば、クラスでいちばんの成績で卒業するには、自分の成績を上げるほかに、他の人の成績を下げるという方法がある。学生時代の私がそうだったように、後者に焦点を当ててみよう。名づけてエリック高校時代の法則™だ。

人を読み取る自分の能力はあまり改善できないので、他者をもっと読み取りやすくすることに重点を置こう。

テレビで観るシャーロック・ホームズのように相手を分析するかわりに、相手の感情を誘いだす必要がある。そのために真っ先にすべき簡単な方法は、本音を引きだせるように状況を操作することだ。

誰かといっしょにお茶を飲むのと、いっしょにサッカーをするのでは、どちらが多くの情報

を引きだせるだろう？　お茶だけでもさらなる情報を得られるかもしれないが（相手の話を信用できれば）、サッカーなら、相手がどんなふうに意思決定をし、戦略を組み立て、ときにルールを破るかどうかなどの情報が自ずと示されるかもしれない。さまざまな刺激をあたえればあたえるほど、相手の人となりに関してより多くの面が明らかになってくる。

また、他の人を引き入れるのも効果的だ。第三者がいることで、相手の異なる面が見えてくる（相手の上司のいる場所でしか接してこなかったら、その人のすべての面を見てきたとは言えるだろうか）。

それから、天気の話はしないように。感情的な反応のほうが、より正直だ。「無難な」話題だと人びとは政治家と化し、その人の本質があまり見えない。ある研究で、被験者たちに、初回のデートで性病や中絶など、タブーとされている話題について話してもらったところ、相手をより深く知ることができただけでなく、会話もいっそう楽しめたという報告が集まった。

「ボディランゲージ」より「話しかた」に注目せよ

すでに述べてきたように、ここでも私たちの脳が問題になる。間違ったシグナルに注意を向けてしまう傾向があるのだ。すなわち、ボディランゲージの問題につながる。皆、ボディランゲージがとにかく好きだ。しかしどの文献を見ても、ボディランゲージを意識的に分析することの価値は、きわめて過大評価されているという見解で一致している。

「ボディランゲージ解読辞典」なる物が作成されないのには理由がある。非言語的なシグナルは、複雑で、状況に左右され、個人によって異なる。どんな原因がどんなシグナルを引き起こすのか、確信を持って特定できない。

たとえば誰かが震えているとする。緊張から震えているのか、あるいは寒さで震えているのかはっきりわからない。つまり「ボディランゲージは、その人の日ごろの様子（ベースライン）を知らなければ役に立たない」というのが重要な点だ。

誰かがいつもそわそわ落ち着かなければ、その仕草には何も意味がない。しかしめったにそわそわしない人物がそうしていたら、有力なシグナルになる。ベースラインを知らなければ、脳がまたも空想物語を紡《つむ》ぎだしてしまうことになる。

実際、何かに注目するなら、ボディランゲージではなく、相手の話しかたに意識を集中させるほうがいい。

誰かの声は聞こえるが、姿は見えない場合、相手に共感する能力は四%しか低下しない。ところが、姿は見えても声が聞こえない場合には五四%も低下してしまう。対象の人物が脚を組む仕草より、その声色が変化する瞬間に注意を注ぐほうが効果的なのだ。

というわけで、科学は、私たちは周囲の人の心を読むのが元来苦手であることを明らかにしつつ、どうすればもっとうまくなれるかというヒントもあたえてくれる。しかし、初対面の人に会った場合はどうだろう？

そこで次に、第一印象というものはどのように作用するのか、また、どうしたら第一印象をもっと適切に扱えるのかについて学ぼうと思う。準備はいいだろうか？（イエスなら一回、ノーなら二回、足を踏み鳴らそう）。

第一印象は、「人を見た目で判断する」のに欠かせない要素だ。しかし第一印象の根本的な問題に本気で取り組むために、少しだけ寄り道をして、まず記憶の世界を覗いてみる必要がある。

3 第一印象は本当にすべてを決める？

「私は、記憶力に問題があります」

メールの文面を見て、ジェームズはうんざりしたようにため息をついた。またた。この手のメールを受け取るのは日常茶飯事だった。

ジェームズ・マックガウはカリフォルニア大学アーバイン校の教授で、長期記憶に関する世界的権威の一人だ。その地位ならではの弊害の一つは、鍵を一度紛失しただけでアルツハイマー病だと思いこんだ見知らぬ人びとから大量のメールが届くことだった。だからそのメールにも、いつものように返信した。もし本当にご心配でしたらと、検査を受けられる専門機関名を添えて。

ところが、そのメールの送り主であるジル・プライスは即座に、「いいえ、あなたに診ていただきたいのです」と返信してきた。ジェームズは目を丸くした。しかもその後には、ジェームズがこれまで聞いたこともない、思わず手を止めてしまうことが書かれていた。自分は記憶に関して問題を抱えている、とジルはくり返していた。

しかし、その問題とは、「絶対に忘れない」ということだった。「きっとこの人は頭がおかしいんだ」とジェームズは思った。でもまあ、そんなことはどうでもいい。

ジルが約束の時間にやって来ると、ジェームズは本棚から一冊の本を取りだした。過去一〇〇年に起こった大事件を一覧にした事典のようなものだ。ジェームズは適当にページをめくると、「ロドニー・キングがロス市警の警官たちから暴行を加えられたのはいつですか？」と尋ねた。

ジルは迷わず、「一九九一年の三月三日。日曜日でした」と即答した。その後も次から次へとジルは完璧に答えた。ジェームズは度肝を抜かれた。まるで名前を訊かれたように、すらすらと答えが飛びだす。こんな「症例」は見たことがなかった……。

そのとき、ジルが一つ答えを間違えた。ジェームズはひと息ついた。やれやれ、そこまで異常じゃなかったか。「ジル、申し訳ないが、イランの人質事件が起きたのは一九七九年一一月五日なんだ」と言った。ところがジルは首を横にふり、「いいえ、四日です」と言った。そこでジェームズは、別の資料で確認した。

ジルが正しかった。間違っていたのは事典のほうだったのだ。やがてジェームズは事態がのみこめてきた――ジルは、大人になってからのほぼすべての日について、自分がその日誰とどこにいて、何をしていたか、どんな風に感じていたかを難なく記憶しているのだ。

ただし、その完璧に近い記憶は、自伝的なものに限られていた。自分に直接起こったことだけ、覚えているのだ。読んだり学んだりしたことのすべてが頭に入っているわけではなく、正直なところ、学校での成績はそれほど振るわなかった。それでもニュース好きだったので、事典に載っていた事件のことは記憶していた。

記憶力がいい人ほど、人とトラブる

ジェームズは、このような現象をまったく見たことがなかった。二〇〇六年、ジェームズはジルの症例に関する研究を、「自伝的記憶の特異な事例」という論文で発表した。当初、ジェームズが「超記憶症候群」と名づけていた症状は、後に、「非常に優れた自伝的記憶（HSAM）」として知られるようになった。

この研究は、主要メディアの注目の的となった。その結果、何百万という人びとがこの症状について知り、何千人もの人びとが、自分もHSAMだとしてジェームズに連絡してきた。その人びとを検査すると、勘違いだったり、正気を失っていたり、あるいは嘘をついている者が引きも切らずに続いた。だがそのうち三人だけは違った。ジェームズは興奮した。これでようやくHSAMの謎の解明に取り組める！

三人の記憶は、第三者によって検証できる事柄に関して、平均して八七%正確だった。想像してみて欲しい。二〇年前のある日について思い出すように言われると、その日に何をし、誰と過ごし、どう感じていたかまで、十中八九、正確に答えられるのだ。

やがてジェーズは、HSAMの実態を知るところとなった。想定していたのとは逆で、彼らは記憶力が優れているわけではなく、忘れるのが苦手なだけだった。普通、私たちの記憶は時間の経過とともに薄れていくが、HSAMの人びとの記憶は消えない。どの日の記憶も、昨日のことのように鮮やかなままだ。

それからジェームズは、この類いまれな記憶力を持つことにほっこりする一面があることを発見した。HSAMの人びとは、彼らの「旅」について語ってくれた——まるで映画を観るようにその克明な記憶を再生し、タイムスリップのように過去の世界に舞い戻るのだ。ジルの夫はすでに他界していたが、誇張でも何でもなく、彼女は「夫とともに過ごした瞬間、瞬間をけっして忘れない」と言う。羨ましい話じゃないか——そうでもないかも？

ジェームズに尋ねると、自分ならこのような記憶力は絶対望まないという答えが返ってきた。え？　そういえば読者の皆さん、ジルがあの最初のメールをジェームズに送ったのは、自分の「天分」について話すためではなかった。この「呪い」を何とかして解きたいと、治療を求めて連絡してきたのだ。

数十年にわたって、ジルはその完璧な記憶力に苦しめられてきた。それはまるで悪魔のような検索エンジンで、意思に反して検索結果を脳裏に溢れさせる。テレビで特定の日が言及されるや、彼女は一瞬にしてその日に戻る。そして襲い来る記憶の激流を止められない。人との別れ。誤った決断。ありとあらゆる後悔の念——一生のあいだには、忘れたほうがいいことが、数限りなくあるというのに。

私たちの脳には、さまざまなバイアスがあり、それらがプラスに働く面もある。多くの人は、記憶は完璧なビデオカメラのように作動すると思いこんでいるが、実際には、記憶は時間の経過とともに歪んでいく。私たちは詳細を忘れ、出来事を再構成し、あるいは、自分が正義のヒーローや無実の被害者になるべく、物語を変えていく。悪いことは忘れ、良いことを覚えている。そうすることで私たちは癒され、物ごとを過去のものにすることができる。

ところがジルは、「新たな解釈を加える」ことができない。彼女の記憶こそが、完璧なビデオカメラだからだ。正当化することも、詳細を忘れることも、責任転嫁することもできないのだ。

おたがいに間違えるからこそ人間関係はうまくいく

しかもそれはまだ序の口で、HSAMの最悪の呪いはほかにある。完璧な記憶を持つ人が、それを持たない人びとと関わらなければならないとき、どんなことが起きるだろう？　それには別の問題がある。

「完璧な人は嫌われる」

あなたの過ちをけっして見逃さず、あなたの失敗をつねに鮮明に記憶している。そんなパートナーがいたことは？　それを一〇億倍にしてみて欲しい。

奇妙なのは、理屈からいえばHSAMの人のほうが正しいということだ。彼らは、ほぼ必ず正しく、あなたは、ほぼ必ず間違っている。

すると、人間関係はうまくいかなくなる。自分がいつも間違っていることを望む人間などないからだ。実際、間違っていればなおさらだ。人は知らず知らずのうちに互恵関係、責任の共有、ほどほどのバランスというものを期待する――たとえ自分がそれに値しないとしても。

ところが確たる事実がわかってしまう状況では、「たいがい君が正しいから、今度は僕の番だ」が通用しなくなる。つまり完璧な記憶は、民主主義と相容れない。

米国CBSの時事番組『60ミニッツ』でのインタビューで、HSAMを持つある出演者はこう言った。「許し、忘れること……まあ、片方だけでも悪くないか」。

『60ミニッツ』のその放送回ではHSAMが特集され、同症状を持つ成人グループが出演した。一人を除いて全員が独身者で、子どももがいなかった。HSAMである女優のマリル・ヘナーは結婚していた。じつは三回も。やはりHSAMのビル・ブラウン氏によると、彼が知るHSAMの持ち主、五五人のうち、結婚がうまくいっているのは二人だけだという。さらに、ビルが話を聞いた全員がうつ病を患っていた。

あなたは「非常に優れた自伝的記憶（HSAM）」の持ち主ではないと言っていいだろう。今日までに確認されたHSAMの人びとは、一〇〇人に満たない（あなたがもしHSAMを持っていたら、そう診断された日のことを完璧に記憶しているはずだ）。しかし、あるささやかな形で、私たちは皆、HSAMを持っている。じつはHSAMの諸刃の剣が、第一印象の諸刃の剣について理解するカギとなる。そのことを次に見てみよう。

「第一印象」は七割正しい

第一印象は大切だ、と誰もが言う。じつはその通りだ。初対面のときだけでなく、その後も長く、多大な影響を及ぼすことが、多くの研究によって明らかになっている。

第一印象はあまりに強力なので、人びとの即断によって選挙結果さえ予測することができる。シカゴ大学ブースビジネススクールの心理学教授で、第一印象研究の第一人者、アレックス・トドロフによると、候補者の顔写真を人びとに見せ、「どの候補者がより有能に見えるか？」と尋ねた結果により、選挙で首位に立つ候補者が七〇％の確率でわかるという。同様の効果は、世界じゅうで確認されている。また、採用担当者が求職者に対して抱く、面接前と後の印象にも確かな相関関係がある。新しい仕事を獲得できるかどうかについて、あなたの第一印象が最も重要な要素である可能性が示されているのだ。

「見た目で判断するな（本を表紙で判断するな）」という格言があるが、その是非はともかく、そう言われるだけのもっともな理由がある。なぜなら、私たちは実際、見かけで判断するからだ。見た瞬間に直感的に。それは仕方がない。

そして「見た目」とは、たいがい誰かの顔である。私たちは、顔を見た相手の自己主張の強さ、容貌、有能さ、好感度、信頼性を一秒足らずで判断する。そして、人の心を読むときと同様に、時間が経っても印象が大きく変わることはなく、確信が増していくだけなのだ。

さらに興味深いのは、そうした判断は瞬時にくだされるだけでなく、決まって共有されていることだ。私が「信頼できそうな顔」、「支配的な顔」、「有能な顔」と判断する顔は、誰もがそう判断する可能性が高い。基本的に、こうした判断は論理的なものではない。よく考える時間はない。たいていは人びとの共通認識、あるいは、それより度合いは少ないが、他者との個人的な経験に基づいてくだされる。

意外にも、第一印象は驚くほど正確なことが多い。人びとが抱く第一印象は一致をみることが多いだけでなく、見事なまでに予測に役立つ。ある調査では、被験者が初めて見る人の笑顔を見ただけで、一〇の基本的な性格特性のうちの九個（外向性、自尊感情、政治的指向など）について、三分の二の確率で正確に予測することができた。

また、人びとは、短時間接触しただけで相手の能力を本能的に判断するのが得意だ。ある教師の授業風景を音声のない映像で三〇秒間見れば、その教師に対する生徒の評価を予測できる。五分間見ていれば、判断の精度は七〇％ほどに達する。

誰かの行動の断片を見て、どんな人物なのかを直感する私たちの能力はさまざまな分野で威力を発揮し、ある人が頭が良いか、裕福か、利他的か、はたまたサイコパスかどうかなどを偶然以上の確率で判断できる。くり返すが、こうした印象は論理的なものではない。つまり、あまり考えないときのほうが、私たちの判断はより正確だということだ。

「やれやれ、よかった、自分の直感を信じればいいんだ」と言う人がいるかもしれないが、早合点しないように。人間のことだから、そう簡単にはいかない。たしかに、私たちの直感は優れている。七〇%近くに達する精度だ。だが、わが子がオールD（六〇～六九点）の成績表を持って帰ってきたら嬉しいだろうか？　私はそう思わない。

そしてここでも案の定、三〇%の不正確さのかなりの部分は、脳のバイアスに起因する。人種やジェンダーに関するバイアスではなく、脳の灰白質に組み込まれている基本的な認知バイアスのことだ。その多くはショートカットだ。進化は私たちの脳を、正確さよりスピードや省エネに照準を合わせて最適化したのだ。

だから、ベビーフェイスの人間は殺人罪を免れる可能性がある。これは比喩的な話ではない。実際、研究によれば、童顔の人びとは、故意に危害をおよぼしたと訴えられた際には勝訴しやすく、過失を問われた際には敗訴しやすい。

なぜだろう？　私たちは、子どもは間違いをするものだと思っているが、悪人だとはなかなか信じられない。脳はそうした考えを、「過度の一般化」というバイアスにより、童顔の大人にも拡大適用するのだ。

しかし、本当に童顔の人間のほうが無邪気なのだろうか？　そんなことはない。童顔の若い男性は、「幼少期・思春期に否定的な感情が多く見られ、加えて思春期には喧嘩っ早く、嘘をつくことが多く、青年期には自己主張や敵対心が強いなど、童顔から受ける印象と矛盾する傾向を示した」という。

第一印象のパラドックス

ところで、こうしたバイアスを意識的な努力で克服できると思ったら、それはおそらく間違いだ。私たちが認知バイアスに気づくのを妨害するバイアスが脳に備わっていることが、数多くの研究で示されている。

たとえバイアスのことを説明したり、注意したりしても（私のように）、人びとは、他人のそれには気づくようになるものの、自分自身は客観的だと確信している。さらにややこしいのは、なかには役に立つバイアスもあるということだ。バイアスが正確な限りにおいて、それを取り除けば予測の精度が落ちるという、論理的に予想される結果が、数々の研究で明らかにされている。あぁ、まったく。

私たちの脳は膨大な数の認知バイアスを抱えており、そのすべてに手っ取り早く対処する方法はない。しかし第一印象に関しては、闘うべき相手は主に「確証バイアス」である。私たちには、自分の信念と一致する情報ばかりを好んで探す傾向がある。諸説を検証するのではなく、自分がすでに持っている見方を強化するために情報を集めるのだ。

注意して観察すれば、他者（そして自分自身）がつねに微妙な確証バイアスに陥っていることに気づくだろう。持論を裏づける証拠にはすぐに飛びつく一方で、反証に必要な証拠についてはハードルを高くし、膨大な数を求める。

「四〇〇の研究が、私の見方を否定している？　ではもっと探してみよう！　一つの研究が、私の意見が正しいとしている？　どうやら答えが出たようだ」といった具合だ。

まさにコールド・リーディングの対象者と同じで、自分の信念と一致するものを記憶し、一致しないものは無視するのだ。誰もがこれをやっている。そう、あなたも。自分が問題なのだとは誰も気づかない。それこそが問題なのだ。

心理学者のニコラス・エプリーは、「人の第六感は瞬時に働き、後知恵で修正することはない」と言う。いったん誰かの人物像についてストーリーができてしまうと、それをアップデートするのは至難の業《わざ》だ。このことが、第一印象の「諸刃の剣」に関する基本的な洞察をもたらす。これを第一印象のパラドックス™と呼ぶことにする。

第一印象はおおむね正確である。しかし、一度定まった印象を改めるのはきわめて難しい。

「そりが合わない」の科学的説明

第一印象に関して言えば、人びとはまるでＨＳＡＭを持っているかのごとく、記憶を変えられない。最初の判断に閉じ込められ、そこから抜けだせない。そのことが人間関係に著しく影響を及ぼす。

私たちは集団をステレオタイプ化することの危険性には留意するものの、個人に対しては型にはまった見方をする。たとえば、初対面の誰かが「信用できない」顔に見えたので、あなたの態度は日ごろよりいく分無愛想になる。

あなたがうちとけないので、相手もあなたに対して距離を置く。相手にしてみればもっともなこの反応が、あなたの確証バイアスを作動させる（「ほらね、やっぱり良い人じゃなかった！」と）。こうしてたがいに警戒心を抱くことになる。二人の人間が「そりが合わない」ということについて、これが最も科学的な説明だろう。

いや、自分はちゃんと第一印象をアップデートしている、と言う人もいるだろう。たしかに、時にはそういうこともある。しかし表面下にもう一つの不吉な効果が隠れている。誰かに関して疑う余地のない情報が示され、相手に対する顕在的な印象が変わるときでさえ、潜在的な印象は変わらぬままだ。

言い換えれば、あなたの非常に合理的でエビデンスに基づく視点は変わるが、その人物に対するあなたの感情は変わらない。第一印象は粘着性で、自分では払拭できたと思っていても、なかなか拭い去ることができないのだ。

こうした状況に完全に逆らうことはできないが、努力次第で改善は可能だ。それにはまず、「人の考えや感情の読み取り」で学んだ法則を心がける必要がある。すなわち、モチベーションがきわめて重要なのだ。そして、自分の読み取る能力を上げようとするより、相手を読み取りやすくすることに焦点を当てるほうが、より大きな改善効果が得られる。

脳を苦しめる「確証バイアス」を防ぐ3ステップ

しかし決定的に重要なのは、確証バイアスという恐ろしいブラックホールに閉じ込められないように抗《あらが》うことだ。脳は、数ミリ秒のうちに誰かについての仮説やストーリーを生みだす。それはいいとしても（止めるのは不可能だから）、私たちは開かれた心を持つ必要がある。第一印象を盲目的に受け入れるのではなく、仮説を検証するという科学的アプローチを取りたいものだ。

では、確証バイアスに抵抗するにはどうすればいいだろう？　それには三つの重要なステップがある。

1．説明責任を果たす

もし誰かに対する自分の見解が、相手の死刑につながるとしたら、あなたは速断を慎み、もっと徹底的に吟味《ぎんみ》するだろう。コンクリートが永久に固まって変更が利かなくなる前に、自分の判断が正確かどうか再確認しようとするはずだ。

心理学者のアリー・クルーグランスキーの研究によると、説明責任を果たすために自ら高いハードルを課せば、証拠を徹底的に見直すまで、私たちの判断の硬直化は避けられるという。このプロセスを楽しく行なう方法は、ゲームに見立てることだ。より正確さを期し、説明責任を果たす方向に自分を追い込もう。

2．判断する前に距離を取る

マリア・コニコヴァはその素晴らしい著書、『シャーロック・ホームズの思考術』（早川書房）のなかでニューヨーク大学の心理学教授、ヤコブ・トロープの調査を詳しく取りあげている。同研究では、心理的距離を取ることによって、より合理的で客観的な判断が可能になることが示されている。

「一歩下がって、より一般的な観点から状況を想像するように言われた成人は、より良い判断と評価ができ、自己評価もより高くなり、また、感情的な反応性が低くなる」

これこそが、初対面の人をより正確に評価し、第一印象で速断しようとする脳の衝動に抗うために必要なスキルなのだ。

3．反対の立場から考えてみる

脳は、自分の求める情報と一致するものを記憶し、そうでないものを無視する傾向にある。そのため、もし改善を望むなら、あえて一致しなかったものを考慮するように努めなければならない。

そうした姿勢を徹底して貫くイギリスの遺伝学者、ポール・ナースは言う。

「あるアイデアと、それを裏づける観察結果がもし私にあったなら、それを公表するのではなく、回り道してさまざまな観点から見て、破壊しようと試みる。そうした検証に耐えた場合にのみ、初めてそれについて語りだす」

これこそが、ナースがノーベル医学賞を受賞した理由かもしれない。

長期的には、自分の個人的なバイアスをもっとよく理解することで、判断を改善できる。いつもどんな間違いをすることが多いだろう？　相手が自分と似ている、または、自分とは異なると決めるのが速すぎはしないだろうか？　人を信用しすぎたり、あるいは、疑いすぎたりしていないだろうか？　自分に一貫してあるバイアスを修正することは、判断を改善する優れた方法だ。

「第一印象が悪かった人」にチャンスを与えよう

確証バイアスについて検討してきた結果、いかにも人間らしい結論が二つ導きだされた。一つ目は、「第一印象を良くしよう」ということ。

これまでも言い尽くされてきたこの助言に、改めて耳を傾けよう。それがどれほど重要なことなのか、おわかりいただけただろう。

初対面では、第一印象として相手にピン留めしてもらいたい自分の側面を示すようにしよう――彼らはその通りに固定するからだ（ただしあなたが本当に嫌な人なら、私との初対面ではそのまま嫌な奴でいて欲しい。そのほうが大変ありがたい）。

忘れてはならない二つ目は、「人には二度めのチャンスをあたえる」ということ。ここまで述べてきた方策なしでは、第一印象の精度は最大で七〇％だ。つまり、一〇人中、少なくとも三人については間違っている。

しかもコーネル大学のトーマス・ギロビッチが指摘するように、もっとまずいこともある。たとえば初めて会った相手が、本来は良い人なのに、たまたま最悪な一日を過ごしていたとする。すると相手の第一印象は悪くなる。

その後あなたはどうするだろう？　その人を避けるようになり、第一印象を挽回する機会をろくにあたえないことになる。逆に誰かの第一印象が良ければ、（正しいかどうかは別として）あなたは、その人ともっと時間を共有しようとするだろう。そして良くも悪くも相手をさらに評価する機会が得られる。結果として、人に対する否定的な判断は、肯定的な判断より信頼性が低くなる。

さらに調査によると、人をポジティブに評価するときには、ネガティブに評価するときよりハードルが高くなる。しかも良い印象は、悪い印象よりも簡単に覆されてしまう。あなたが誰かを一生避けていると、相手は控訴手続きもできないことになるのだ。

そういうわけで、あなたが初対面の人に抱く第一印象の精度はいく分改善された。しかし全般に、人の心を読む行為の足元は危うく、シャーロック・ホームズのように受動的に人を読み取ることはまず無理だとわかっている。

それでも、どうにかより良い結果をひねり出すために、研究結果から得られるヒントはほかにもあるだろうか。

誰かのことを知ろうとするとき、その人物が私たちを欺く可能性もある。そこで、嘘をつく相手にはどう対処すればいいだろう？

4 限りなく正確な嘘の見抜き方

カルロス・カイザーは、二〇年以上もプロサッカー選手でありながら、一度もゴールを決めたことがない。それどころか、二〇年間にわずか三〇試合しか出ていない。優れた選手ではなかったのだ。

しかしそれは問題ではなかった。カイザーは、天下一品の嘘つきだったからだ。

カイザーは、ブラジルのボタフォゴやフルミネンセをはじめ、世界トップチームに在籍した。大金を稼ぎ、著名人とパーティで盛りあがり、美女たちに囲まれていた。彼がやらなかったことと言えば、サッカー選手としての実際のプレーだ。選手たちの間でのカイザーのニックネームは「一七一」だった。なぜかって？　ブラジルでは、詐欺師は刑法第一七一条で裁かれていたからだ。

一九六三年四月二日、カイザーは、カルロス・エンヒキ・ラポーゾとしてブラジルに生まれた。貧しい生い立ちだったが、大きな夢を抱いていた。引退後のインタビューではこう語っている。

「夢を実現するいちばんの方法はサッカーだと思っていた。だからプレーをしなくていいサッカー選手になりたかった」

嘘偽りなく、カイザーはサッカーが得意ではあった。一〇歳にしてエージェントを獲得し、一六歳でメキシコのトップチーム、プエブラと契約した。問題はただ一つ。彼は「プレーしたくなかった」。若い選手なら誰でも、試合に出て自分の実力を示したくてたまらないものだ。ところがカイザーは正反対で、ボールに触らないためなら何でもした。

しかし、いったいどうすれば二〇年間もそんな状態を続けられるのか。カイザーは、あるシステムを構築した。

まず、すべてのトップ選手と友だちになる。カイザーはサッカーをするのは好きでなくても、ナイトクラブは大好きだった。しかも、ブラジルの名だたる人気スポットのすべてに顔が利いた。スター選手たちにとってカイザーと知り合いであることは、VIP待遇、フリードリンク三昧で、綺麗な女性に会えることを意味した。

次に、トップ選手たちに自分の能力を保証してもらう。カイザーのサッカー歴は輝かしいものではなかったが、なかなかの才能があることを示していた。そこで彼は、スター選手たちにチームの監督に口うるさくせがむように要求し、じきに短期の「トライアル」契約にこぎつけた。

それだけで十分だった。トロイの木馬は首尾よく城壁のなかに入ったのだ。

サッカーはできなくても愛されキャラだけで世渡り

正式に選手となったカイザーは、体調を整えるために時間が必要だと訴える。そうやって収入を得ながらも、嫌いなサッカーをしなければいけないプレッシャーから解放され、楽しく過ごせる数か月間を手に入れた。

だがいつかは、ボールを蹴らなければならない。そんなときカイザーは自信ありげに練習場に走りでて、足を振りあげて豪快に蹴った――と思うと、次の瞬間にくずれ落ち、太ももをつかみながら痛みに泣き叫ぶ。オスカーに値する名演技。MRIがまだなかった時代、コーチたちもカイザーの言葉を信じるほかなく、同僚のスター選手もこぞって彼に味方した。おかげでカイザーはさらに数か月間、小切手を受け取ることができた。

そのあいだカイザーは例の暮らしを続け、パーティも絶え間なく続いた（奇妙なことに、怪我はダンスにまったく支障をきたさないようだった）。同僚の選手たちは皆、彼が詐欺師だとわかっていた。自分たちと同等のプレーができないことも知っていた。それでもカイザーが大好きだった。

彼には人を惹きつける魅力があり、選手たちを必ず楽しませてくれたからだ（遠征で行く先々で、いつも選りすぐりの美女たちを紹介してくれそうなのも悪くなかった）。だから、カイザーが年がら年じゅう怪我していることにコーチたちが気づきだすと、スター選手たちがすかさず弁護に駆けつけた。

もちろん、永久にそうしているわけにはいかない。だが問題なかった。またほかのチームへ移籍すればいいだけのことだから。

インターネットが普及する前には、選手の統計データを入手するのは容易ではなく、試合が他国でテレビ放映されることもほとんどなかった。選手の補充や採用も、口コミに頼ることが多かった。そして、いつもチームメイトを喜ばせる彼の力をもってすれば、またほかのクラブのスター選手に推薦してもらうのもたやすいことだった。じきにカイザーはまんまとトライアル契約を結び、また同じサイクルをくり返していくのだった。

とはいえ、詐欺行為を続けるのも楽ではない。二〇年以上にわたり、何度も危機一髪の事態をくぐり抜けてきた。あるときは、すでに怪我の偽装をし尽くした後に、そのチームで初の公開トレーニングの予定が組まれた。すでにチームの最人気メンバーたちがこぞってカイザーを称賛していたので、ファンたちは、彼がフィールドでどんなプレーを披露してくれるのかと待ち焦がれていた。

彼にとってはまさに悪夢だ。すべての観客の視線が降り注ぐなか、カイザーは突如、スタンドに向かってボールを蹴り始めた。ファンはボールをつかもうと大騒ぎ。カイザーはなおも蹴り続け、とうとうチームのボールをすべて蹴りこんでしまった。これでは練習のしようがない。チームは残りの時間を、ランニング・ドリルと筋トレに費やしたので、カイザーの正体がばれることはなかった。

さらにカイザーは、チームメイトに限らず、周囲のあらゆる人を利用した。記者たちにも愛嬌を振りまき、彼らが喉から手が出るほど欲しがるスター選手へのインタビューをお膳立てした。その結果、一度もプレーしていないカイザーのことが驚くほど多く報道され、それも大半が好意的なものだった。

また、チームがユース・リーグと宣伝試合をするときには、相手側にこっそり現金を渡してわざとラフプレーをしてもらい、新たな怪我を装えるようにした。さらにオーナーが訪問する際には、観客を買収して自分の名前を連呼してもらった。そして次の新しいクラブに移るまで、同じ手順をくり返した。

カイザーはこうした詐欺行為を二〇年以上も続け、プレーしたのは、年に平均二試合にも満たなかった。嘘には際限がなく、彼の祖母は少なくとも四回は死んでいる。歯が原因で足を傷めたという、歯科医の診断書もでっちあげた。「僕が入ったチームはどこも二回祝杯をあげたのさ。サインしたときと、退団したときにね」とカイザーは冗談を飛ばした。

「オレが試合に出る⁉」詐欺師のスター選手、最大のピンチ

ところがついに、われらがペテン師にそれまでの〝キャリア〟で最大の試練が訪れた。カイザーはブラジルのサッカークラブ、バングと契約し、それまで一度たりともゴールを決めたことがないにもかかわらず、彼一流の手口により、マスコミはすでにその得点能力を絶賛してい

た。紙面には「バングに帝王来たる」との見出しが躍っていた。しかもカイザーはいかにもカイザーらしく、その新聞を誰かれ構わず見せびらかしていた。ファンたちはもう彼がフィールドに立つのを見たくてたまらなかった。そしてあいにくチームのオーナーも。

カストル・デ・アンドラーデは、いわゆるクラブオーナーとは違っていた。チームを飾り物として購入したビジネス界の大物ではない。カストルはギャングとつながりがあり、「ブラジルで最も危険な男」と呼ばれていた。オーナーが審判と激しい口論になるのは珍しくないが、そんなときカストルは決まって腰のポケットからピストルを覗かせていた。

ある日、カイザーは、こうチームメイトに言われた。

「おまえは〝怪我〟しているのに、明日の大一番の出場選手に名前が載ってるぞ」

まだナイトクラブでパーティの最中だった午前四時に聞かされたこともあり、彼は縮みあがった。

翌日、監督は「心配するな、負傷者を試合に出すことはない」とカイザーに言ったが、試合が進むにつれ、まずい状況になっているのは明らかだった。2—0で負けていたそのとき、カストル自身が、新聞が褒めちぎる〝魔法の得点力〟を持つ新人スター選手を投入しろと要求した。

カイザーは自分の正体がばれてクビになることなど恐れていなかった——恐れていたのは、殺されることだ。彼は震えながらフィールドへ出て行った。しかもスタンドにいる相手方のファンから侮辱の言葉を浴びせられ、状況は悪化していた。が、そのとき考えが浮かんだ。

彼はヤジる観衆に叫び返した。そして彼らのなかに飛びこんで行き、罵詈雑言の限りを叫んだ。これに対し審判はレッドカードを出し、カイザーは退場させられた。ロッカールームに戻ると、チームメイトたちがこう言って笑った。

「おまえがプレーする必要はなかったかもしれないけど、それじゃカストルが黙っちゃいなかっただろうな」

ついにカイザーの嘘が彼を追いつめるときが来た。カストルがロッカールームに入ってくると、誰もがしんと静まり返った。クラブボスは激高していた。だが彼がひと言も発しないうちに、カイザーが口を開いた。

「神は、私が子どものころに両親を天に召されたが、憐れみ深いことに、新しい父、カストル氏をおあたえくださった。相手チームのファンはあろうことか、その父をペテン師扱いし、泥棒呼ばわりしたので、私はとても黙って見ていられなかった。だから怒りの言葉を浴びせてしまった。新しい父の名誉を守らずにはいられなかったのです」

それを聞いたカストロの反応もまた迅速だった。なんとカイザーの給料を二倍にし、契約を六か月延長したのだ。

私が今こうして話しているくらいだから、カイザーが詐欺師であることは明らかに世に広まっている。

彼は訴えられただろうか？　社会的に葬り去られた？　何らかの形で処罰された？

いや、全然。彼はいっそう有名になった。とっくに忘れ去られた同時代の正統派スター選手の多くと異なり、カイザーの巧妙な詐欺と操作の物語は、今も語り継がれている。選手としてよりも、嘘つきとして名を馳《は》せたのだ。

それでは、ある種の人びとから本当に真実を聞きだす方法はあるのだろうか？

嘘の平均は五回に一回

ある調査で、五五五個の性格特性を順位づけするように言われた大学生たちは、「嘘つき」を最下位にした。これは面白い。なぜなら平均的な大学生は、会話の約三分の一で嘘をついているからだ。大人の場合は、五回に一回だ。プロフィールの八一％が真実を逸脱しているという出会い系サイトの話は置いておこう。

嘘の大半は罪のないものだが、ハートフォードシャー大学のリチャード・ワイズマンによると、人は一日に二回、大嘘をついているという。誰にいちばんよく嘘をつくかというと、母親だ。配偶者への嘘は最も少ない（会話一〇回に一回の割合）が、最も大きな嘘をついているという。そして誰もが、一日に二〇〇回くらい嘘をつかれている（これはそのうちの一回ではないことを約束する）。

そのうえ、私たちは嘘を見破るのが苦手で、成功率は平均で五四％だ。コイン投げと変わらない。警察にしても同じ程度だ。調査によると、彼ら自身は成功率がもっと高いと思っているのだが。なかには嘘を見抜く能力が高い人もいるが、同じようになりたくはないだろう――脳卒中を患い、前頭前野《ぜんとうぜんや》の左葉《さよう》に深刻な損傷のある人びとだ。

人間は何千年にもわたって、嘘を見破る技を身につけようとしてきたが、無惨に失敗してきた。

一九二〇年代に、心理学者のウィリアム・モールトン・マーストンらによって、最初の嘘発見器が開発された。マーストンは、のちにDCコミックスのキャラクター、「ワンダーウーマン」の生みの親となる人物だ。彼はこのキャラクターが武器として使う「真実の投げ縄」（捕えた者に強制的に真実を言わせる魔法のロープ）のほうに専念すべきだったかもしれない。この縄には威力があった（少なくとも漫画のなかでは）が、嘘発見器の有効性は怪しいからだ。

実際、米国科学アカデミーが次のように公式発表している。

「連邦政府は、スパイやその他国家安全保障上のリスクを特定する目的で職員候補者や現在の職員を審査する際、嘘発見器による検査に頼るべきではない。なぜなら、検査結果があまりにも不正確だからである」

一五分も訓練すれば、誰でも検査をくぐり抜けられる。いちばん面白くて効果的な方法は、タイミング良く肛門を絞めることだ。

では、テレビでよく見る警察の取り調べはどうだろう？

その多くは「リード・テクニック」と呼ばれる尋問法だ。一九四〇年代に開発され、ジョン・リードとフレッド・インバウによって一九六二年にマニュアルとして初めて公表された。容疑者にストレスをあたえて自白に追いこむ攻撃的なもので、〝第三級（サードディグリー）〟取り調べとも呼ばれる。このリード・テクニックはよく効く。実のところ、あまりにも効きすぎる。容疑者が有罪であろうとなかろうと、大半の人から自白が得られる。

カナダとイギリスは、強制的で非倫理的であるとして、リード式の取り調べを廃止した。しかしアメリカの警察では、今日でも主流となっている方法だ。しかも問題はそれだけでなく、科学的な妥当性もない。ポーツマス大学教授で嘘検出法の第一人者であるアルダート・ヴレイは、リード式が手がかりとしているものでは、嘘を見破れないとしている。リード式の訓練を受けると、取調官の嘘発見能力はむしろ低下する。

相手に真実を話してほしければ、親切にしなさい

それでは、本物の科学に基づいて嘘を検出する方法はないのだろうか？　じつはある。

二〇〇九年、アメリカで、尋問の最善の実践法《ベストプラクティス》を新たに開発するために、「重要拘束者尋問グループ（ＨＩＧ）」が結成された。一五〇〇万ドル以上の資金が投じられ、二〇一六年までに第一線の心理学者による一〇〇を越える研究プロジェクトが実施された。説明を簡略化するために、私はここで、ＨＩＧの研究成果である尋問法をベースとしたものを紹介させてもらう。このシステムはある程度の時間と忍耐力を要するので、小さな嘘の検出には向かないが、大きな問題の検出には非常に威力を発揮する。

いやいや、誰も水責めにする必要はない。科学が圧倒的に推奨したのは、過去五〇〇〇年に

人間が嘘を見抜く試みに用いたことのない、とても繊細で洗練された方法だ。それはすなわち、「親切にすること」だった。この新しいシステムを、親切なジャーナリストのメソッド™と呼ぶことにする。

けっして「悪い警官」になってはいけない。「親切なジャーナリスト」になろう。相手から好かれなければならない。心を開いてもらって、たくさん話してもらう。そうやって、相手に嘘を露呈するようなミスを犯させる。

では最初にすべきことは？　ジャーナリストは記事を書く前に下調べをする。あなたも同じことをしよう。疑惑をめぐる相手との会話で、核心に迫れる情報を多く持っていればいるほど、あなたの嘘検出器の精度が上がる。さらに重要なことに、後述の強力なテクニックには、背景情報を必要とするものがあるので、このステップは何としても欠かせない。

次に「親切な」という部分。ＨＩＧの報告によると、「悪い警官」は効果的でなく、「良い警官」が成果を上げるとされている。誰もが、敬意を持って扱われたいと思っている。そして、人は丁寧に扱われると、話す可能性が高くなる。それから、相手の嘘を責めてはいけない。協力を得にくくなることが複数の研究でわかっている。責めるのではなく、好奇心を示そう。

とにかく相手に喋り続けさせろ

弁護士は顧客に嘘をつくように言うだろうか？　そんなことはない。正直に話すように言うだろうか？　それも違う。「黙っていろ」と言うのだ。親切なジャーナリストの皆さん、あなたがたは彼らに、できるだけたくさん話させなければならない。

そのために、ひと言で答えられる質問ではなく、「何を（What）」や「どうやって（How）」で始まる自由回答式の質問をたくさんしよう。それから親しみやすい態度で、相手に喋り続けさせるのに必要最低限な言葉のみ挟むようにすること。

独白を続けさせることで、相手に「コントロール感」を持たせることができる。それによって彼らはリラックスする。より多くの情報を得て評価をくだせるように、相手に話し続けてもらう必要がある。彼らが話すことのすべてが、確認すべき新事実であり、これまでとは矛盾する可能性のある新しい話だ。

だからこそ、弁護士は彼らに黙っていろと言うのだ。あなたはその反対のことをしなければならない。

相手の話にすぐに異議を唱えると、黙ってしまう可能性があるだけでなく、話を変え始めるかもしれない。より巧妙な嘘をつく手助けをしてはいけない。相手にすべてをさらけ出してもらい、自分の首を絞めて欲しいのだ。

信用ならない人間を扱うときの問題点がここにある――相手は良いフィードバックを得られ、こちらは得られない。もし嘘をついてバレなければ、どんな嘘が通用するかがわかる。嘘をついてバレれば、通用しない嘘がわかる。

一方、こちらは、相手が正直に話しているかどうかフィードバックを得られない状況がほとんどだ。つまり、嘘つきはつねに改善するが、あなたはそうではない。結果、相手に有利になってしまう。彼らの能力向上に手を貸してはいけない。

「嘘つきは相手の目を見ない」は大嘘

人の心を読むことに関して学んできた教訓は、ここでも当てはまる。くり返しになるが、ボディランゲージは偽りの神のようなものだ。

嘘検出法のエキスパート、ヴレイはこう指摘する。

「これまで使用されてきた、非言語的および言語的行動の分析に基づく嘘発見ツールは、いずれも正確と言うにはほど遠い。はっきり言って、〝嘘つきは、こちらの目を見ない〟という一般的な神話すら大間違いだ」

ＨＩＧの研究レビューでも、視線回避は、信頼性のある指標として証明されていない。神話の否定にこれでもまだ物足りないとすれば、収監されたサイコパスの対人行動に関する一九七八年の研究がある。そこで明らかになった事実は、なんとサイコパスは、非サイコパスより頻繁に人の目を見るというものだった。

相手の話に惑わされると、その人物を正確に評価することはほぼ不可能だ。だが、真実を探りだせる戦略が存在する。研究によると、嘘を見破る能力にはほとんど個人差がないが、嘘をつく能力は人によって大差がある。

だから、人の心を読むときと同様に、親切なジャーナリストのメソッド™は、あなたの嘘発見能力を高めることにではなく、相手の嘘をつく能力を低下させることに重点的に取り組む。では、どうやるのか?

「嘘を見抜く」ではなく、「嘘をつかせない」方法を教えよう

昔ながらの嘘発見器では、嘘をついている兆候として精神的ストレスを検出する。しかし、これはうまく機能しない。効果があるのは、相手に「認知的負荷」をかけること、つまり、一生懸命考えさせることだ。

ヴライが指摘するように、上手に嘘をつくには、驚くほど知力が必要だ。本当のことを話す者は、覚えていることを言うだけでいい。ところが嘘をつく者は、まず真実を知らなければならない。そのうえで、もっともらしい話を組み立てる必要がある。そしてそれらが矛盾しないように気を配らなければならない。しかも、さらなる質問をされる度に、その場で抜かりなく話を更新する必要がある。

その一方で、正直に話しているように見える必要もあり、迫真の演技が要求される。さらに、取り調べ官の反応を見ながら、嘘が見抜かれていないかどうかも確認しなければならない。相当大変だ。そこで、もっと大変にしたいのだ。HIGの調査結果によると、相手にかかる「認知的負荷」を増やすことで、嘘を見破る精度を、たった五四%から七一%程度まで高めること

ができるという。

それによって、すぐに自白を引きだせるわけではない。しかし、真実を話している者と嘘をついている者の反応の違いを明らかにすることができる。コンピュータが複雑な問題を解くときのように、嘘つきの反応は遅くなり、不安定になる。それこそが、「認知的負荷」のテクニックによって求める反応なのだ。「この人は嘘をついているだろうか？」ではなく、「彼らは今、一生懸命考えることを余儀なくされているだろうか？」と、自分に問いかけよう。ヴレイが行なった研究によると、警察官に後者の質問を重視させただけで、嘘を見破る能力が格段に向上したという。

相手に「自状」させる二つの方法

ということで、あなたは嘘発見法の基本を学んだ。下調べもした。あなたは親切なジャーナリストを演じ、相手は喋り続けている。そしてあなたは、彼らが真剣に考えなければならない瞬間に目を光らせている。そろそろＨＩＧレポートにある二つの強力なテクニックを駆使して、嘘つきをまんまと燻《あぶ》りだそう。

1. 想定外の質問をする

酒場で未成年と思しき相手に年齢を尋ねれば、「二一歳です」と歯切れのいい、自信に満ちた声が返ってくる。でもそこで「あなたの生年月日は？」と聞いてみたらどうなるか。

正直に答えている者には何でもない質問だが、嘘つきなら、ちょっとした計算のために一瞬言いよどむだろう。はい、捕まえた。ＨＩＧレポートが引用したある研究結果によると、空港の手荷物検査で嘘をついている乗客を発見できるのは通常五％以下だ。ところが、検査官が想定外の質問をすると、その割合は六六％に跳ねあがったという。

まずは、予想されている質問から始めよう。相手を威圧せずに情報が得られる。しかしそれより重要なのは、彼らの反応の基準値がわかることだ。

次に、正直に話す者は簡単に答えられるが、嘘つきなら面食らうような質問を投げかける。そして反応を見る。相手は落ち着いて即座に答えただろうか？　それとも、急に返答に手間取るようになっただろうか？

そう、彼らはうっかり何かを口走るかもしれない。そうすれば、事前に下調べをしてきたあなたを前に、矛盾が露呈する地雷原に踏み込むことになる。あるいはただ口をつぐんでしまうかもしれないが、それはそれで大いに怪しい。

また、検証可能な細かい事柄について尋ねるのも有効な方策だ。

たとえば、「上司にお電話すれば、あなたが昨日の会議に出席していたことを確認できるのではありませんか？」と訊いてみる。相手が真実を語っているなら、即座に難なく答えられるだろうが、嘘をついているなら、確認を渋るはずで、認知的負荷をかけることができる。

「その会議でエミリーはどんな服を着ていましたか？」という質問も、正直者には何でもないが、嘘つきにとっては悪夢だ。容易に検証することができ、彼らもそのことを知っているからだ。

さて、そろそろトドメの一発を決めるとしよう。

2. 証拠の戦略的活用

事前の下調べはしてきただろうか？　よろしい。ラポールを形成し、相手に話をさせよう。そうして、あなたが調べてきた情報と矛盾する内容を話すように仕向ける。矛盾点を見つけたら、説明を求め、相手の言質《げんち》を取る。

「すみません、混乱しているのですが。あなたは昨日、ゲーリーといっしょにいたと言われましたが、ゲーリーは今週ずっとフランスにいたのです」

そして自分には、例の魔法の質問をする。

「相手は今、一生懸命考えているだろうか？」

さあ、彼らが焦って組み立てた返答は、ほかの説明と矛盾し、ますます墓穴を掘ってはいないだろうか？

手持ちの証拠は、段階的に明らかにしていくこと。くり返し矛盾をつかれることで、相手は困惑して自白するかもしれない。でもそれより可能性が高いのは、彼らの嘘がますます明白になることだ。スウェーデン警察を対象とした二〇〇六年の調査によると、警察が嘘を見破る確率は通常五六・一％だったが、「証拠の戦略的活用」の訓練を受けた警官の場合、八五・四％に跳ねあがったという。

こうしたテクニックは完璧ではないが、練習すれば、かなり良い結果が得られるだろう。間違いない。本当だと約束する。だから信じてほしい。誓って言うが、この本を書いているあいだ、私は頭をフル回転させたことなどないから！

ここに述べたテクニックを使えば、見た目で人を判断できるようになるのだろうか？　それは無理がある。これは簡単な方法ではなく、あなたに時間があり、なおかつ相手が辛抱強く質問に応じるときにのみ有効だ。

自分へのメモ：この章を編集者に見せるのは、締め切りに遅れた理由を説明した後にしよう

さて、「人を見た目で判断するな」の格言は、総合的に見て持ちこたえているだろうか？そろそろ最終評決をくだすときがきたようだ。

5　人の心は読み取ってはいけない

二〇〇七年、オーストラリアのパークス天文台で、研究者が過去のデータを調べていたところ、「宇宙人の存在を証明しているのではないか」というほどの信じ難い現象に気がついた。

実際にその現象が起こった二〇〇一年当時、見過ごされたのも無理はない。わずか五ミリ秒間の電波バーストだったのだ（五ミリ秒では、「ミリ秒」という字を読む間もない）。爆発の発生源は不明で、電波は三〇億光年の彼方から来たものだった。

しかしNASAはその後、たった五ミリ秒のあいだに、太陽五億個分に匹敵するエネルギーが発生したことを確認している（この莫大な数字を比喩で表したいところだが、私のちっぽけな脳みそでは五億個の太陽を理解するのが不可能なので、ここでは、「超エクストラ・スーパー・パワフル」と表現することにする）。

その現象は、「高速電波バースト（FRB）」と呼ばれ、この分野に精通する人びとがよく言うように、「超エクストラ・スーパー・パワフル」だった。さすがにこれがクリンゴン（『スタートレック』に登場する異星人）の存在を証明するというのは大げさなようだ。

しかし、NASAが数年前、三日で火星へ到達するには何が必要かを議論した際、「高速電波バースト」とよく似た爆発を生みだすライトセイル・フォトニック推進システム（太陽帆にレーザーを照射することで推進力を得る）が必要だろうと提案された。そしてその後、FRBについて試算した二人の科学者はこう述べている。

「ライトセイルに電力を供給するのに最適な周波数は、検出されたFRBの周波数に近いことが明らかになった」

しかもその科学者とは、YouTubeでアルミホイル帽を被っている変人ではなく、ハーバード大学の天体物理学者、アヴィ・ローブと、フロリダ工科大学の宇宙生物学者、マナスヴィ・リンガムだった。

つまり、「宇宙人」は、それほど突拍子もない話ではなかった。しかしFRBはたった一つしか見つからなかったので、初めのうちは電波望遠鏡のエラーの一種だと思われていた。ところがじきに、もっと見つかったのだ。もっとはるかにたくさん——。

二〇一〇年、宇宙物理学者のサラ・バーク＝スポラールは、一九九八年に発生していた、FRBに類似したバースト一六個の記録を発見した（もしこれが異星人からの連絡だとしたら、私たちはメールをさっぱり返さない酷い友人といったところだ）。だが、さらに興味深いのは、それら一六個のバーストはFRBとは別物だったということだ。多くの点でFRBに類似していたが、実際には局所的な信号で、「ペリュトン」と呼ばれるようになった。それらは数十億光年の彼方からではなく、この地球上の何かから発生していた。

ペリュトンによって、宇宙人がすでに地球に来ているのではないかという推測もなりたった。FRBが、地球外生命体から地球へ向けてのメッセージだとすれば、ペリュトンは、地球にいるETが故郷へかけた電話かもしれない。

しかし最も有力な説は、ペリュトンはすべてでたらめだと判明したというものだった。ペリュトンはおそらく雷によるものか、あるいは、もっと可能性が高そうなのは、何らかの人為的干渉ではないかとされた。さらにはFRBもペリュトンに過ぎないのではないかとする科学者もいて、激しい議論が何年も続いた。

天文学上最大の問題に挑んだ二五歳のインターン

ところが二〇一四年五月一四日、パークス天文台で、FRBがリアルタイムで検出された。そして、少なくとも五五億光年離れたところで発生したものだと確認された。ペリュトンは局所的な干渉かもしれないが、FRBは本物であることが証明されたのだ。このニュースは、世界の天文学界を揺るがした。

FRBは、宇宙のはるか彼方で発生しているので、その解明は不可能に近い。だがペリュトンのほうは局所的で、解決できる可能性があった。しかも、人類にとってきわめて重大な発見の一つになるかもしれない。さて、この知的で意義深く、途方もなく困難で、歴史の流れさえ変えうる課題を、どうすればいいだろう？

そうだ、インターンに丸投げしてしまおう！

というわけで、われらが勇者の登場だ。エミリー・ペトロフ。二五歳で、まだ天体物理学の博士号を取得する前だった。そのエミリーが、天文学で最大の謎の一つを解決する任務をまかされた。誰からも助けはなく、大きな資金援助もなかった。新人さん、がんばってね！　しかしエミリーは、ＦＲＢとペリュトンに魅了され、誰よりもこの問題に立ち向かう気概に溢れていた。

エミリーはすぐに、謎に満ちたエネルギー源の原因究明がいかに難しいかを悟った。天体物理学者たちも愚かではない。電波干渉で悲惨な結果になっては困るので、天文台は人里離れた電波禁止区域にある。携帯電話も使用禁止だ。機器を電磁波から守るファラデーケージ（外部の電界を遮蔽する、導体製の籠や器）も使われている。ペリュトンの原因はいったい何なのか？

さらにもっと興味深い問題があった。パークス天文台で検出されたペリュトンの周波数は二つあり、二・五ＧＨ（ギガヘルツ）と一・四ＧＨだった。前者はよく使われている周波数帯だったが、後者は違った。研究者たちの知る限り一・四ＧＨで送信されるものはなかった。本当にエイリアンの仕業かもしれない。もしそうなら、宇宙人がすでに私たちのすぐそばにいる可能性を意味した。それも一九九八年から。

しかし、エミリー自身は宇宙人説を信じていなかった。そこで、何か月もかけて望遠鏡からのデータを精査した――が、結局行き詰ってしまった。それでも諦めずに、妨害周波数をリアルタイムで検出する干渉計を電波望遠鏡に取りつけたが、またも空ぶりだった。

宇宙人はランチタイムがお好き？

だがついに二〇一五年一月、エミリーは幸運をつかんだ。電波望遠鏡が、なんと同じ週に新しいペリュトンを三つも検出した。偶発的なものではなかった。はたしてこれは、地球外生命体がここ地球で通信を試みたものなのか？

三つのペリュトンはそれぞれ二つの電波信号からなり、一つは二・五GHzで、もう一つは謎の一・四GHzだった。エミリーは、新しい干渉計のデータを、近くにあるオーストラリア電波干渉計（ATCA）のデータと比較した。ATCAは二・五GHzの電波を拾っていなかったが、パークスの干渉計は拾っていた。これが決め手となり、ペリュトンは宇宙から来たものではないことが確定した。発生源が何であれ、それはここ、地球上にあったのだ。

さらに、検出されたペリュトンの発生時刻は不規則ではなく、平日に集中していた。エミリーはようやく思いあたった。三つの時間に共通するものがあった。生きている、そしてこれまで生きてきたすべての人間に必要不可欠な、このうえなく意味深いもの――。

ランチだ。パークスで観測されたペリュトンは、すべて昼食時に起きていた。じゃあ、二・五GHzで作動するものは？　ピンときたエミリーは階段を駆け下りた。エイリアンはそこにいた。休憩室に置かれた電子レンジだ（電波望遠鏡の施設ではふつう使用が禁止されている）。ペリュトンが検出されたときには、望遠鏡が必ず休憩室の方を向いていたことが、干渉モニターのデータで確認された。

　そう――天文学最大の謎を引き起こしたのは宇宙人ではなく、ブリトーを電子レンジで温める科学者たちだった。

　だが、まだ万事解決とはならなかった。二・五ＧＨｚの信号を出していたのはウーキー（スターウォーズの登場人物）ではなくブリトーの定番、「ホットポケット」だった。でも周波数は二つあった。一・四ＧＨｚのほうはどうなったのか？　研究者たちが扱う機器に、一・四ＧＨの電波を発する物はなかった。宇宙人説はまだ否定しきれない。

　しかしエミリーは、人的ミスのあるところには、さらなる人的ミスがあるとわかっていた。たしかに彼らの知る機器で、通常、一・四ＧＨｚの電波を出す物はなかった。そして、電子レンジはいつも二・五ＧＨｚで作動する……。機転が利くわれらが勇者は、とっさに実験を試みた。電子レンジのスタートボタンを押し、加熱時間が終わる前に扉を開けてみた。するとどうなったか？　電子レンジのマグネトロンから、二・五ＧＨｚのほかに、一・四ＧＨｚの電波も短く放出されていたのだ。

　そこで訂正：天文学最大の謎を引き起こしたのは宇宙人ではなく、ブリトーを電子レンジで温めるせっかちな科学者たちだった。

　エミリーは、ペリュトンの正体が地球外生命体ではないとわかっていた。また、定評ある科学者の大半は宇宙人説を真剣に考えていなかった。でも、そんなことは重要ではなかった。宇宙人の話は、たまらなく魅力的だった。メディアは熱狂し、人びとはもっと知りたくてうずうずした――科学についてではなく、地球外生命体が存在する可能性について。

私たちの脳は、宇宙人の話のようにシンプルで刺激的な話が大好きだ（〝冷めたピザ〟も温め直したくてしょうがない）。だからペリュトンや宇宙人の話をしていても、ほかの地球人の心を読もうとしていても、シグナルを誤解し、単純明瞭で、興味深い空想に満ち、けれど間違っている解釈を思いつくのはあまりにもたやすいことなのだ。

この次、残り物を電子レンジでチンするときには、エミリー・ペトロフのことを思いだして欲しい。そのときには、「オッカムの剃刀《かみそり》」（ある事象を説明するとき、必要以上に多くの仮定を用いるべきではないとする思考法）でスライスしよう。

かくして、ペリュトンの大いなる謎は解かれた――しかし、すべての答えが出たわけではない。数々の高速電波バースト（FRB）の発生源は、いまだ解明されていない。もしかすると彼方の銀河にいる宇宙人が、温め途中のブリトーを電子レンジから出したくてたまらないのかも？

あるいはそれもまた、私が自分に言い聞かせている「イケてるが不正確な物語」なのかもしれない。

人の心を読み取れないのは、そのほうがいいワケがあるから

さて結局、「人を見た目で判断」するのは可能なのだろうか？　重要なポイントを見直して

おこう。

私たちは、第一印象で人の性格を見分けることにはそこそこ長《た》けているが、嘘を見抜く力は、コイン投げの確率と変わらない。そして、人の考えや感情を受動的に読み取る力にいたっては、ひどくお粗末だ（この能力にかけては、私たちより優れている馬を知っている）。

さらにまずいのは、最初に誤った印象を抱くと、それが心に刻まれやすいことだ。多くの場合、自分こそが最大の敵だ。確証バイアスによって、自分がすでに持っている見方と一致するものを記憶し、一致しないものは忘れてしまうからだ。既存の解釈を修正し、より正確なものにしてくれるかもしれない情報が目に入らないのだ。

私たちが人の考えや感情を受動的に読み取ろうとしても不正確なことが多いが、意欲を持って積極的に人の注意を引くことで改善が見込める。とはいえ、自分の能力を高めることばかりに重点を置くのは間違っている。人の性格を読み取るにせよ、嘘を見抜くにせよ、最も精度を高める方法は、相手からより多くのシグナルが得られるようにすることだ。

自分の嘘を見抜く能力を高めようとしても限界があるが、「認知的負荷」や「証拠の戦略的活用」のような信頼できるテクニックを活用して相手の嘘をつく能力を下げることによって、嘘の検出をはるかに容易にすることは可能だ（そして、ブリトーを温めている電子レンジを、宇宙人からのコンタクトだと勘違いしないように）。

すると、自ずと疑問が湧いてくる。

「私たちはなぜ人の心を読み取るのがこんなに苦手なのか？」

だって、それができればシンプルに便利なはず。母なる自然に対して、集団訴訟を起こすべきだろうか？　私たちの脳は、リコールが必要なのか？　人間は社会的な種であるというのに、ものすごく重宝しそうなスキルに関して、これほどの欠陥があるのはなぜなのか。

一つの見方は、人を読み取る精度の低さが、そもそも欠陥ではないかもしれないということだ。読み取る能力の精度が高すぎることは、悪夢になるかもしれない。誰しもパートナーや友人、その他の人間関係について一時的に否定的な感情を抱くことがある。それが普通だ。しかし、誰かが自分に対して抱くネガティブな考えにいちいち気づいていたら、不安が募るばかりだ。

非常に多くの場合、そうした一時的な問題に気づかないほうが好ましい。それはまさに、研究結果で示されている。他者に対する「共感の正確性」はつねに望ましいわけではなく、諸刃の剣だ。心理学者のシンプソン、イックス、オルティナの研究によると、関係性を脅かすような情報を探りださない限り、共感の正確性はプラスに働くが、それらを詮索しだすとマイナスに働く。実際、ネガティブな情報が少しずつ拾い集められる場合には、あまり正確さを突き詰めないほうが、関係性の安定度が高まった。

ある心理学者のチームはこう言う。

「人はよく、社会的判断の精度を上げる方法を学びたいと望む――しかし、社会的現実を見ることが健全な目標であるかどうかは定かでない」

あなたが不機嫌なときに考えたことをすべて他者に察知されたら、心穏やかでいられるだろうか？

人間なら、時には誰かを勘ぐりたくなることもあるだろう。それも自然で健全なことだが、そうした瞬間をいちいち感じ取れば、相手が傷つく可能性もある。ＨＳＡＭの呪いを忘れてはならない。

ネガティブな情報が多すぎたり、記憶が完璧すぎたりすると、人間関係がうまくいかなくなる。心を丸くし、「疑わしきは罰せず」で大目に見たり、一面の真実に過ぎないことを見逃したりする必要がある。

シャーロック・ホームズが麻薬常習者だった納得の理由

そんなわけで、母なる自然は、健全な妥協点を見いだしたのかもしれない。私たちは、意欲を持って真剣に取り組めば、そこそこ人の心を読むことができるが、それでもあまり得意ではない。読み取る精度が高すぎれば、パラノイアになるのがオチだろう。

世界を正確に見ることだけが、私たちの目標ではない。

たしかに良い判断をするためには、確実な情報が欲しくなる。しかし、物事があまり好ましくない状況でも（あるいはそういう状況でこそ）、晴れやかな気持ちで、意欲や自信を失わずにいたい。それには絶妙なバランスが必要になる。真実は痛みをともなうからだ。だからこそ真実とわかるのだが。

シャーロック・ホームズは、つねに冷厳な事実を見抜く力がずば抜けていた。だが、彼はまた麻薬常用者でもあった。この二つが無関係だとは思えない。

同様に、嘘を見破る達人になるのも問題がある。あなたは、自分のことを気にかけてくれる人から、善意からだが真実とは言えない褒め言葉をもらう度に、頭のなかで警報ベルが鳴ることを望むだろうか？　いや、あなたはむしろ堪能したいはずだ。

また、ほとんどの社会的状況（就職の面接や初めてのデートは言うまでもなく）で求められる礼儀正しさや社交辞令は、四六時中、完全なる真実をもってしては立ち行かない。ときには、明らかにこちらの正直な答えではなく、お世辞を期待してあれこれ訊いてくる人もいて、鬱陶しく感じることもある。嘘の大半は、「私は彼を殺していない」といった類ではなく、「君の髪、素晴らしく綺麗だね」といったものだ。T・S・エリオットの言葉にあるように、「人間は、全き現実には耐えられない」のだ。

人はたいてい正直だと想定することは、初期設定として望ましい。そしてありがたいことに、そうするほうが気分が良いだけでなく、長い目で見て、実際に良い結果が得られる。

ある研究で被験者に、人をどの程度信じるかを尋ねたところ、一〇段階で「八」と答えた人びとの収入が最も高かった。そして信頼度が低い人びとは、信頼度が過剰な人びとよりはるかに状況が悪く、その損失は、大学へ行かないことと同等だった。人を信頼しないことで、多くの機会を失っているのだ。

心理学者のマリア・コニコヴァが著書、『The Confidence Game 信頼と説得の心理学』（ダイレクト出版）で紹介したオックスフォード大学の研究によると、人に対する「信頼度が高い人は健康状態が良好である可能性が七％高く、また、『非常に幸せ』である可能性が六％高かった（『まあまあ幸せ』や『不幸せ』ではなく）」という（どうか私を信頼してもらいたい。そうでなければ、この本はあまり役に立たないだろう）。

大切なのは、判断を修正し続けること

さて、「人を見た目で判断」できるのか否かの最終評決はどうなるだろう？　単純にイエスかノーと言いたいところだが、それではあまり意味がないだろう。この格言は、「ほぼ真実」である――が、誤解を招く恐れもある。この答えには、もっと微妙なニュアンスが必要だ。

たしかに、人を表面的にすぐさま判断することは慎むべきだ。しかし研究結果が示すように、私たちは、少なくとも初対面ではつねに「見た目で判断」するし、それは止められない。判断を完全に保留することは不可能で、訓練をしない限り、時間をかけても精度は上がらず、むしろ最初の判断に対する確信をますます深めていくだけだ。

だから、人を見た目で判断しないことに重点を置くかわりに、間違いなくくだしてしまう判断を修正することにもっと力を注ぐほうがうまくいく、とするのが有効だろう。

ということで、第一章における検証が完了した。人を見きわめることについては終わり、次

よう。実際に人とどう関わるかについて見ていこう。すなわち友人関係だ。まずはこう問いかけよう。

良い友だちとはどのようなものか？

そして、どうすれば良い友人関係が築けるのだろう？

「まさかのときの友こそ真の友（"A friend in need is a friend indeed."）」という格言がある。少なくとも紀元前三世紀ごろから言い伝えられてきた。この格言が真実かどうかという本質にこれから迫るつもりだが、その前に肝心なことを——じつは、この格言が意味するところさえ不確かなのだ。

「困っている（in need）友だちは、たしかに（indeed）あなたの友だちのようにふるまう」という意味だろうか？　または、「困っている（in need）友だちは、行動で（in deed）示す友だち」？　それとも、「あなたが困っているときの（in need）友だちは、たしかに（indeed）友だち」だろうか？　あるいはもしかしたら、「あなたが困っているときの（in need）友だちは、行動で（in deed）示す友だち」？

いったいどれが正しい意味だと思うだろうか？　根拠を見直してみると、あなたが今考えているものと異なる、というか正反対のものが本来の意味かもしれないとわかった。

次章では、この神話について見ていこう。

第2章
「頼れる友だち」は実在するのか

1 「友だちの定義」を科学する

気温が氷点下のなか、コートも着ず、靴下だけで立ち続けるのは愉快なことではない。そのうえ、数百人の兵士が自分たちを殺しにやって来るとなると最悪だ。

ほかの隊員たちは皆、負傷して、近くに横たわっている。雨水の浸食でできた溝《ガリー》に身を隠しながら、ヘクターはその目で迫りくる敵を見た。走って逃げるという手もあったが、彼のなかにその選択肢はなかった。ヘクター・カフェラータは、どこへも行くつもりはなかった。

話を少し戻そう。

一九五〇年一一月二八日、朝鮮戦争の最中のことだ。ヘクターが所属するアメリカ海兵隊の小部隊は、五キロほどの峠を守る任務をあたえられた。一一〇〇〇人規模の第一海兵師団が窮地に陥ったときの逃げ道を確保するためだった。雪が一五センチほど積もり、あまりの寒さに、ヘクターの部隊は一～二人用の塹壕《フォックスホール》を掘るのもままならなかった。そこでヘクターと相棒のケネス・ベンソン（通称ベンス）は、低木を切ってシェルターを作り、寝袋に入った。

中国兵の大部隊がこの陣地に向けて進撃してくることを、彼らは知らずにいた。夜中の一時半ごろ、ヘクターは銃声に驚いて飛び起きた。あちこちが爆発し、絶叫が飛び交う。負傷した仲間たちがいたるところに倒れている。敵兵との距離はまさに一〇メートル足らず。靴を履く間もない。すぐ近くで手榴弾が爆発した。ヘクターは無傷だったが、ベンスはかけていた眼鏡が粉々になったため、目をやられた。しばらく何も見えないだろう。

ヘクターはライフルをつかんで応戦したが、なにしろ敵勢が多すぎて、近すぎて、速すぎた。

「俺の足につかまれ、這って行くぞ」とベンスに言った。二人は溝に逃げ込み、身を潜めた。

辺りを見渡したヘクターは、ほかの隊員たちは死傷し、壊滅状態にあることに気づいた。そのうえ、連隊規模の敵兵が迫っていた。韓国へ送られる前に二週間の訓練を受けただけのヘクター・カフェラータ一等兵が、今や戦える最後の兵士だった。彼は傷ついた仲間たちを見回した。そして仕事に取りかかった。

たったひとりの軍隊

ヘクターは何をしただろう？　ここで、あまりにも陳腐な表現を使うことを許して欲しい。しかしこの決まり文句が今回に限って一〇〇%正確で、いささかも誇張でないことを誓う。

ヘクター・カフェラータは、一人だけの軍隊《ワンマンアーミー》になった。

靴下姿で、足首まで雪に浸かったヘクターは、夏休みのアクション映画のヒーローに変身した。何十人もの敵兵が銃や手榴弾、迫撃砲で攻撃してくるなか、たった一人で戦線を維持した。

いや、それどころか、敵を退却させてしまった。銃弾が飛び交い、そこらじゅうであらゆる物が爆発するなか、たった一人のイカれた男が涸れた川床《ガリー》を行きつ戻りつしながら、連隊規模の敵部隊に援軍を要請させたのだった。

ばからしく聞こえるだろうか？　作り話だと思うだろうか？　ところが、話はさらに狂気じみてくるから、心して聞いて欲しい。ヘクターはなんと、次々投げ込まれる手榴弾をシャベルで打ち返した。くり返すが、彼は飛んでくる手榴弾をシャベルで打ち返したのだ。

ヘクターのM1ライフル銃は撃ちすぎでオーバーヒートし、一時的に炎上した。その度に彼は雪のなかに銃身を突っ込んで冷やしては、射撃を再開した。ベンスはまだ目が見えなかったので、手探りで八発用クリップに弾を装填し、カチッとはまった音を確認してはヘクターに銃を手渡した。

そのとき、ほかの隊員たちが血を流して倒れ込んでいる溝に、敵方から手榴弾が投げ込まれた。ヘクターはそちらへダッシュし、手榴弾を投げ返した。だがわずかにタイミングが遅れ、手から離す前に爆発したので、指がちぎれ、腕に破片がくい込んだ。それでも構わず、ヘクターは戦い続けた。敵兵はわずか四、五メートル先にいたが、その状況のまま五時間死守し続けた。

やがて一発の銃声がひときわ大きく響いた。狙撃兵が撃った弾が胸に命中し、ヘクターは倒れた。立ち上がろうともがいたが、どうにも体が動かない。彼は横たわったまま、倒れている仲間たちに目をやった。すると彼らの向こう、はるか彼方に、アメリカ海兵隊の援軍がこちらへ向かって登ってくるのが見えた。もう大丈夫だろう……。

ヘクターは、怪我から回復するのに一年以上を費やした。退院すると、彼はホワイトハウスへ向かった。トルーマン大統領から、米軍で最高位の勲章である名誉勲章を授与されたのだ。

公式記録には、ヘクターが一五人の敵兵を倒したとあるが、これは実数にはるかにおよばない。ヘクターの指揮官であるロバート・マッカーシー中尉はインタビューのなかで、実際は一〇〇人に近かったと答えている。誰も本当の数字を信じないだろうということで、一五人に変更されたのだ。

「ええ、正直なところ、私はやりました（一〇〇人倒しました）。そのことは自分が知っているし、ほかの人たちも知っています。しかし、どうやってやり遂げたかは、神のみぞ知る。そうとだけ言っておきましょう」

ヘクターは数年後にそう語っている。どのようにしたのか、彼にはわからなかったが、なぜしたのかは、わかっていた。

愛国者だったからではない。ヘクターはたしかに祖国を愛していたが、それは、このことを成し遂げた理由ではない。

実のところ、名誉勲章のどの受章者にとっても、英雄的行為の理由は愛国心ではない。受賞した兵士たちの話を確認すると、何度となく同じ理由に目が止まる。同受章者の一人、オーディ・マーフィは、第二次世界大戦中にドイツの一個中隊を相手に命懸けで戦った理由を問われ、はっきりこう述べている。

「友人たちが殺されていたからです」

ヘクターも同じだった。

「何も考えていなかったと思います。目の前に傷ついた友人たちがいる。最後までやり抜かなければと腹をくくる。逃げようとは、一瞬たりとも思わなかったのです」

ヘクターの同僚たちは、明らかに「困っている友だち（friend in need）」だった。そしてヘクターは、「行動で（in deed）示す友だち」であり、「たしかに（indeed）友だち」でもあった。私も、ヘクターのような友だちがぜひ欲しい（じつは、取り外し可能なソックスと、バネじかけのシャベル・アームを備えた、ヘクター・カフェラータのアクション・フィギュアがものすごく欲しい）。

友だちは人生でかけがえのないものの一つであることに、誰も異論はないだろう。しかし、友情の核心には謎の部分があり、その真相に迫る必要がある。

「コスト」や「利益」を計算しないのが友情

パプアニューギニアの高地に住む人びとは、「デン・ニー（あなたの腸を食べたい）」と言って、旧友と挨拶を交わし合う。友情についての考え方は、世界各地でさまざまに異なるということだ。しかし、世界的に似かよった考え方も多い。ミクロネシアの島々では、親しい友人は、「プウィプウィン・レ・ソップウォン・ワ（pwiipwin le sopwone wa）」、すなわち、「同じカヌーからの兄弟（sibling from the same canoe）」と呼ばれている。考えてみれば、「異母兄弟（brother from another mother)」に近い表現だ。

一つ確かなことは、友情が万国共通であることだ。

イエール大学の「地域別人間関係資料（HRAF）」では、世界で最も研究されている四〇〇の文化を追跡調査しているが、そのうち三九五の文化に友情という概念が存在する（友情の概念を持たない五つの文化は、家族単位や政治体制を脅かすとして、友情を明確に否定しているコミュニティである）。

また、親友の概念は、人類、さらに言えば霊長類に限られたものでもない。イルカやクジラ、その他の哺乳類にも、仲間という存在があることが研究者によって記録されている。

研究対象となった社会の九三％で、最も多く合意が見られた友情の特質は「助け合い」で、逆にほぼすべての社会でタブー視されているのは、友情において「点数をつける」ことだった。

見知らぬ人との取引では、即金で払う。しかし友人関係では、好意のやりとりで勘定を度外視する。実際、厳密な互恵主義は、友情関係において大きなマイナスになる。急いで借りを返そうとすることは、失敬と見なされることもある。仲間とのあいだでは、コストや損得は関係ない（あるいは少なくとも、それほど重要ではない）かのようにふるまう。

親しい友だちの数は平均たった二人

二〇〇九年のある調査によると、アメリカ人は（社会的接点で）平均四人と親しい間柄にあり、そのうち二人が友だちだという。イエール大学のニコラス・クリスタキス教授によれば、こうした統計は過去数十年にあまり変化せず、また、世界的にも同様の数字が見られるという。そして、大多数の研究が、友だちの数より質のほうが重要だとしている一方で、やはり数も重要だ。幸福度で、「非常に幸せ」と答える可能性が六〇％高くなるのはどんな人びとか？　それは、悩みごとを相談できる友だちが五人以上いる人だ。

当然のことながら、友だちの数が最も多いのは若いころで（十代の平均は約九人）、その後はだいたい歳とともに減っていく。これは悲しい。配偶者には申し訳ないが、友だちは、どの人間関係よりも人を幸福にしてくれるものだからだ。

ノーベル賞受賞者のダニエル・カーネマンは、人びとのその時どきの幸福度を調査すると、友だちと過ごしているときが最も高いことを発見した。この結果は、年齢に関係なく、また、世界じゅうのどこでも見られた。

公平を期するためにつけ加えると、社会心理学者、ビヴァリー・フェールの調査によると、人びとの幸福度が最も高いのは、友だち、配偶者の両方といっしょにいるときであると示された。

しかし夫婦関係においてさえ、大切なのは二人のあいだの友情だ。ギャラップ社の調査によると、結婚生活の満足度の七〇％は、夫婦間の友情によるものだという。コンサルタントで作家のトム・ラスによれば、良好な結婚生活を送るために、友情は、性的親密さのじつに五倍も重要だという。

友だちと遊べる喜びは、年収一三〇〇万円アップに匹敵！

職場において友情がもたらす影響も負けず劣らず大きい。上司を「親しい友人」と見なす人は二〇％に満たないが、その人びとは、仕事を楽しめる確率が二・五倍高くなる。職場に親しい友人が三人いたら？　人生に幸せを感じる可能性が九六％高くなる。つまり、「仕事に満足」するのみならず、「人生に満足」しているということだ。

また、誰しも昇給は大歓迎だろうが、『ジャーナル・オブ・ソシオエコノミックス』誌が二〇〇八年に行なった調査によると、収入の変化は幸福度のわずかな増加をもたらすだけだが、友人と交流する時間が増えると、九万七〇〇〇ドル（約一三〇〇万円）の年収増加に匹敵する満足が得られることがわかった（上司にこれと同額の昇給を願い出たら、どんな結果になるやら）。そして全体として、友人関係の変数は、あなたの幸福感の五八％を占めている。

また、友だちを持つことは、健康でいるためにも欠かせない。心理学者のジュリアン・ホルト＝ランスタッドの研究によると、孤独感が健康に及ぼす悪影響は、一日一五本のタバコに匹敵するという。そしてまたしても、友情が社会的つながりのなかで最高位に君臨している。

二〇〇六年のある研究では、親しい友人が一〇人いる乳がん患者群と、親しい友人がいない乳がん患者群を比較した。すると前者の生存率は、後者の四倍になった。さらに驚くべきことに、夫の存在による影響はゼロだった。これは男性についても同じで、七三六人の男性を対象とした長期的な研究で、友人の存在は、心臓発作の減少をもたらした。しかし、特定のパートナーがいても死亡リスクは減少しなかった。

なるほど、友だちはありがたいものだ。それはわかっている。しかしここではもっと具体的に、「まさかのときの友こそ真の友」なのか？　という問題を探る。

「友だち」の定義は誰も知らない

厄介なのは、さっそく取りかかろうにも、その前にもっと根本的な問題があるということだ。そもそも私たちは、友だちが本当に意味するところさえはっきりわからない。ちょっと待つから、ここで定義してみてほしい。ただし、紋切型の答えは受けつけない。私たちは皆、グリーティングカードの文面のような友情の定義を山ほど聞いてきたが、有効なリトマス試験紙にはならなかった。

フェイスブックでの〝友達〟は、本当に友だちだろうか？　たくさんの思い出があるけれど、連絡を取って話そうとは思わない旧友は？　あるいは、いつもすごく楽しい時間をいっしょに過ごせる愉快な人だけど、わが子の世話を頼む気にはならない相手は？　信頼できて頼りになるが、健康診断で「悪性」という結果をもらったときに、癒しを求めようとは思わないあの人は？　彼らは友だちだろうか？　このありふれた小さな言葉を真に定義することは、思っているよりはるかに難しいのだ。

ニコラス・クリスタキスは次のように述べている。

「友情とは、通常、血縁のない個人間の、概して自発的かつ長期的な関係で、とくに必要なときに相互的な――場合によって非対称的な――愛情と支援をともなうもの、と公式に定義できる」

研究に適した、手堅くて正式な定義ではあるが、日々の生活で役に立つとは思えない。そしてこの漠然とした定義は、より大きな問題を象徴している。友情がひどくないがしろにされているということだ。

すでに述べたように幸福と健康への貢献度がいちばんで、ポジティブな要素の宝庫でありながら、友情は必ずと言っていいほど、配偶者、子ども、近親者、さらには同僚より後回しにされている。

人びとは、子どものためには小児セラピストに、夫婦関係のためには夫婦カウンセラーに報酬を払うことを厭《いと》わないが、友情のためには何もしない。友情に問題があれば、ペットの金魚のように、絶えるに任せてしまうこともある。

友情に関する研究者で、アリゾナ州立大学教授のダニエル・フルシュカによると、「友だち」という言葉は英語において、「父」や「母」をも抜き、ほかのどの人間関係用語より多く話され、多く書かれているという。それなのに、この重要で強力で幸福をもたらし、命まで救ってくれる関係は、日常生活で不当な扱いを受けている。どういうことなんだ?

ほかの人間関係とは異なり、友情には正式な制度がない。法律や宗教、雇用主、血縁などによる裏づけもない。そして、友情を支援する比喩的なロビー団体もないので、いつも二の次にされてしまう。

友情は、一〇〇パーセント自発的なもので、明確な定義も、社会的合意による期待もほとんどない。もし配偶者と六週間も話をしなかったら、離婚の可能性さえある。同じ期間、友だちと話さなかったら？　やれやれ。

友情には正式な規則がなく、期待される内容がはっきりしない。そのため、友人関係は脆《もろ》くて壊れやすい。気づかいが足りないと萎《しぼ》んでしまうが、何が必要とされているのかルールもなく、詳細を話し合って決めるわけにもいかない。職場を無断で欠席すれば、上司にクビにされるとわかっている。ところが、何が友情にピリオドを打つかは、それぞれの関係によって独特に異なる。

だから、老若男女を調査すると、かつての友人の半数が、七年以内に親しい友人でなくなっているという結果がきまって見いだせるのも、あながち不思議ではない。制度的な義務がないので、意識的に友人関係の維持に取り組まざるを得ないのだが、忙しい現代人の大半にとって、それは手に負える範囲を超えている。

三〇代は、ともすれば友人関係が消滅する一〇年となる。このころ、結婚式のために友だちを残らず集めても、じきにそれきりになってしまう。年齢とともに、仕事や結婚生活、子育てなどでますます多くのことが要求され、本来友だちに割り当てる時間やエネルギーをそちらへ回すことが多くなる。

友情があたえてくれるさまざまな喜びや恩恵にもかかわらず、数々の研究で、生涯にわたる関係を最も築きやすい相手は、結局、友人ではなく兄弟であるという結果が示されている。これは悲劇だ。

友情は「選択」であって「義務」ではない

しかし、友情の脆さはまた、その計り知れない強さの源でもある。真の友情が、配偶者や子どもたちより私たちを幸せにしてくれるのはなぜだろう？　友情はつねに意識的な選択であって、けっして義務ではないからだ。いかなる制度による支援もない代わりに、強制もない。ただ単に、友だちのことが好きでなければならない。ほかの人間関係は、感情とは無関係に成立しうる。あなたが誰かを嫌いになったからといって、その相手が親や上司や配偶者でなくなるわけではない。その点、友情には偽りがない。相手も自分も、いつでも立ち去れるからだ。その脆さが純粋さの証なのだ。

それから、友情と相容れず、友情という言葉を正確に定義するうえで最大の課題となる、飛躍的に拡大するシステムがある——生物学だ。遺伝子を広げるためというダーウィニズム的な必要性にすべてが還元される、冷酷で野蛮な自然界（今もどこかでライオンがガゼルにかぶりついている）で、なぜ友だちというものが存在するのか？　家族と、その家族を養う必要性がすべてではないのか？

たしかに、友だちはそうした目標を達成するのを手助けしてくれるし、そうすれば割に合う――だが、そうなるとすべてが計算、取引上の関係ということになる。その場合、私たちのために何をしてくれるかという観点だけで友だちを評価し、必ず自分のほうが利益を得られるようにするだろう。しかしそれは友人関係ではない。厳密な互恵主義の欠如こそが、友情の数少ない普遍的特性なのだ。

もっと重要なのは、そうした互恵関係は、私たちが友情というものに抱く感情的な概念と相反するということだ。真の利他主義や優しさが入りこむ余地が、この世界になくなってしまう。生物学が示唆するように、もし人生の目的が専ら遺伝子を広げ、資源を獲得することにあるとしたら、ヘクターはなぜ友人たちのために命を懸けたのだろう？　それが、「まさかのときの友こそ真の友」という格言の意味するところなのか？　友だちとは、人びとが何かを必要とするときにだけ真価を発揮するという意味なのだろうか？

この話は、友だちとは何か、という真の定義を得るためにきわめて重要だ。じつは、この利他主義の問題（人間が利他的行動を見せること）は、ダーウィンにとっての白鯨だった。彼は、この問題は最大の謎だとし、もし解決できなければ、自然選択説が誤りだと証明されるのではないかと怖れていた。

だからこそ、ジョージ・プライスの悲劇的な物語に目を向ける必要がある。

2 利己主義と利他主義は結局どちらが正しい？

何をおいても名声を得ることが、ジョージ・プライスの望みだった。世界を変えるような何かを成し遂げて、有名になりたいと遮二無二欲していた。ジョージが優秀なのは、誰の目にも明らかだった。ある者は彼の精神面を疑い、また多くの者は、良き夫、良き父であるかどうかを訝《いぶか》しんだが、彼が頭脳明晰であることを疑う者はいなかった。

数学の才能と創造性において、ジョージに肩を並べる者はまずいなかった。しかも、何者かになりたいという欲望にたえず駆り立てられていたので、その労働意欲は、いっそう驚異的なものになっていた。

ファイ・ベータ・カッパ（全米優等学生友愛会）の会員として大学を卒業し、アンフェタミンでハイになりながら五九時間不眠不休で論文を書きあげ、博士号を取得。そして、ノーベル賞受賞者五人と個別に手紙をやりとりし、名を成すための糸口を探っていた。

ジョージは、今の居場所では歴史に名を刻めないと思う度に、次の場所へと移った。科学界を駆け抜けていく「フォレスト・ガンプ」さながら、一〇年間に六回も移動をくり返す。マンハッタン計画にも参加し、原子爆弾の製造に貢献した。それからベル研究所へ移り、トランジスタの開発に携わった。次いで癌《がん》研究に勤《いそ》しんだのち、さらに転職し、CAD（コンピュータ支援設計）のアイデアをほぼ一人で発明している。

何かに取り憑《つ》かれたような人だった。というか、ジョージは精神を患っていた。常軌を逸した野心も、病気によるものだった。そのため、めったに会うことのなかった妻子を、ついには棄ててしまった。ジョージに宿る悪魔は、彼が偉大になるうえで妨げとなるいっさいのものを排除した。

だが、思うようにいかなかった。さまざまな分野で注目される業績を残したものの、本人の望む超人的な基準を満たすものは何もなかった。ジョージは危機的状況に陥った。失業し、孤独だった。四五歳になった彼は、もう一〇年以上娘たちと会っていなかった。だが、その執念は衰えず、今度はロンドンへ引っ越した。

ジョージが次に関心を持った科学的分野は、あまりにも皮肉なことに――「家族」だった。何が家族を結びつけるのかを知りたいと思ったのだ。

それがきっかけとなり、やがて利他主義というもっと大きな問題にたどり着く。なぜ人は他人を助けるのか？

すでに述べたように、この謎はダーウィンにとっての白鯨だった。しかし少なくとも家族に関する限り、ジョージはその意味を理解できた。人はなぜわが子を助けるために命を懸けるのか？　子どもが自分の遺伝子を持っているからだ。

「人はみな自分勝手」と数式で証明したプライス方程式

そこで彼は、そのずば抜けた数学の能力をこの問題に活用し、ダーウィンの自然選択説がまさに成り立つ正確な数式を発見した。ジョージは、それまで遺伝学を学んだことがなかったし、その計算はあまりにも単純に思えたので、すでに誰かが考えたに違いないと思っていた。

ユニバーシティ・カレッジ・ロンドン（ロンドン大学）には、世界最高峰と目される遺伝学研究室があった。ジョージはそこへ立ち寄り、教授に自分の論文を見せた。九〇分後、彼には研究室の鍵と名誉研究員の座があたえられた。研究内容が画期的だったからだ。

ウィキペディアで「プライス方程式」を見てみよう。遺伝学および進化論における大きな功績として、今日もなお評価されている。運命的なことに、この研究棟は、かつてダーウィンの家があった場所にある。

ジョージはとうとうやり遂げた。名声を得たのだ。このためにすべてを犠牲にしてきたのだった。ところが、悲願を果たしたと思われた功績が、逆に呪いになってしまった。彼は自分の仕事の結果について考え込んだ。その数式は、生存と繁殖に利するものでなければ、進化によって選択されないことを示していた。

人が何かをする理由がつねに自分の生存と繁殖を促すためだとすれば、利他的な行為はありえなくなる。

「私はただ、親切のようなものは存在しないと証明したのだろうか？　私の数式が正しければ、この世界は恐ろしい場所だ」

そんな世界を、彼は受け入れることができなかった。しかしジョージは、客観的であることを旨とする科学者だ。世界が利己的な場所かもしれないことを、彼はなぜ受け入れられなかったのか？『親切な進化生物学者　ジョージ・プライスと利他行動の対価』の著者、オレン・ハーマンは、公共ラジオ局、ラジオ・ラボでこう語った。

「ジョージ自身が、人生の大半をあまりにも身勝手に生きてきたからでしょう」

自分の名を広めたもの、そのためにいっさいを犠牲にしてきたもの――ジョージは今、それが消えてなくなることを望んだ。それが真実でないことを望んだ。彼は、自分がひどく利己的で、幼い娘たちを棄てたことに罪悪感を抱いていた。それなのに今、ジョージの数式は、世界全体が利己主義であることを示している。彼にとって耐えがたいことだった。

突きとめてはいけない真理を突きとめてしまった科学者の末路

ジョージとて、数式を変えることはできない。だが、自分が世界に望む変化を、身をもって示すことはできるのではないか。もしかしたら、自らの選択によって、意志の力で、数式を間違いにすることができるかもしれない。そこで、成功と名声を執拗に追い求めて世界を駆けめぐってきた男、足手まといになると妻子まで棄てた男が、ロンドンのソーホー・スクエアへ行き、ホームレスの人びとにこう言った。

「私はジョージと言います。何かお力になれることがありますか？」

それからというもの、ジョージは貧しい人びとに食べ物を買いあたえ、持ち金をそっくりあたえた。自宅にも住まわせた。自分のことしか頭になかった人生を経て、今や彼は、他人のことしか考えていなかった。

ジョージは愛することを学んでいたのだ。しかしあまりにも度を越していたので、友人たちは彼のことを案じた。体調も良くなかった。罪滅ぼしをしたい、自分が発見したダーウィニズムの利己的な数式を否定したいという彼の願望は、名声を追い求めていたときと同じ救世主的な熱情に駆られていた。人びとに利用されていることはわかっていたが、すべてを惜しみなくあたえれば、どうにかして自分が示した定理を反証できるのではないかと信じていた。

しかしたった一人の人間が、世界を救うことはできない。ジョージの存在によって、ホームレスの人びとが残らず人生を立て直したわけではなかった。

彼はタイムトラベル映画の主人公のように、未来を変えるべく戦った挙句に、運命は変えられないと悟る。やがてお金が底を尽き、ジョージ自身もホームレスになった。それでも空き家に貧しい人びとと住みながら、なおも彼らを助けようと献身し続けた。娘たちには、自分が悪かったと手紙を書いた。家族としてやり直せたらと願っていた。

読者の皆さん、ジョージの心の動きを正確にわかりやすく伝える術《すべ》などないので、事実だけ単刀直入に言おう。一九七五年一月六日、ジョージ・プライスは自ら命を絶った。悔い改めるために殉教者になったのだと言う人もいるかもしれない。だが端的に言えば、精神のバランスを崩していた。

彼はあらゆる面で行きすぎていて、悲しいことに、この結果もその一つだった。愛や優しさ、利他主義のない世界――無私無欲さえも別の形の利己主義にすぎない――になんか住みたくないと、ほとんどの人は言うだろう。ジョージ・プライスもその一人だった。だが、この物語には続きがある。

ダーウィニズムと利他主義は矛盾するか

ジョージは内心、人は善良になれると信じていた。私たちもそうだとわかっている。そしてついに、科学もまた私たちやジョージに追いついた。といっても、彼の数式を否定したわけではない。「プライスの方程式」は依然として遺伝学で確たる評価を得ている。しかし、数々の研究によって、人は進化の過程で、利他主義を求めるように作られていることが明らかになったのだ。

機能的磁気共鳴断層撮影装置（ｆＭＲＩ）に入った被験者に、慈善事業への寄付について考えてもらうと、食べ物やセックスで起動するのと同じ神経回路が活性化することがわかった。無私無欲に人を助けることは、生き抜くことや子孫繁栄と同じように私たちの奥深くに組み込まれているのだ。

また、クナフォーとエブスタインの研究によると、人びとが進んで寄付したいと思う額と、脳のオキシトシン受容体をコードする遺伝子のあいだに強い相関関係があることがわかった。ダーウィン流に言い換えれば、利他主義は私たちの遺伝子のなかにある。つまり、ダーウィニズムと利他主義は矛盾しない。双方が、調和のうちに共存することが可能なのだ。

進化は、あくまでも結果を重視し、意図には頓着しない。あなたがなぜその行為をするかには関心がなく、最終結果だけを気にかける。

たとえばあなたが会社のCEOで、全社員に快く一〇〇〇ドルのボーナスを配ったとする。社員はあなたに好感を持ち、もっと一生懸命働くようになる。すると会社の利益は三倍になり、あなたは成功者となり、その結果、多くの子宝に恵まれ、その子たちが元気に育つ。

この話が意味するのは、あなたの行為は利他的でなかったということだろうか？　もちろんそんなことはない。あなたの意図は、社員に親切にすることだった。つまり私たちの心は、つねに「遺伝子を広げる」ことを考える必要はない。すでに述べたように、私たちの脳は、世界を理解するために物語《ストーリー》を織りなす。そうした物語や私たちの意図、選択は、あくまで私たち自身のものなのだ。

ジョージ・プライスの話の続きをしよう。

一九七五年一月二二日、ロンドンのセントパンクラス墓地の礼拝堂に、じつに多種多様な人びとが集まった。遺伝学の博士号を持つ大学教授たちが、麻薬常習者と肩を並べていた。彼らは、自分たちの人生に影響をあたえた人物に敬意を表するために集っていた。今もホームレスで苦闘している者の一人は、ジョージからもらったベルトを着けていた。

ジョージが自ら命を絶ったのは、心身の健康を害したからだ。しかし彼は自身の行動によって、人は無私無欲になれること、また、たとえ自分のためにならない場合でも、他者を助ける行為を選択できることを証明した。

ジョージの意図は正しかった。彼は人助けのあくなき追求のなかで死に、利他主義が真実であることを彼なりの方法で証明したのだった。

ところで、脳が利他主義について教えてくれる物語とは、どんなものだろう？

それによって、私たちが、ダーウィニズムの基本的な命令より利他主義を優先できるようになるものは？

もしそれに答えられれば、友情の定義を得ることができるだろう。さらに、ダーウィンの最大の謎も解ける。そしてジョージは、心の平安のうちに眠りにつくことができるだろう。

友だちとは、もう一人の自分

では、ダーウィンの法則（自然淘汰説）を覆す、私たちの脳内の物語について説明しよう――と思ったのだが、正直に言おう。私は行きづまった。

答えを求めて、古代哲学の本を読み漁ったら余計に混乱した。プラトンの『リュシス』を読むとそのなかで、かの偉大なソクラテスでさえ、友愛を定義することはできないと明言しているのだから。

しかし、ようやく一歩前進。ソクラテスの孫弟子であるアリストテレスが、友だちについて多くを語っている。アリストテレスは、『ニコマコス倫理学』の二割をこのテーマに充てている。アリストテレスにとって、利益に基づく取引関係は、真の友情関係ではなかった。その一方で、彼は親しい友人たちをこよなく愛し、親友について心温まる定義もしている。

では、友とは？

「自分に対するように、たがいに心を寄せる関係で、友人とは、もう一人の自分である」

なかなか良いだろう？

自分の一部であるからこそ、優しく接することができる。興味深いのは、この定義によって例の難問も解決できることだ。あなたの脳は賢い弁護士のように、ダーウィンの契約書の言葉をひねっている。利己主義は、実際には利他主義にもなり得る――「あなたは私」だと自分が信じれば。

そしてこの「もう一人の自分」という概念は非常にキャッチーだったので、その後二〇〇〇年にわたって西洋文化に多大な影響を及ぼした。古典文学を調べるとあまりにもしょっちゅうこの言葉に出くわすので、私は、「友はもう一人の自分」という飲み会ゲームを作ってしまったほどだ。

キケロは紀元前五〇年頃にこう言っている。

「真の友人とは、言わば第二の自己である」

飲もう。

アメリカの小説家、イーディス・ウォートンは一八〇〇年代にこう述べている。

「私たち一人ひとりの人生に一人の友人がいる。その人は、どんなに大切で愛しい存在でも、別の人間ではなく、自分自身の拡張であり、解釈であると思える」

飲もう！

また作家、マーク・ヴァーノンが指摘したように、新約聖書には「汝《なんじ》の隣人を汝自身のように愛せよ」とあるが、旧約聖書のレビ記を確認すると、「汝の友を汝自身のように愛せよ」と訳されている。そう、聖書のなかにも、「もう一人の自分」という概念があるのだ。今度は、ボトル一本飲み干してしまおう。

しかし、私は科学的な裏づけのある本を約束した。アリストテレスの友愛の概念は素晴らしいが、彼はまた、ゼウスのためにすべての犠牲を払うという愚行にも言及しているので、多少話を割り引いて聞くべきかもしれない。「友はもう一人の自分」という言葉はインスタグラムにはうってつけだが、残念なことに科学ではない。そこで私は、オタクっぽい学術研究の文献を次から次へと読んでいった。

人間関係のカギを握る「自己拡張論」と「心理的重なり尺度」

そして、このような内容に出くわした。

「私たちの基本的な予測への裏づけは、自己と親密な他者の認知表現（心的表現）が重なるという意味において、親密な関係においては他者が『自己に含まれる』という概念と一致する」なんてことだ！　アリストテレスは正しかった。しかも、「いくらか正しい」とか「ほぼ正しい」なんてものじゃない。一研究ではなく、六五以上の研究がアリストテレスの考えを裏づけているのだ。

それは心理学で「自己拡張理論」と呼ばれるもので、人は自己の概念を拡張し、親しい人を自己に内包するとしている。ある友人と親しければ親しいほど、自分とその人の境界が曖昧になることが、一連の実験で証明された。実際、私たちは相手に関する要素と自分に関する要素を混同してしまう。友人と親密な関係にあると、相手と自分を区別するために、脳はさらに頑張って働かなければならない。

決定的な証拠となったのは神経科学の複数の研究だ。MRIに入った被験者に友人に関する質問をする。するともちろん、脳のポジティブな感情を司る領域が活性化した。だが、ほかにも活性化する部分があった。自己プロセシング（自分が自分を意識し、その特徴を描き、評価し、その姿を外部に表現する、一連の自己過程）と関連する部分だ。被験者の女性たちに親しい友人の名前を聞かせると、彼女たちの灰白質が、自分の名前を聞いたときと同じ反応を示したのだ。

この研究から、IOS（心理的重なり尺度）が開発された。この尺度は非常に有用なので、その等級づけによって人間関係の安定性を確実に判断できる。

たとえば、長期にわたって追跡調査をすると、スコアが低いほど友情関係が壊れる可能性が高く、スコアが高いほど壊れる可能性が低いと予測された。さらに、スコアの高い友人関係が終わると、被験者は「自分は何者なのか、よくわからなくなった」といった言葉を口にする傾向が強かった。

もしあなたに親しい友だちとの関係が終わった経験があり、自分の一部を喪失したように感じたとしたら、それはある意味、的を射ている。

本当の共感とは、「他者との境界線がわからなくなること」

一九八〇年、ハーバード大学のダニエル・ウェグナー教授は、共感とは、「自己と他者のあいだの基本的な混同にある程度起因しているかもしれない」と述べた。そしてこれにより、私たちの求めていた定義がようやく得られたようだ。

- 共感とは何か：自己と他者のあいだの境界線が曖昧になること。どこまでが自分で、どこからが他者なのか混乱するようになること
- 親密さとは何か：あなたの「自己」のイメージのなかに、他者を内包すること（席を少し詰めて、他者を座らせるように）
- 友人とは何か：もう一人の自分。あなたの一部

「思い知ったか、チャーリー・ダーウィン！」

そう叫びたいところだが、じつは彼も私たちと変わらなかった。ダーウィンが、利他主義の問題は自分にとって最大の難問だと言ったのを覚えているだろうか。自然選択説が反証されるのではないかと恐れていたことを。ダーウィン自身は、利他主義と自説の折り合いをつけることができなかったが、行動でそれに匹敵する殊勲を立てた。ダーウィンは偉業を成し遂げ、一〇人もの子宝に恵まれたのだ（自説を証明する見事な方法だ）。

しかしそうするために、彼の脳は、「遺伝子を拡散しなければ」と四六時中考える必要はなかった。それは、ダーウィンにとって人として重要なことではなかった。では、何が大切だったのか？

意外にも、それは友情だった。ダーウィンは回顧録のなかで、自身のキャリアに何よりも影響をあたえたものについて述べている。自然選択の理論かと思うと、そうではない。

「私はまだ、自分のキャリア全体に何よりも影響をあたえた事実について触れていない。それはヘンズロー教授との友情である」

ダーウィンの理論は、友情についてあまり触れていないが、私たちの人生におけるのと同じように、彼自身の人生でもそれは重要な役割を果たしたのだ。

友だちは、私たちを拡張させてくれる。結束させてくれる。そして脳に関する限り、私たちが大切に思う人びとは、本当に自分の一部となる。

ダーウィンの理論は生物学で確固たる地位を築いているが、人びとの感情は紛れもない現実だ。私たちの意図は、純粋、高潔でありえる。ヘクター・カフェラータがそうしたように、友人たちのために利他的な大きな犠牲を払うことができるし、また、実際にそうしているのだ。

さあ、友情や親密さ、共感とは何かがわかった。友だちはあなたの一部だ。でも、どうやって友だちを作るのか？

このテーマについては数多くの本があり、とりわけ注目すべきなのはデール・カーネギーの古典的著作、『人を動かす』である。ところで同書は、科学的な検証に耐えるのだろうか？確かめてみようじゃないか。

しかし、カーネギーの本を検証する前に、ある特別な人たちから教訓を得る必要がある。この地球上で最もフレンドリーな人びとから。

3 友だちをつくりたければ、この「二つのシグナル」を出しなさい

母親でいるのは楽じゃない。とりわけ、刺青《いれずみ》を入れた巨漢のバイカーが、一〇代の息子たちを訪ねて玄関をノックしてきたらえらいことだ。だが、男は暴力を振るうために来たわけではなかった。

『ニューヨーク・タイムズ』紙が報じたように、この家の双子の少年たちが市民ラジオに出演してバイカーと友だちになり、自宅に招いたのだった。ティーンエージャーがやりそうなクレイジーなことだって？　じつはそうではない。なぜなら彼らは、「世界で最も友好的な人びと」という特別なグループに属していたからだ。

この集団は、人数が少なく、あまり知られていない。人を愛してやまず、誰にでも無限の信頼を寄せ、社会的不安は微塵《みじん》も感じない。このグループの人に会えば、たちまちあなたに褒め言葉や質問、親切な行為がふんだんに降りそそぐだろう。しかもそのすべてが心からの、誠実なものなのだ。

作家のジェニファー・ラトソンが著書、『愛しすぎた少年（未邦訳、原題The Boy Who Loved

Too Much)』のなかで述べているように、この人たちに会うと、自分がまるで特別な存在であるかのように感じさせてくれるので、彼らは誰に対してもそうなのだ、と気づくとがっかりするほどだという。

いやいや、彼らはカルト集団ではない。何かを売りつけるわけでもない。しかしもちろん、そこには事情がある。

この人びとは「ウィリアムズ症候群（WS）」という遺伝性疾患の持ち主である。おそらく、最も人の心を惹きつける障害だろう。ウィリアムズ症候群の人びとは障害者である一方で、優しさや共感、社交性において、超人的な能力に恵まれているところが魅力的なのだ。

「全員が友だちに見える」という病

WSは、一万人に一人の割合で発症する。第七染色体にある約二八個の遺伝子の欠失によって起こり、低身長や結合組織の問題、独特の顔だちなどの変化が胎児に生じる。

残念なことに、WSは知的障害もともなう。平均IQは六九だ。しかし科学的見地から興味深いのは、患者の認知機能にばらつきが見られることだ。文献で、「不均一な認知プロファイル」と呼ばれるものだ。

つまり、WSの人びとはある分野で問題を抱えるが、ほかの分野では並はずれた能力を発揮する。たとえば、計算やパズルを解くのは極端に苦手だが、何か質問をすれば、心に響く豊かな語彙を操る素晴らしい語り手となる。抽象的、空間的課題（絵を描くなど）は苦手だが、言葉や感情表現、さらに音楽活動でも抜きんでている。

科学者たちが、障害の非対称性の原因を調べたところ、予想を上回る成果が得られた。彼らは、自分たちが単に医学的疾患を調べているわけではなく、人間の優しさのコードを解読し始めていることに気がついた。MRIでスキャンしたところ、WSの人びとは、「社会的に恐ろしい刺激に対する扁桃体《へんとうたい》の反応性が低下している」ことが明らかになった。

簡単に言ってしまうと、彼らにはすべての顔がフレンドリーに見えるのだ。私たちは見知らぬ人に懐疑的で、ときには恐怖心さえ抱く。ところがWSの人にとって、「見知らぬ人」は存在しない。「まだ会ったことのない友だち」がいるだけなのだ。

それにしても、WSの人びとの脳がこれほど異なる発達を遂げた原因は何なのだろう？　遺伝子疾患であることから、研究者たちはDNAを徹底的に調べ、「極度に友好的《スーパーフレンドリー》」な遺伝子を探した。そしてついに見つけた。GTF21およびGTF21RD1は、よく耳にするオキシトシン（絆《きずな》を深めるホルモン）の調節に関わっている。WSでは、これらの遺伝子が基本的にオキシトシンの分泌を過剰に亢進《こうしん》させる。

母性愛や父性愛の高まりを感じたことのある人、またはエクスタシーという薬物を使ったことのある人なら、WSの人びとにとってほぼすべての社会的出会いがどんなものなのか、それに近いものを感じたことがあるだろう。

さらに理解を深めるために、WSの人びとの特徴について考えてみよう。いつも人に会うのが嬉しくてたまらず、人を喜ばせたくてたまらず、限りなく寛容で、まぎれもなく誠実で深い愛を人に放っている。

これらはすべて、私たちが子犬を愛おしむ所以《ゆえん》たる資質である。もしそう思ったなら、あなたは遺伝学の名誉博士号に値する。なぜなら、私たちとWSの人びとを分けている遺伝子は、野生のオオカミと〝人間の最良の友〟である犬たちを分けている遺伝子と同一だからだ。私たちが〝群れ〟に属さない見ず知らずの人に恐怖心や敵意を抱くのに対し、WSの双子は市民ラジオでヘルズエンジェル（オートバイに乗ったギャング団）と話し、家に招いてしまうのも、それで説明がつくかもしれない。

WSの研究に取り組む、カリフォルニア大学サンディエゴ校医学部小児科の教授、アリソン・ムオトリは、「一つの染色体にある微細な欠失という遺伝子異常が、どのようにして人びとをより友好的でより共感的に、そしてお互いの差違を受け入れられるように変化させるのかという点に魅了されました」と語っている。

「善良すぎる人たち」の解決不能な悲しみ

WSの人びとは、多くの宗教が人びとに志向するように促すものを、すでに持っていると言っても過言ではない——すなわち、万人に対する寛大で無私の愛である。作家のジェニファー・ラトソンは、こう綴っている。

「ウィリアムズ症候群の人びとは、おのれの欲するところを人に施せ、という黄金律を学ぶ必要がない。平等や多様性の受容について教える必要もない。彼らは、生まれながらにこれらの原則を実践している」

二〇一〇年に、WSの子どもたちを対象に人種差別の調査が行われた。結果はどうだっただろう？ そうした意識は微塵も見られなかった。まったくの皆無、正真正銘のゼロだ。しかも、ほぼすべての子どもは、三歳までに自分の人種に暗黙の選好を示すというから、これはいっそう驚くべきことだ。つまり、WSの子どもたちはほかに例を見ない、人種的偏見をまったく示さない子どもたちなのだ。

WSの人びとの向社会的で利他的な特性について、ハーバード大学メディカルスクールの発達心理学者、カレン・レヴィンは半ば冗談ながら、障害があるのは私たちのほうではないかとの見方を提言した。レヴィンはそれを「残りの私たち症候群（TROUS）」と呼んでいる。その症状は、感情を隠す、見知らぬ人を友として扱わない、ハグが圧倒的に少ない、などだ。

強いて言えば、WSの人びとは他人を信用しすぎる。そのため、よく利用される。自分を守る社会的な免疫システムを欠いているようなものだ。このことは、WSの子どもたちの親にとって大問題だ。人懐っこいのはいいが、見知らぬ人の車に喜々として乗り込む状態にしておくのはまずい。他人を信用してはいけないと叩き込まなければいけないが、そうした教えが身につくことはまずない。彼らの本質にそぐわないからだ。

これらの脅威により、WSの子どもを育てるのはときに非常に困難な一方で、ジェニファー・

ラトソンが指摘するように良い面もある——母親が何をしようと、日に少なくとも十数回は「ママ大好き」と心から言ってくれる小さな男の子を望まない母親はいないだろう。

ソシオパスの対極として世の中をバランスする人たち

もしかするとWSの人びとは、社会病質者《ソシオパス》を作った自然による償《つぐな》いなのかもしれない。神経内分泌学者でスタンフォード大学医学部教授のロバート・サポルスキーは、そうした見方をしている。

「ウィリアムズ症候群の人びとは、人への関心は高いが、社会的能力は低い。じゃあ、能力は高いが温かみや社会的欲求、共感のない人はどうだろう？　それが社会病質者だ。社会病質者にも心の理論（他者の心の状態、目的、意図、知識、信念、志向などを推測する心の機能）が問題なく備わっているが、人にまったく関心がないのだ」

しかしながら、相手への関心が高いのに能力がともなわないことは、WSの人びとが心を痛める皮肉な結果をもたらす。人との本当のつながりを切望しながら、それが得られないことが多いからだ。彼らの社会的欲求に見合う社会的能力が欠如しているのだ。そのため、基本的な社会的合図の多くを読み取れなくて失敗する。

また、同じ質問をくり返したり、ときに衝動的すぎるので、相手の答えを待たずに次の質問をしたりする。怖れを知らずに人間関係を始めるが、その関係を深め、維持していく能力に欠けている。

WSの子どもの約八〇%が、友だちが少ない、または、友だちづき合いがうまくいかないと感じている。皆から親切にされるが、誰からも誕生日パーティーに呼ばれない……そんな心優しい子どもたちなのだ。

そして幸福感という観点から見ると、WSの子どもに並はずれた能力をあたえている「不均一な認知プロファイル」は、じつはもっと深刻な障害より始末が悪いかもしれない。自分に問題があることを知りながら、それを解決する能力には永遠に恵まれないというのは残酷な悲劇だ。

そして、ほかの人が友だちやパートナー、やがては子どもに恵まれていくのを見ながら、自分はただフラストレーションと孤独に苛《さいな》まれるだけなのだ。科学ジャーナリストのデビッド・ドブスがWSの人びとについてこう述べている。

「彼らには見知らぬ人がいないが、友だちもほとんどいない」

荒くれ者たちの目にも涙

というわけで、もしもあなたのWSの双子たちが招待したバイカーが玄関先に立っていたらどうなるだろう? この実話を紹介したドブスの記事が『ニューヨーク・タイムズ』紙に掲載された。

まあ、あなたはしぶしぶヘルズエンジェルを家に迎え入れる。それまでに出会ったことがないほど気さくで人懐こい二人に魅了されたバイカーは、あなたにこう頼む。息子さんたちをバイカークラブに連れてきてくれないだろうか、仲間に話をしてやってほしいからと。双子にとっては、まさに願ったり叶ったりだ。それであなたは承諾する。

しかし当日、同行したあなたは縮みあがる。クラブハウスは、まるで仮釈放事務所の待合室のようだったからだ。

でも息子たちは、「ママ見て、すごい数の人だね！」と大喜びだ。そして双子は、自分たちについて話をした。人と話すことがどれほど好きか。どんなに酷いいじめに遭っているか。彼らにとって世界は時どきどんなにややこしいか。本当の友だちを作るのにどれほど大変な苦労をしているか。

バイカーたちはさぞかし退屈するかイラ立っているのでは、とあなたは気が気ではない。ところが、その後の展開は思いがけないものだった――観衆に視線をやった母親の目に飛び込んできたのは、びっしりと部屋を埋めつくす、タトゥーの入った巨漢たちが涙を拭う姿だった。

そして今日、何が起ころうと、WSの人びとは、明日もまたすべての人を愛し続けるのだ。恐れることなく、人間性の最善の部分を体現しながら。

多くの人に、これまでの人生でWSの人びととの状況に共感できる出来事があっただろう。たとえば、優しくて親しみやすいのに、深い友情を培い、それを維持するのに苦労する。そして友だちづき合いがうまくいかないと、何か間違ったことをしたのだろうかと気をもむ。あるいは、自分に問題があるのだろうかと考えてしまう。

しかし、WSの人びとのこうした苦悩には、アリストテレスが書いていた真の友情を築くのに欠かせない秘訣が隠されているのだ。

名著『人を動かす』は科学的にどのくらい正しいか

友だちを作ることに関して、ウィリアムズ症候群の魔法の力に最も近いものと言えば、デール・カーネギーの著作に思える。『人を動かす』（創元社）は、一九三六年に出版されて以来、三〇〇〇万部以上を売り上げ、刊行から一世紀近く経った今でも、毎年二五万部以上が売れている。同書では、人と上手につき合うための情報が物語に挟み込まれていて、あなたが今読んでいる本とはまったく似ていない。

では、カーネギーはどんなことを勧めているのだろうか？

まず人の話を聞くこと、相手に興味を持つこと、相手の立場に立って話すこと、心から褒めること、相手との類似性を探すこと、衝突を避けることなど、当たり前のようでいて、誰もが日常的に忘れていることを推奨している。

しかし、『人を動かす』が書かれたのは、この分野での正式な研究が始まる前であり、その内容のほとんどは逸話的なものだ。カーネギーの助言は、現代の社会科学とマッチするのだろうか？

じつは、驚くほど一致する。アイオワ州立大学教授で、友情について研究するダニエル・フルシュカが指摘するように、カーネギーの基本的テクニックの大半は、数多くの実験によって検証されてきた。

たとえば、相手との類似性を探すという方法は、「もう一人の自分」という感覚を促すことが明らかになっている。誰かが怪我するのを見て、わがことのように思わず身をすくめたことはないだろうか？

神経科学者のデイヴィッド・イーグルマンがMRIで調査を行なったところ、こうした同情苦痛は、被害者が自分と似ていると認識したとき（たとえその分類が独断的でも）に増幅することが証明された。社会心理学者のジョナサン・ハイトも、「私たちは、〝他人〟と見なしている者には、それほど共感を覚えない」と述べている。

ただし、さすがのカーネギーも一つ間違っていた。『人を動かす』のなかの八番目の原則に、「相手の立場になって物ごとを見る」とある。第一章で、人の心を読む私たちの能力がいかにお粗末か理解したことを思い起こしてほしい。

そう、まさにそこなのだ。心理学者のニコラス・エプリーはカーネギーの提言を検証し、歯に衣を着せずこう述べている。

「他者の身になり、その人の目を通して世界を想像する『視点取得』が、判断の正確さを高めるという証拠は、まだ一つも見つかっていない」

この方法は、効果がないだけでなく、意外と相手との関係を悪くしてしまう。デール、どうか悪しからず。

武器としての友情には限界がある

とはいえ、カーネギーが間違っていたのはこの一点だけだった。擁護すると、これまでに何百万人という人びとが、彼の手法を用いて大きな成功をおさめている。一方で、チャールズ・マンソン（カルト指導者で殺人者）のような者も含まれているが……。

このことから、カーネギーのテクニックのもっと実際的な問題点——非科学的だということではなく——が示唆される。つまり、彼の手法は操作的で、アリストテレスがあまり好まなかった浅い友情につながる可能性があるということだ（カーネギー遺産財団から訴訟が起きないといいけど）。

カーネギーの本は、人間関係のごく初期の段階ではとてもためになり、また、ビジネス上の取引関係にも最適だ。しかしともすれば、詐欺師にとって格好の作戦帳《プレーブック》にもなりうる。焦点が、「もう一人の自分」をつくり、長期的かつ親密な関係を育むことではなく、戦術的に人から利益を得ることに置かれているからだ。

カーネギーは、「人間工学」や「人を喜ばせて、こちらの望むことをやってもらう」といった言葉を頻繁に使う。公平に言えば、たしかにカーネギーは、善意を持つべきだとくり返し言っている。だが空《うつ》ろに響く。

社会学者のロバート・ベラは、「カーネギーにとって、友情は企業家の職業上のツールであり、本質的に競争の激しい社会で意思を通す手段だった」と述べている。

もしあなたが血のつながった兄弟のように絆の深い友を探しているなら、『人を動かす』は役に立たないだろう。喩《たと》えて言うなら、女性（男性）攻略本を片手に、山あり谷ありの数十年におよぶ結婚生活を航海しようとするのに等しいからだ。

友情はコストをかけるとつくられる

では、「もう一人の自分」との深い友情を生むものは何なのか？　それには、「シグナリング理論」と呼ばれる研究分野が参考になる。

たとえば私が、「僕はタフガイなんだ」と言ったら、あなたは信じるだろうか？　または、テレビ中継されたＵＦＣ（アルティメット・ファイティング・チャンピオンシップ）世界ヘビー級王座決定戦の最後に、チャンピオンベルトを着けた私を見たとする。この男は敵にまわしたくないと、あなたを納得させるのはどちらだろう？

つまり、「コストのかかる」シグナルほど、より強力なシグナルなのだ。僕はタフガイなんだと言うのは簡単だ。何千人もの観衆の前で、ＵＦＣの試合をでっち上げるほうがはるかに難しい。

私たちは、そうとはめったに気づかぬまま、つねにシグナル理論に基づいて行動している。

カーネギーは、友情のシグナルについても教えてくれるが、いずれもコストのかからないものだ。だからこそ簡単で、読者から見て好ましい。それはまた詐欺師に好まれる理由でもある。容易に見せかけられるからだ。

「いつでも力になるよ」と言うことは、たしかに友情のシグナルだ。しかし、あなたのもとに駆けつけて、一日じゅう引っ越しを手伝うことは、もっとはるかにコストがかかる強力なシグナルだ。本当の友だちだとあなたが確信できるのはどっちだろう？

さて、真の友人になるためには、どんな「コストのかかる」シグナルを示したい（そして探したい）だろうか？　専門家のあいだではっきり意見が一致しているものが二つある。

友だちシグナルその1「時間をかける」

一つ目は「時間」だ。

なぜ時間は強力なシグナルなのか。それは、希少な資源だからだ。希少＝「コストがかかる」である。相手に、自分は特別なのだと感じてもらいたい？　ならば、ほかの人にはとうていしてあげられないことをしてあげよう。たとえば、私が毎日一時間をあなたのために使ったとしたら、同じことを二四人以上の人にはしてあげられない。どうやっても不可能。話はおしまい、反論は受けつけませんってとこだ。

すでに述べたように、友情関係は、ほかの人間関係より幸福度を高めてくれる。だが、その魔法をかけるものは、具体的に何なのだろう？　北アリゾナ大学のメリクシャ・デミルによると、それは親交、つまり、ただいっしょに時間を過ごすことだという。そして、研究結果によると、友人関係で最も一般的な対立の原因は何だと言われているだろう？　案にたがわず、またもや「時間」である。それを避けては通れない。時間はきわめて重要だ。

というわけで、大人になってから友人と過ごす時間を増やすには、どうすれば良いだろう？　カギとなるのは「儀式」だ。交友関係を持続できている人のことを考えてみよう。意識的かどうかは別として、おそらく、儀式のようなものがつき合いの根底にあるはずだ。

「毎週日曜に話をする」とか、「いっしょにエクササイズをする」など。ほかの友人関係でも、それと同じことをしてみよう。きっとうまくいく。何か継続していっしょにできることを探してみよう。

八〇〇万件以上の電話を分析したノートルダム大学の調査によると、二週間おきに何らかの形で連絡を取るのが、良い目標になるようだ。その最低限の頻度を保てば、友人関係が持続する可能性が高くなる。

しかし、新しい友人を作るには、さらに時間がかかる。そのプロセスは、機内インターネットより遅い場合もあり、年齢とともに苦手になっていく理由の一つとなっている。

どのくらい時間がかかるだろう？　驚くなかれ、カンサス大学のコミュニケーション論教授のジェフリー・ホールの調査によると、軽い友情を育むのに六〇時間、「本格的な友人」になるには一〇〇時間、そして自慢の「親友」になるには二〇〇時間以上かかったという。もちろん、ときにはそれ以上だったり、以下だったりするだろうが、いずれにしても膨大な時間だ。

友だちシグナルその2「弱さを見せる」

しかし、「時間」は必要な要素の一つに過ぎない。ジェフリー・ホールは、相手とどのように話すかもまた重要であることを発見した。友人になれそうな人との会話が、堂々巡りしだす壁にぶつかったことは誰にでもあるだろう。その壁を突破して、次の段階に進むことができない。

そしてこれが、カーネギーの著作の問題の一つである。笑顔で頭を下げているだけでは、そこまでなのだ。あなたは、何十時間もかけずに良い友人関係を築きたいだろうか？　あなたならできる――ただしカーネギーの本では、その域まで到達できない。

ＩＯＳ（心理的重なり尺度）を開発したアーサー・アロンは、見知らぬ同士に、たった四五分間でたがいに生涯の友であると感じさせた。でもどうやって？　じつは、それが二つ目の「コストのかかる」シグナルである「脆弱性」につながる。

皮肉なものだ――私たちは、とかく初対面の人にいいところを見せようとしがちだが、これがとんでもなく間違っている。研究者たちは、自分の地位《ステイタス》の高さを示すことは新しい友情を築くのに役立つどころか、害を及ぼすことを発見した。営業成績をさらに上げたり、リーダーシップを匂わせるには効果があるかもしれないが、「もう一人の自分」を見つけることは、いっそう困難になってしまう。

近ごろは脆弱性についての話題がよく取りあげられるが、たいていの人は頷きつつも、すぐにまた完璧に見られようとしてしまう。なぜだろう？　自分をさらけ出すのがとても怖いからだ。嘲笑されたり、拒絶されたり、明かした情報を自分に不利な形で利用されたりするかもしれない。

脆弱性は、高校時代の最悪の事態をフラッシュバックさせる（コンゴのクニ族の間では、自己開示が過ぎると妖術にかかりやすくなると言われている。心を開くことは、思った以上に危険なのかもしれない）。

人びとは、自己開示にリスクがあることを知っている。コロンビア大学の社会学者、マリオ・ルイス・スモールの大規模な研究によると、私たちには、親しい友人より赤の他人に個人的なことを詳しく話す傾向が少なからずあるのだという。

嫌な人に個人的なことを明かして、弱みにつけ込まれたくはない。しかし皮肉なことに、私たちの脆弱性こそが信頼の源なのだ。社会学者のディエゴ・ガンベッタは、「信頼は信頼できるか？」と題した論文でこう述べている。

「（相手への）信頼という譲歩は……論理的にはまさにその前提条件と思われる行動を生みだすことができる」

言い換えれば、信頼が信頼を生むのだ。相手に弱みを握られ、つけ込まれる危険を冒すことが、信頼に内在する本質的な価値を生みだし、信頼に力をあたえる。自分が信頼に足りることを示すにはどうしたらいいだろう？　誰かを信頼することだ。すると多くの場合、あなたのなかの信頼が、相手のなかに信頼を生みだすのだ。

たった四五分で親友になる方法

脆弱性を示すことは、自分たちがともに排他的なクラブのメンバーであることを伝える。あなたにとって、相手は特別な存在なのだ。心理学者のアーサー・アロンは、自己開示が「もう一人の自分」をつくり出すのに直接役立つことを発見した。それがすなわち、四五分間で見知らぬ同士を親友にする方法だった。

自分の弱みを見せることは効果的であるだけでなく、じつはあなたが考えるほど危険なことではない。

心理学では、「美しき混乱効果」なる現象が実証されている。私たちは、自分の落ち度がどれほどマイナスに受け取られるかについて、つねに過大評価している。マヌケだと思われ、追放の憂き目に遭うかのように思っているが、調査によると、多くの人は、誰かがたまに失敗することを肯定的に見ている。

自分が何かをしくじると、無能だと思われるのではないかと不安になるが、他の人が同じ失敗をしたときにその人を批判することはめったになく、むしろ温かく迎えることが多いのだ。

では、脆弱性のプールにつま先を浸すにはどうすればいいだろう？　たとえば、こんな感じだ。

私は四〇代後半の男で、インスタグラムの子犬の写真に優しくささやいたり、ときには幼児語で話しかけたりする。そうとも、科学がどうたらと、知ったかぶって偉そうな本を書きながら、インスタの子犬の写真に、赤ちゃん言葉で話しかけている。さて、前より私を好きになってくれたかな？　それとも嫌いになったかな？　信頼は増したかな？　逆に信頼できなくなったかな？

というわけで、今度大切に思っている人や、友情を深めたいと思っている相手といっしょにいるときには、怖いもの知らずの法則™に従って、打ち明けるのが怖いことこそ話してみよう。いきなり全開で話す必要はない。クリスマスのディナーで、殺人の告白をしないのと同じように。ゆっくり始めて、じょじょに段階を上げよう。自分自身について認めても構わないデリケートな事柄の範囲を広げよう。

同様に、普段は聞きづらい微妙な質問を相手にしてみよう。もし友人が弱みを打ち明けてくれたら、たじろいで「何をしたって?!?!」などと叫んではいけない。受け入れよう。ダニエル・フルシュカは「リスクを上げろ」と言う。そこで、あなたが感情的にセーフだと思える限り、また、相手が肯定的に受け入れてくれる限り、もっと分かち合おう。それが、「もう一人の自分」を構築する方法なのだ。

相手に弱みを見せないなら、友情は失われる

まだ心を開くのをためらっているだろうか？　ではあなたの頭に強烈な一撃を――相手に弱みを見せないなら、友情は失われる。前述の、友情を育むのに必要な時間数を割り出した研究で、友人関係で当たり障りのない雑談が多ければ多いほど、親密度が低下することが示された。つけ加えると、胸襟を開かず、周囲に弱みを見せないことは、友情を壊すのみならず、あなた自身をも死に追いやる。ペンシルバニア大学のロバート・ガーフィールド教授によると、心を開かないことは軽微な病気を長引かせ、一回目の心臓発作を引き起こす可能性を高め、それによって死に至る可能性を二倍にするという。

さて、「まさかのときの友こそ真の友」という格言をどう解釈すべきか、まだ一〇〇％わかった訳ではないが、それがどう機能するのか、どうすれば実際にうまくいくのかという答えにかなり近づいてきた。

いっしょに過ごす時間を作り、弱みをさらけ出して胸の内を伝え、さらにリスクを高めて分かち合いの度合いを増やしていく。すべてがうまくいけば、相手も同じことをしてくれる。それによって、取引関係から脱却できるのだ。

信頼関係が築かれると、お互いにいっそうコストを無視できるようになる。どれほど恩恵を受けたかとか、相手が最近何をしてくれたかなどを気にかけなくていい――もう過去のことだ。

今、問うべきなのはただ一つ。

「彼らは友だちか？」

もしそうなら、助けるのだ。

たしかに、それは怖いことかもしれない。多くの人が、人を操る目的でカーネギーの本を使っている。この世の中には、悪い人間もいる。ナルシシスト（自己愛者）のように。しかし真の友情に出会おうとするなら、悪い人たちと同じ海を泳いでいくことになる。

彼らと安全につき合うには、どうすればいいだろう？　さらに、できれば彼らをより良い人間にするには？

そのための重要な教訓を学ぶために、次項では、現代において「悪」の代表格として定義されるようになった集団の物語を見てみよう。

4 ナルシシストに人生を破壊されないために知っておくべきこと（あわよくば利用する）

ダニーの母はいつも言っていた。人間は複雑だと。しかし、彼は母の言葉を必ずしも信じていなかったので、一九四一年のあの夜の出来事への心づもりなどあろうはずがなかった。

一九四〇年にフランスを占領したナチスは、午後六時以降の外出禁止令を出していた。ところがその日、七歳のダニーは、友だちの家で遅くまで遊んでいた。怯《おび》えながら家へと急ぐ途中、ダニーはセーターを裏返しにした。ユダヤ人であることを示す黄色いダビデの星を隠したかったからだ。

幸い、通りには人っ子一人いない。安全そうだ。もうじき家に着く。が、そのとき人影が目に入った。ドイツ軍の兵士だ。しかもただのドイツ兵ではない。ナチス親衛隊（SS）の黒い軍服を着ている。ほかの誰よりもSSを恐れるように、とダニーは言い聞かされていた。七歳の彼は、その忠告を心に刻んでいた。

でも、家はもう目の前だ。なんとか姿を隠せるかも。見つからずに済むかもしれない……。だがそのとき、親衛隊員と目が合ってしまった。まさに「ヘッドライトに照らしだされた鹿」

のような瞬間だ。外出禁止令の開始時刻を過ぎている。ダニーはユダヤ人だ。しかもそのことを隠している。これはまずい！

SSの隊員が手招きをした。言われるままにそちらへ向かいながら、ダニーの喉には惑星ほどの大きさのしこりができていた。どうか裏返しのセーターに気づきませんように、と願うばかりだった。男との距離を縮めていったそのとき、親衛隊員が素早く動き、ダニーを捕えた。

と思いきや――ダニーは抱きすくめられていた。あまりにも強く、しっかと抱きしめられたので、地面から浮いていた。初め、彼は反応もできず、何が起きたのかほとんどわからなかった。頭のなかではただ「星に気づくな、星に気づくな」とくり返し思っていた。

ナチスの隊員はダニーを降ろすと、ドイツ語で感情を込めて話し始めた。その目には涙が浮かんでいただろうか。財布から少年の写真を取りだし、ダニーに見せた。何が言いたいかは明白だった。悪の権化《ごんげ》には、ダニーと同年齢の息子がいた。そのわが子が恋しくてたまらないのだった。

親衛隊員は、ダニーにお金をいくらか渡し、微笑みかけた。それから二人は別々の方向へと歩きだした。

世にも冷酷非道なことができ、現代のどんな悪より忌《い》まわしい悪を象徴する人間のどこかに、まだ愛がしまわれていた。ダニーの姿にわが子を重ね合わせることで、それが引きだされたのだ。ダニーの母は正しかった。人間は、限りなく複雑な存在だ。

人間は本質的に複雑だという、この一瞬の恐ろしい教訓は、ダニーのその後の人生を形づくることになる。心理学博士号を取得し、人間の不合理に見える行動に焦点を当てた研究を行ない、プリンストン大学の教授になった。そして後年、ダニエル・カーネマンはノーベル賞受賞時の声明文で、ナチスと遭遇した晩のことに触れている。

あの夜、ナチスから受けた親切には、秘密が隠されている。当時はダニーも親衛隊員も理解していなかったが、近年、科学によってようやく解明された事実だ。すなわち、「悪い」人間からも善を引きだす方法があるということだ。

エネミーより怖いフレネミー

データによると、新しい友人を一〇人得るごとに、平均で一人、新しい敵ができるという。ちなみに、昔から「敵の敵は味方」と言われるが、これは真実ではない。

進化生物学者であるニコラス・クリスタキスと政治学者のジェームズ・ファウラーは、「嫌なやつ」にはそれぞれの「嫌なやつ」がいて、彼らもまたあなたにとってかなり嫌なやつであることを発見した。しかし、あなたがジョーカーのことを話しているバットマンでない限り、総じて、敵はあなたの人生で最大の問題人物にはならない。では誰がそうなるのか？

「フレネミー（友を装う敵）」である。

ブリアム・ヤング大学の心理学教授、ジュリアン・ホルト＝ランスタッドは、フレネミー（正式名称は、「アンビバレントな関係」）は、本物の敵より不安感を増大させ、血圧を急上昇させせることを発見した。
なぜ敵よりフレネミーから受けるストレスのほうが大きいのだろう？　予測不可能だからだ。敵や支えとなる友人との関係においては、何が起こるか察しがつく。しかし肯定的・否定的な相反する感情を持つ相手に対しては、つねに緊張状態におかれる。同じ理由から、ホルト＝ランスタッドは、フレネミーの数が、長期的にうつ病や心臓疾患の発症と相関していることも発見した。

しかしだからといって、本当にフレネミーのほうが敵より始末が悪いのだろうか？　そうなのだ。まさかと思うかもしれないが、アンビバレントな友人が、あなたの人間関係の半分を占めるからだ。しかも数々の研究によると、会う頻度も、支えになる友人と変わらない。

フレネミーは、単に自分と気が合わない人たちということもあるが、相手がナルシストである場合もある。物理学者のバーナード・ベイリーは、「もしナルシシストたちが宇宙の中心を発見したなら、その多くは、自分が中心でないことを知って落胆するだろう」と、ウィットに富んだ表現をしている。彼らはいったいどこに問題があるのだろう？

じつは、アリストテレスの友人の理論に驚くほど当てはまる。ナルシシストは、他者を「自己」に内包しない。または少なくとも、あまり内包しない。ナルシシズムとは、不安を和《やわ》らげるために人を頼りにすることはせず、代わりに人より優れているという想像上の自分を頼りにすることだ。

誰もが、裕福で優れていて、人から称賛される夢の人生を思い描く。それが人間だ。かたや敵のこととなると、靴で踏みつけられ、町の広場で屈辱をなめ、容赦なく痛めつけられることを夢見る——まあ、私だけかもしれないけど。

ナルシシストへの賢い対処法

臨床心理学者のクレイグ・マルキンが指摘するように、私たちは夢を楽しむが、ナルシシストは夢に溺《おぼ》れる。大半の人は、他者のなかに強さを見いだすが、ナルシシストは自分のなかにしか強さを見いださない。彼らに「もう一人の自分」は存在しない。

そして共感性の欠如こそが、この障害の中核をなす。ナルシシストにとって、「人と仲良くやっていくことより、人に先んじることのほうが重要」なのだ。では「困っている友人」については？　ナルシシストにとって、困っている友人とは、単なる弱者なのだ。

それでは、ナルシシストに対する最善の対処法とは？

答えはいたって単純。「関わりを持たないこと」だ。

見かけたら一目散で逃げ去る。専門家たちが推奨する方法は、それで一致している——そんなことはあまりしたくないが。しかし、「ナルシシストと接触しない」という選択肢がない場合にはどうすればいいだろう？　ナルシシストであるフレネミーを改善できるとあなたは本当に信じているだろうか？

もし相手が本格的なＮＰＤ（自己愛性パーソナリティ障害）なら、諦めてほしい。臨床的なナルシシストを変えようとするくらいなら、盲腸を自分で切除しろと言うほうがましだ。彼らにセラピーがどの程度効くかというと、多くの場合、まったく効果がない。「負の治療結果」をもたらす――つまり悪化を招く――こともよくある。ナルシシストに対するセラピーにおいては、「逆転移」が大きな問題であることは十分に裏づけられている。言い換えれば、ナルシシストは、自分たちを治療しようとする専門家さえも操るのだ。彼らと対決するために要求されることは、あなたの他の人間関係を破壊しかねない。

　しかし相手が無症候性（潜在性）のナルシシストなら、見込みはある。「共感プロンプト」と呼ばれる手法を用いられるからだ。ナルシシストは共感性に乏しいが、研究によると、それは彼らの共感能力がゼロだからではなく、共感する筋力が弱いためだ。軽度のナルシシストの弱い共感筋を活性化し、時間をかけて強化するのは可能であることが、一〇以上の研究で明らかにされている。

　しかし忘れてならないのは、私たちの取り組みは、彼らの認識にではなく、感情に働きかけるものだということだ。ナルシシストの目の前で人差し指を立てて振り、相手の間違っているところやこちらの望むことを伝えるのは、あなたをより効果的に操る方法を教えるようなものだ。

　ここでの目標は、彼らの「もう一人の自分」として、あなた自身を相手のアイデンティティのなかに感情的に入り込ませること。必要となるのは、いわゆる批判的思考《クリティカルシンキング》ではなく、批判的感情《クリティカルフィーリング》（感情を戦略的に利用すること）なのだ。

共感プロンプトの素晴らしいところは、リトマス試験紙であると同時に治療でもあることだ。もし反応が得られなければ、彼らはおそらく臨床的な閾値を超えているのだろう（次なるステップは、ニンニクと心臓への杭となる）。逆に反応があれば、彼らの改善を手助けできる。

それでは、「悪い」人から最良の部分を引きだすには、どうすればいいだろう？　それには、三つの角度《アングル》から攻めよう。

1．類似性を強調する

そう、デール・カーネギーが勧めていた方法と同じだ。「脅威を受けたエゴイズムと攻撃性の関連性を弱める」と題された研究では、この角度からの働きかけが、「もう一人の自分」という感覚を直接的に高めることが示された。

類似性を強調することは、実際、非ナルシシストよりナルシシストに対してのほうがより大きな効果を及ぼす。なぜか？　この方法には、じつに巧妙な心理戦的柔道が組み込まれているからだ。

研究者たちは、「この操作は、ナルシシストの弱点である自己愛も利用する」と述べている。ナルシシストは自分自身を愛しているので、もし誰かが自分に似ているとしたら、どうしてその他者を傷つけることができるだろう？

この手法を用いた実験結果では、「被験者（ナルシシスト）が相手と重要な類似性を共有すると信じた場合には、自我脅威（自己評価が脅かされる）状況においてさえ、自己愛的な攻撃性は完全に弱められた」。しかも、大した類似性でなくても、たとえば誕生日が同じだとか、指紋の種類が同じだとかをナルシシストに伝えるだけでも効果があった。

2．脆弱性を強調する

もう一度、基本原則に立ち返る。この方法を用いる際には、慎重を期さなければならない。弱みを見せれば捕食者が急に襲ってくることがあるからだ。

しかしだからこそ、これは良いリトマス試験紙になる。ナルシシストがこちらの弱みにつけ込んできたら、もう手遅れかもしれない。しかし彼らの態度が軟化したら、まだ希望はある。

この方法を実行するうえで要点が二つある。

一つは、自分にとって相手との関係が重要であることを口に出して伝えること。

もう一つは、自分の気持ちを明らかにすること。怒りを表すと逆効果だが、落胆を示すことは驚くほど効果的だ。今度ナルシシストが嫌なことを言ってきたら、こう返そう。

「傷ついたよ。そういうつもりで言ったの？」

もし彼らに変われる余地があるなら、トーンダウンするだろう。

3．コミュニティを強調する

類似性の強調と同様、この方法もまた、普通の人よりナルシシストに対して効果を発揮する。

研究者たちはアルコールに喩えてこう言う。

「日ごろお酒を飲まない人のほうが、アルコールの効果が大きくなる」

同様に、ナルシストは共感や感情移入に不慣れなので、共感を寄せられると、常人より心にぐっと刺さる。彼らに家族や友人、人とのつながりを思い起こさせよう。「共感」は、ナルシシストたちのデフォルト設定にないので、ギアを入れ直してやればいい。もしそれで彼らから肯定的な反応が得られたら、犬のしつけに倣《なら》って、「正の強化」を行なう。つまり、褒めてあげよう。

しかしナルシシストたちは、フロイト的な気づきの瞬間によって変わるわけではない。ディズニー映画ではないから、グリンチを抱きしめたからと言って、瞬時に良い人に変わるわけではない。この方法は骨が折れて、報われないプロセスかもしれないが、あなたが気にかけている人のためなら、やるだけの価値はある。

そして、彼らも苦しんでいることを思い起こせる。とてもそうは見えなくても、それは事実だ。自分の夢に溺れることは呪いだ。

ナルシシズムは「他の精神障害との併存が多い」とも言われる。彼らは、ヴォーグ誌の号数《イシュー》より多くの問題《イシュー》を抱えているということだ。うつ病、不安障害、慢性的な妬み、完璧主義、人間関係の問題などの発生率が高い。そして忘れてならないが自殺率も高い。

私たちは、うつ病や不安障害、境界性人格障害で苦しむ人びとには同情する傾向があるが、自己愛性パーソナリティ障害の人びとについては、ただ「性格が悪い」と言って片づけてしまいがちだ。結核の人びとには同情しながら、髄膜炎の人びとのことは「嫌なやつら」と言うようなものだ。

少なくとも二つの研究で、遺伝的基盤が指摘されており、ナルシシズムの遺伝率は四五〜八〇％だとされている。たしかにあなたのフレネミーは良い人ではない。だが、それは彼らのせいではないかもしれないことを心に留めておくべきだ。

境界線を確立し、「取引」せよ！

それでは、相手が臨床レベルのナルシシストで、あなたは一目散に逃げられない場合にはどうすればいいだろう？　最終的な選択肢は、二つのB、すなわち「境界線《ボーダー》」と「交渉《バーゲニング》」だ。基本的に、「もう一人の自分」の正反対である取引関係に徹する必要がある。

それにはまず、境界線を確立しよう。これ以上は容認できないということは何か。そして、彼らが境界線を越えたらあなたはどうするか。毅然として一貫性のある、しかし意地悪でない態度を貫こう。

次に交渉だ。そう、「取引しよう」の時間だ（修羅場をくぐる覚悟で）。

ウィンウィンの関係に集中しよう。あなたが彼らの望むものを持っていれば、ナルシシストたちはたいてい協力してくるはずだ。必ず彼らに前払いさせるようにし、つねに相場より高い価格を設定しよう。

相手の意図ではなく、行動で判断しよう。ナルシストが何か不誠実なことを目論んでいたら、臨床心理学者のアルバート・バーンスタインが推奨する最後の手だては、「人はどう思うだろう?」と問いかけてみることだ。ナルシシストに罪の意識はないかもしれないが、恥は怖れるし、体裁をとても気にする。

朗報としては、つき合いが長期に及ぶと、ナルシシストは歳とともに軟化する傾向がある。長年のうちに、現実が彼らの物語をたたきのめし、それによる合併症も増えていく。あるいは、過去に彼らに痛めつけられた人びとが、斧や松明《たいまつ》を手に蜂起してくるのだ。ここでカルマの話を持ちだしたくはないが、非常に多くの場合、ナルシシストたちは報いを受ける。自らの幻想をそのままのレベルで永遠に維持できる者はそういない。

皮肉なことに、ナルシシストたちは自分のことで頭がいっぱいなのに、自己認識に欠けている。

代表例を挙げよう。心理学者のタニア・シンガーは、学界の重鎮でありながら、妊娠中の女性も含めて多くの研究室員を虐待していた。しかしとうとう報いを受ける結果になった。彼女は何を研究していたのだろう? なんと、「共感」研究の第一人者だったのだ。

さて、ここまでフレネミーについて述べてきた。そろそろ「まさかのときの友こそ真の友」という格言に最終評決をくだせそうだ。しかしその前に、友情の力は、ときにどれほど極端なものなのかを見ておこう。

5 友情とは、何かしてあげること？ それとも、そばにいること？

ポルノ製作者と伝道師――その二人の男は、これ以上ないほどかけ離れていた。

一九七〇年代、ラリー・フリントは雑誌『ハスラー』を主力とする本格的なポルノ帝国を築きあげた。はっきり言うと、フリントは「エロティック」ではなく、「ポルノ」を作っていた。彼にとって、『プレイボーイ』誌の洗練された感じは受け入れ難かった。偽物に思えたからだ。フリントは徹底して悪趣味で、しばしばヒステリックだった。奇矯な行動や売名行為、大混乱を起こしては権威を風刺する短気な人物として知られていた。

しかし主義主張がなかったわけではない。時代に先んじて、同性愛者やマイノリティ、中絶の権利、そして何よりも言論の自由を支持していた。ハスラー誌が異人種間の性行為の写真を掲載した後、フリントは白人至上主義者に銃撃され、車いすでの生活を余儀なくされた。

フリントがワイルドな七〇年代の象徴だったとすれば、ジェリー・ファルウェルは、まさに五〇年代の保守本流を象徴していた。テレビ伝道師であるファルウェルは、アメリカのキリスト教右派が政治勢力として台頭する原動力となり、ロナルド・レーガンの当選にもひと役買った。その歯に衣着せぬ保守的な姿勢は伝統的な価値観を支持し、七〇年代に起こった、彼の言うところの道徳の崩壊を強く非難した。ファルウェルが創設したロビー団体、「モラル・マジョリティ」は、中絶、同性愛、男女平等憲法修正条項、そしてもちろん、ポルノを激しく罵倒した。

七〇年代から八〇年代にかけて、ファルウェルはフリントを、この国の穢《けが》れをすべて象徴しているとして公然と非難した。一方、フリントにすれば、〝偽善的なほら吹き〟から中傷されることに嫌気がさしていた。

ハスラー誌の編集会議は、毎回、「今月、まだ怒らせてないのは誰か？」という質問から始まる。あるとき最新のターゲットとしてフリントがやり玉に挙げたのは、ほかならぬファルウェルだった。同誌は、酒の風刺的な「広告」を掲載したが、それはファルウェルが初体験――バージニア州の屋外トイレで母親との――について語るという内容だった。

フリントにすれば、継続中の議論で今度は自分が反撃したまでで、それほど大した問題ではないと思っていた。しかし相手にとっては大ごとだった。一九八三年一〇月、ファルウェルはフリントに対し、名誉棄損と精神的苦痛により四五〇〇万ドルの賠償金を求める訴訟を起こした。冷戦から核戦争に突入したのだ。

してフリントの反応は？　あくびを一つ。彼にとって法廷闘争はべつだん珍しくもなく、毎週木曜のルーティンといったところだった。映画『ラリー・フリント』のなかで、彼は弁護士に向かってこう言う。

「私は弁護士にとって夢のようなクライアントさ。金持ちだし、楽しいし、いつだって問題を抱えてる」

ファルウェルが伝統的でお堅い法廷で強みを発揮したのは間違いなかったが、フリントは、奇想天外な法廷荒らしの才に溢れる、卓越した戦術家だった。判事から罰金を課されれば、列をなした娼婦やポルノ女優に、一ドル札の山を法廷の床にぶちまけさせる。再度罰金を課されると、またも同じことをした――今度はすべて一セント貨で。ファルウェルが法廷を戦場とする正式な軍隊なら、フリントは反乱軍のゲリラ部隊といったところで、型破りな戦闘を得意とし、資金力でも遜色《そんしょく》がなかった。おまけに彼は、一九八四年二月号のハスラー誌に、問題となった風刺広告を茶目っ気たっぷりに再掲載したのだ。

しかし、フリントは負けてしまった。彼は司法システムを冷やかし、ふざけた行為でニュースの見出しをかっさらったが、肝心なところ、つまり法廷ではファルウェルが勝利していた。宿敵が勝ったのだ。ところがフリントは諦めない。彼は控訴した。

だが、またしても敗訴。このときフリントはすでに二〇〇万ドル以上を費やしていた。弁護士たちは手を引きたがっている。孫子《そんし》の兵法流に言えば、彼は今や、太陽を目にして上り坂で苦戦していた。しかし宿敵に屈することはできない。これは死闘だ。そこでフリントは、残された唯一のカードを切った。最高裁に上告したのだ。一九八七年三月二〇日、最高裁は審理に応じた。

そしてフリントは勝利した。しかも勝っただけではない。満場一致での決定だった。皮肉屋が有名人のことを悪く言う度に訴えられ、黙らされるとしたら、憲法修正第一条（表現の自由の権利を保証）を危うくする、というのが判決理由だった。

このハスラー誌対ファルウェルの戦いは、今日もロースクールで日常的に取りあげられ、二〇世紀における言論の自由をめぐる最も重要な判例の一つとされている。しかしもっと重要なのは、ラリー・フリントは宿敵、ジェリー・ファルウェルを打ち負かしたということだ。それもじつに鮮やかに。

驚くべき話だ。あまりに驚異的で反響を呼んだこの法廷闘争は一九九六年に映画化され、アカデミー賞の複数部門にノミネートされた。多くの人が、それで終わったと思っていた。だがそうではなかった。

水と油の二人が、宿敵から盟友へ

裁判の後、ファルウェルは突然フリントのもとを訪れた。ファルウェルは両手を挙げ、「降参するよ！」と言いながら現れた。和解をしにやってきたのだ。二人は一時間ほど話し、ファルウェルが、これからいっしょに討論会をやっていかないかと持ちかけた。フリントも承諾した。

討論会は主に大学のキャンパスで行われ、二人は言論の自由の問題について、激論を戦わせた。やがて時が経つにつれ、二人のあいだで何かが変わり始めた。彼らは、格闘技の試合のように別々に会場に入るようなことはしなかった。ファルウェルは必ず、フリントの車いすを押しながら登場した。

もちろん、二人は相変わらずたがいを攻撃し合っていたが、相手への尊敬の念が増していた。好意に近いものだった。フリントが、わが牧師さん、とからかえば、ファルウェルは「ラリーは最も反抗的な教区民だ！」と返し、観客を沸かせた。

討論会のツアー中、二人は多くの時間をともに過ごした——すなわち、「高価なシグナル」だ。そしてポルノ製作者と伝道師は、自分たちが案外似ていることに気づいた。それぞれの故郷がケンタッキー州とバージニア州で、二人とも南部出身だった。ファルウェルの父はナイトクラブを経営しており、酒の密売人をした経歴があった。フリント自身もオハイオ州にナイトクラブをいくつか所有し、やはり一時期、酒の密輸に関わっていた。

二人はかつて、五年にわたり戦っていた。フリントは宿敵についてこう語った。

「同性愛者の権利や女性の中絶を選ぶ権利、その他何から何まで彼とは意見が合わなかった。でも知り合ってから、誠実な人だとわかった。金儲けが目的ではないんだ」

二人は相手が支持するものにことごとく反対し、メディアで散々酷評しあい、何百万ドルも費やして五年に及ぶ法廷闘争を繰り広げた。しかし最終的に、二人は敵としてよりも、敵でなく過ごした期間のほうが長くなった。その後年月を重ねても、二人は相手の考えを……何一つ変えられなかったが。

しかし二人はお互いのために時間を作った。わざわざ出向いて会いに行った。ファルウェルは、カリフォルニアへ行く度にフリントのもとに立ち寄った。どちらかが困っていると、もう一人がそばにいた。ファルウェルが肥満による合併症に悩んでいたときには、フリントが自身に効果のあったダイエット法を勧めた。そして毎年、クリスマスカードや孫の写真を交換しあった。

二〇〇七年五月一五日、ファルウェルはオフィスで意識不明の状態で発見され、病院へ搬送されたが、蘇生の試みも虚しく、心不整脈により七三歳で亡くなった。五月二〇日、『ロサンゼルス・タイムズ』紙に、ファルウェルを偲《しの》ぶ署名入りの記事が掲載された。執筆者はほかでもない、ラリー・フリントその人だった。彼は、ファルウェルとともに経てきた数々の裁判と幾多の苦難、良いことと悪いことをふり返り、こう結んでいる。

「私たちが最終的に行きついた先は思いもよらないもので、あの有名な最高裁での勝利に勝るとも劣らない衝撃的などんでん返しだった――ファルウェルと私は、友だちになったのだ」

ポルノ製作者と伝道師がたがいを見つめ直し、相手のなかに「もう一人の自分」を見いだせたのなら、すべての人に希望があると言えるだろう。さて、そろそろ今までに学んだことをまとめ、「まさかのときの友こそ真の友」の真偽を見きわめるときだろう。

アリストテレスは正しかった

では、私たちは何を学んだだろう？

共感とは、自分と相手のあいだの境界線が曖昧になること。親密さとは、自分自身の心象《イメージ》のなかに場所を作って誰かを受け入れること。そして真の友人とは、「もう一人の自分」であり、あなたの一部である。アリストテレスが初めて明言してから遅れること数千年、ようやく科学がその正しさを証明した。

友情は、相互扶助によって定義されるかもしれないが、取引関係ではない。友だちとのあいだでは、評点をつけたりはしない。

脳は、友だちは私たちの一部なのだという物語を教えてくれる。それによって、私たちは冷酷なダーウィニズムの指令に打ち勝ち、利他的に行動できるのだ。ヘクター・カフェラータがそうだったように。

友情を管理する正式な制度は何もない。そのため、友情はときに脆いが、純粋だ。だからこそ、他のどんな関係よりも、友人は私たちに幸せをもたらしてくれる。友人がそこにいるのは、あなたが心から望んだからにほかならない。しかし、婚姻証明や血縁、契約書といった裏づけが何もない以上、友人関係を維持するにはたえず投資を怠らず、友情を守ることに熱心に取り組まなければならない。

デール・カーネギーは、人との出会いの初期部分については正しく理解していたが、持続する真の友情を築き、維持していくには、「時間」と「脆弱性」という高価なシグナルを相手に示さなければならない。私たちが目指すべきものは、ウィリアムズ症候群の人びとのなかに見ることができる。それは、他人のなかに危険性より良いものを見いだす、恐れを知らぬオープンな愛である。

けれど私たちが出会う人びとは、必ずしも良い人とは限らない。実際、私たちは人生で、そうした多くの人と関わっている。軽度のナルシシストに対しては、「類似性」、「脆弱性」、「コミュニティ」を強調する共感プロンプトを用いて、彼らに欠如し、彼らが切実に必要としている温かみを思い出させることができる。

ダニエル・カーネマンの母が知っていたように、人は複雑であり、ナルシシストたちが、特別な存在になろうとするのをやめ、より良い存在になろうとし始められるように、彼らの感情を時どき呼び覚ましてあげることが必要なのだ。

「何をしてくれるの？」VS「ただそばにいてほしい」

さて、友情がどのように機能するのかがわかった今、ようやく大きな疑問に取り組む準備ができた。すなわち、「まさかのときの友こそ真の友（A friend in need is a friend indeed）」という古くからの格言は本当だろうか？

前章の終わりでも触れたように、そもそもこの格言の意味するところに関して議論がある。しかしそれを通して、じつは友情について多くを学ぶことができる。

この格言では、二つの点がはっきりしない。

第一に、困っているのは誰なのか。「あなた」なのか、それとも「友だち」なのか？　第二に、文末は、「たしかに（indeed）」なのか、それとも「行動で（in deed）」なのか？　したがって、正しい解釈の候補が四つある。

①あなたが困ったときの友だちは、たしかに友だちである
②あなたが困ったときの友だちは、行動で示してくれる
③困っているときの友だちは、たしかにあなたの友だちのようにふるまう
④困っているときの友だちは、それを行動で示す

そして、本当に面白くなるのはここからだ。

歴史家たちは、この格言が本来意味する内容について意見が一致している。ところが、一般の人を対象に調査を行なうと、それとは異なる解釈のほうを好む。学者たちが本来の意味だと考える解釈、一般の人が好む解釈がそれぞれどれなのか、ちょっと考えてみてほしい。

④はあまり意味がないから、これはアウトだ。

③の可能性はありそうだが、学者も一般の人も選ばない。

ファイナルアンサーはどれかと言うと、歴史家たちは、②「あなたが困ったときの友だちは、行動で示してくれる」が本来の意味だと考えている。一方で一般の人は、①「あなたが困ったときの友だちは、たしかに友だちである」を好む。

つまり、困っているのはあなたであることに異論はない。しかし、「行動で（in deed）」対「たしかに（indeed）」の議論は未解決のままだ。細かいことにこだわるようだが、この二つを、「行動」vs.「そばにいること」に誇張して分けることができる。

一般的な解釈に比べ、「正しい」解釈には若干、取引関係の響きがある。「何をしてくれるの？」対「そばにいてほしい」の対決だ。

これは、ダーウィン対アリストテレスの議論と同じだ。②は、ジョージ・プライスの数式のように合理的で、①は、「もう一人の自分」に近い。多くの人が「そばにいること」を好むのは大いにうなずける。私たちは、こと友だちに関しては、計算上の利益よりつながりを好むようにに作られている。「もう一人の自分」が欲しいのだ。

公平を期するなら、②の歴史的解釈のほうは、口約束ばかりで実行してくれない眉唾《まゆつば》の友だちについて警告してくれている。要するに「行動は言葉より雄弁」ということであり、友情に関する新知識で言えば、「高価なシグナルを探せ」ということだ。良い助言であることは間違いない。私たちは、時間と脆弱性が重要であることを知っている。

しかし、大半の人が②の解釈をしなかったという事実は、人間の本質について多くを学べるのではないか。

いろいろな調査を通して、友だちについて、人びとが最も多く語ったことは何だと思うだろうか？「友だちとは、そばにいてくれる存在」だった。

そして、格言の一般的な解釈も同じことを強調している。コストのかかるシグナルも良いのだが、②の概念に抵抗があったのは、単に友だちに点数を付けたくないからだろう（歴史家たちの解釈、すなわち本来の意味は、私たちにはちょっとした注意喚起が必要だということかもしれない。ときに私たちを利用する人もいるからだ。もっともな指摘だ）。

友情に必要なのは、行動より感情

フロリダ州立大学のロイ・バウマイスター教授によると、人びとが友情の質を判断する基準は、「サポートを得られるかどうか」、すなわち、「必要とするときに、そばにいてくれるかどうか」であると、複数の研究結果で一致している。

しかし「行動」、つまり具体的な援助に対する評価は、研究結果によってまちまちで、なかには否定的なものさえある。ひとたび誰かを友人と認識すると、「行動」に関してはあまり考えたくない。点数をつけたくないのだ。たちまち取引の関係になってしまうからだ。

それはやがて、気遣ってくれるがわずかしか提供できない人を見捨て、最も多くを提供してくれるが少しも心にかけてくれない人に媚《こ》びるようになる〝危険な坂道〟なのだ。

つまり私たちは、感情や意図のほうに重きを置いている。それこそが肝心なのだ。五〇ドルの贈り物と五〇ドルの賄賂《わいろ》に違いはあるだろうか？　殺人と正当防衛には？　もちろん、天と地ほど違う。しかしその違いは、行為そのものではなく、意図にある。

疑り深い人なら、私たちが心情のことばかり考えていて、必要なときに具体的な援助を得られなかったらどうするんだ、最悪じゃないか、と思うかもしれない。

でも心配ご無用。社会がここまで大きくなったのは、人びとが初期設定で利己的だったからではない。見てきたように、私たちは、進化の過程で人を助けるように作られている。

しかも、リスクが最も高いときにこそ、助けようとする傾向がある。友だちが困っているとき、たとえそうすることが合理的でなく、最もありえない状況下でも、助けようとする可能性が高いのだ。

あなたは、友だちのためなら嘘をつくだろうか？　さらにリスクを上げて、友だちのためなら政府に嘘をつくだろうか？

研究者たちは、三〇か国以上の三万人を対象に、友人を守るために宣誓下でも嘘をつくかどうかを調査した。助けようとする傾向は世界じゅうで一貫していただろうか？　私たちは皆、一様の人間性というものに縛られているのだろうか？　とんでもない。結果は国によってさまざまで、データは混沌としていた。しかし、あるパターンが見つかった。

同研究を率いた人類学者のダニエル・フルシュカは、国が公平かどうか、安定しているかどうか、腐敗がないかどうかでデータを分類した。すると結果は単純明白だった。生活が苦しいところほど、自らを危険にさらしても仲間を守る傾向が強かったのだ。友だちが最も困っているところでは、人びとは「たしかに（indeed）」友であり、「行動において（in deed）」も友だった。

友情をもっと重視しよう

それでは、この格言に対する最終評決はどうなるだろう？

真実である。ただし、解釈の混乱を解消するために、注釈が要る。巧妙な韻を踏むことは忘れ、「行動で（in deed）」と「たしかに（indeed）」の区別を明らかにする必要がある。だから今後はこう言おう。

「困ったときにそばにいてくれる友は、間違いなく（definitely）友である」

元の格言より遥かに不格好なのはわかっているが、私が約束したのは科学であって、音の響きではない。それにこのほうが、私たち皆が望むものを明らかにしてくれる。

私が必要とするときに、そばにいてほしい。

世界は利己的で、競争の激しい場所かもしれないが、あなたと私がそうなる必要はない。あなたは「行動」によって私を助けられるかもしれないし、そうではないかもしれないが、私はただ取引上の利益を求めているわけではなく、何よりも、人生の重荷を背負ううえで助けてくれる「もう一人の自分」を求めているのだ。

この格言では触れられていないが、覚えておくべき重要な点がある。たとえ誰も困っていなくても、友情はもう少し尊重されるべきだということだ。友情には制度的な裏づけがないので、たとえば結婚記念日や親族の集まり、勤続一〇年の表彰などに相当するものがない。

友情は、私たちの人生を幸せにする大仕事をしているのだから、もっと大切にされて然るべきだ。時間は重要で、脆弱性も不可欠だが、ほかに忘れてならないのは感謝かもしれない。だから今日、友だちをハグしよう。私たちは、もっと友人関係を讃えるべきなのだ。

この本の執筆中、私自身も友人関係の問題を抱えていた。この章を書くことによって救われ、ここで行き着いた結論に心から共感している（ここで気持ちをさらけ出すことで、私はもっと脆弱になる。でも、それによって私がますます妖術にかかりやすくなることは、お互い承知しているはず。とはいえ、安心してほしい。私はあなたのことを友だちだと思っており、あなたの腸を楽しんで食すだろう）。

ああ、それから、本章を締めくくる前にもうひと言。ジョージ・プライスよ、どうか安らかに眠りたまえ。あなたを正当に評価できたと願いたい。

さてさて、ここまで友情の深淵を探ってきたが、次はさらに踏み込んで、私たちのどうかしている（クレイジーな）人間関係の謎にいっそう深く迫るときが来た。そしてクレイジーな関係といえば、愛をおいてほかにないだろう。恋愛は途轍もなく大きなテーマだが、次章では愛についての永遠の疑問に焦点を当てたい。すなわち、「愛はすべてを克服するのか？」。

それを見きわめるときがやって来た。

第3章
愛こそすべて？

1 バイアグラは2時間続く。では、結婚の幸福はどのぐらい続くのか？

警告
あなたは、私を嫌いになるだろう。

すでにお気づきと思うが、この本はよくありがちな、「人を心地良く、幸せな気分にさせ、悪いことはすべて無視し、誰もが聞きたがっていることだけを伝える」本ではない。

したがって本章についても、書かれている内容のすべてがあなたの意に沿うとは限らないので、そのことをまずお知らせしておく。

真実はあなたを自由にするが、その前にあなたを怒らせる。進化心理学者で、人間関係の研究者であるデビッド・バスはこう言う。

「ヒトの配偶行動について私が発見したことのなかには、あまり好ましくないこともある」

心の底では、あなたもわかっているはずだ。恋する気分は最高でも、愛に関わる実際の行動には、ときとして相応以上の不快感がついてまわることは誰も否定しないだろう。

国立衛生研究所（NIH）、食品医薬局（FDA）、それから私の母も、この章を読む人が、衝撃的な真実によって発作を起こす可能性があることを記すべきだとしている。

私は、利用可能な最高の証拠を提供する。あなたの好みに合うとは限らないが、いずれにせよ、まず状況を正確に理解しない限り、改善は望めない。

でも安心してほしい。悪いことばかりではない。それどころか、最後には〝魔法〟が起きることを約束する。

だからどうか、本を投げだしたり、SNSで悪評を書く前に、この章を読み終えてほしい。正直なところ、私は、ネットフリックスで番組を観るより短い時間で愛を解明しようとする無謀な男だ。どうか幸運を祈ってほしい。それでは始めよう。

いくつものタブーを冒して開発された大ヒット商品

一九九〇年代半ば、ファイザー社の経営状態は思わしくなかった。同社は、第二次世界大戦中にペニシリン製造のトップメーカーとして名高かったが、二〇世紀終盤には競合他社に追い抜かれ、ヒット商品を渇望していた。

幸いにも、希望の光が射しこんだ。ファイザー社の英国研究所が開発した狭心症の治療薬、シルデナフィルクエン酸塩に、男性を勃起させる奇妙な副作用があったのだ。そう、この薬がのちにバイアグラとなる。当時、性的不能の治療薬として承認された薬は市場に一つもなかった。ただの一つも。製薬会社にとって夢のような好機じゃないか？　だが、一つだけ問題があった。

こういう薬の開発をしてもいいのか、とみんなが思っていたことだ。

雑誌『エスクァイア』の記者、デビッド・クシュナーが語るように、「当時、バイアグラを売る案は、良くてクレイジー、悪くすれば不道徳だと考えられていた」。この薬は一躍有名になり、数十億ドル規模の勃起不全治療薬市場を創出することになるが、プロジェクト初日から、ファイザー社の保守的な文化が壁となり、事業の推進に立ちはだかった。これまでの医薬品開発のなかで、最も苦しい戦いとなった。

今でこそ有名になったED治療薬を発売できたのは、ほかでもない、二人の意外なヒーローが奮闘したおかげだった。ジャマイカ出身の敏腕マーケッター、ルーニー・ネルソンと、ニューヨーク出身の臨床薬剤師、〝ドクター・サル〟である。彼らは、勃起障害（ED）によって結婚生活が損なわれ、自尊心が傷つき、健康な夫婦が子宝に恵まれる機会を奪われることを知っていた。この二人の反逆者が、小さな青い錠剤を世に送りだすために社の体制に立ち向かい、周囲の圧倒的な反対を乗り越えたのだ。

研究室では、この薬の効果が証明されていた。だがその副作用は、患者に受け入れられるだろうか？

まずは、誰も支持しない薬のためのフォーカスグループに社の承認を取りつけるだけでも至難の業だった。そのうえルーニーとサルは、被験者に個室でポルノ映画を見てもらい、自慰行為をしてもらうことにも承認を得なければならなかった。

二人はどうにか会社の同意を取りつけることができた。最も一般的な副作用は、四時間ほど勃起が続くことだと判明した。率直に言って、大半の被験者はそいつはいいねと思った。第一の難関がクリアされた。患者を味方につけたのだ。

EDという用語はマーケティングのために生まれた

だが、この薬を「みっともない薬」と見なす社内の空気は変わらなかった。男性は恥ずかしくて店頭で注文できないだろう、と異を唱えられた。誰だってわざわざ弱みを晒し、性的不能者だと名乗りたくはない。

しかしルーニーは、それが本質的な問題ではなく、単に言葉の問題だとわかっていた。そこで「勃起不全（ED）」という用語が生みだされた。これは、従来からあった医学的診断名ではない。一九九〇年代に、医学ではなくマーケティングから生まれた、医学的な響きを持つ婉曲表現なのだ。

この「くだらない薬」が発売されることはないだろうと、社員の半数はまだ思っていた。しかしルーニーとサルは、社内の抵抗さえ乗り切れば、やがて誰もが目を覚まし、これが儲かるビジネスだと気づくだろうと考えていた――が、そうはいかなかった。サル博士は、社外でも、少なくとも社内に匹敵する激しい抵抗に遭うことに気づいた。あらゆる宗派の指導者たちが抗議の意を示したのだ。保守的な議員たちは、ED治療薬が保険適用になることが気に入らなかった。まるで悪夢だ。二人には、世界じゅうが敵に思えた。

だがルーニーには目算があった。この薬を世に送りだすには、マーケティング的には邪道とも言うべき、徹頭徹尾あり得ないことをやってのける必要があると考えていた。そして、この商品を売りだす最善の方法は——信じられないことだが——可能な限り話題にしないという結論にたどり着いた。

研究開発や治験に莫大な資金が投じられてきたのに、FDA（米国食品医薬品局）の認可が下りるまではいっさい宣伝活動をしない。正気とは思えない奇策だったが、妨害を避けるにはそれしかなかった。そしてそれは見事に功を奏した。

一九九八年三月、バイアグラはFDAの認可を受けた。これでようやく弾みがついた。あとは、どうやって売り込みをかけるかについて、社の営業チームと話をするだけだ……。

ところが、営業マンたちは難色を示した。医師とペニスの話をするのは気まずいというのが理由だった。そこでルーニーは、営業マンたちの抵抗感をなくすために、販売会議で彼らに「勃起！」と大声で五回叫ぶように指導するはめになった。イレクション！　イレクション！　イレクション！　イレクション！　イレクション！

発売日が近づくにつれ、ファイザーは物笑いの種にされると誰もが思った。

しかしこの話の結末はすでにご存知だろう。バイアグラは空前の大ヒットをおさめ、社会現象を巻き起こし、世界各国の深夜番組の司会者に笑いのネタを提供した。ほどなく、一日に一万枚の処方箋が書かれていると言われるようになり、プロザックの発売時を上回る反響だった。ほんの数日で、ファイザー社の株価は二倍になった。

この薬は青色だったが、ふたを開けて見れば、まるでトナカイ「ルドルフ」の赤鼻のようだった。嫌われ者だったが、結果として救世主になった。誰も信じていなかった薬が、誰もが求める薬になったのだ。

セックス、愛、結婚にこと関すると、すべてが複雑で、単純明解なものは何もない。小さな青い錠剤はたしかにすべてを克服したかもしれないが、愛はどうだろう？　バイアグラの効果が持続するのは平均二時間だ。愛はどのくらい持続するのだろう？

浮気は四年目に一番多い

紀元前三八年ごろ、ローマの詩人ウェルギリウスは「omnia vincit amor」、すなわち、「愛はすべてに打ち勝つ」と書いた。

聖書のなかにも同様の言葉がある。コリント人への手紙一三章七節には、「愛はすべてを忍び、すべてを信じ、すべてを望み、すべてに耐える」とある。この言葉は今日でも、歌や映画、結婚式などで耳にする。

しかし、それは真実だろうか？　愛は本当にすべてを克服するのだろうか？

もちろん、そんなことはない（この調子では、本章はとても短く終わりそうだ）。

私は詩的許容を大いに支持するほうなのだが、最近の離婚の統計を見たことがあるだろうか？　あなたがグーグルで検索する手間を省こう。

アメリカでは、結婚の約四〇％が離婚にいたっている。「七年目の浮気」とよく言われるが、浮気はむしろ四年目に多く、結婚から四年後の離婚が最も多い。しかも、こうした統計は世界的に見られる（人類学者のヘレン・フィッシャーは、アメリカでは、一〇人に一人の女性が四〇歳までに三回以上結婚すると指摘している）。

がっかりさせることばかり言いたくないが、もし四〇％の確率で衝突事故を起こす車が、「わが社の車はすべてを克服します」というスローガンを掲げていたら、集団訴訟を起こされるだろう。ファイザー社が当初、バイアグラを見誤っていたように、私たちは愛について多くの神話や誤解を抱いている。

一例を挙げると、愛は、中世の宮廷恋愛から始まったわけではない。ロマンチックな愛は、ずっと昔からあった。最古の恋愛詩は、三五〇〇年以上前のエジプトまで遡《さかのぼ》る。そして愛は、世界共通のものだ。人類学者が調査した一六八にのぼる文化の九〇％に愛の概念があり、残りの一〇％は、確認に必要なデータが不足していただけだった。

恋愛の経験に関しては、調査対象となった国、年齢、性別、志向、民族の違いにかかわらず、おおむね一貫性が見られる。歴史上、多くの文化（シェーカー教徒、モルモン教徒、東ドイツを含む）が恋愛を抑えつけようと試み、いずれも見事な失敗に終わったことから、ほぼ間違いなく生得的な感情だとわかっている。

「配偶者は親友？」への答えは文化で異なる

とはいえ、詳細についてはさまざまに異なる。フロリダ州ジャクソンビルで行われた調査では、六〇％の人びとが、配偶者は親友だと答えた。メキシコシティでは、何人が同じ答えをしただろうか？　ゼロだ。

また、ロマンチックなキスをする文化はじつは少数派で、被験者一六八人中、四六％に過ぎなかった。さらに、愛は必ずしも心臓《ハート》と結びつけられるものでもない。西アフリカでは、愛と言えば鼻であり、ニューギニア島東部沖にあるトロブリアンド諸島では腸である（こうなると、くしゃみや消化不良は何を意味するのか、真剣な再解釈を要する）。

長期的な愛の形の大半は結婚であり、それにより私たちが戦うべき神話のラスボスに行きつく。結婚すれば、より健康でより幸福になれる、という記事は世の中に溢れているが、それは違う。そうした報告の多くは、単に既婚者と独身者の幸福度を調査して比較し、既婚者のほうが高いことを見いだし、「ほらね、結婚すると健康で幸せになれる」と得意げに言っているにすぎない。

しかし、それでは「生存者バイアス」と呼ばれる間違いを犯している。もし「結婚すること」が人を幸せにするかどうかを調べたいのなら、別居者、離婚者、死別者を、独身者ではなく、現既婚者と一緒にするべきだ。そうしなければ、大ヒット映画のスターばかりを調査して、

「俳優になることは、明らかに素晴らしい職業選択である」と言うようなものだ。

バージンロードを歩いたことのある人、ない人を調べると、健康度や幸福度はさまざまに異なる。簡単に言えば、結婚すれば健康で幸福になれるわけではなく、良い結婚をすれば健康で幸せになれるのだ。かたや悪い結婚は、たとえ過去のものであっても、とても（あるいは、とてもとてもとても）悪影響を及ぼす。

「幸せな結婚」は寿命を伸ばすが、離婚は刑務所以上のストレス

では、結婚は健康にどのような影響をもたらすのだろうか？　もしあなたが結婚というゲームショーの勝者であれば、プラスの効果がたくさんある。心臓発作、がん、認知症、さまざまな病気、血圧等の指標、あるいは端的に死亡率など、すべてが改善する（現在結婚している男性は、寿命が平均七年延びる）。

しかしここで、「ただし」という厄介な言葉を入れなければならない。不幸な結婚生活を送っていると、一度も結婚しなかった場合に比べ、健康状態が著しく悪化する可能性がある。結婚生活が破綻していると、病気になる可能性が三五％高くなり、寿命が四年短くなる。九〇〇〇人を対象にした調査によると、離婚者および死別者は、健康問題（心臓病、がんなど）を二〇％多く抱えている。

さらに驚くべきことに、こうしたマイナス影響には、たとえ再婚しても持続するものもあっ

た。再婚者は、まったく離別しなかった人に比べて深刻な健康問題を抱えている人が一二%多く、また、離婚経験のある女性は、再婚してもなお心血管疾患になる可能性が六〇%高かった。

では、幸福度についてはどうだろうか？

円満な結婚生活を送っていれば、結婚によって幸福度が高まるのは間違いない。二〇一〇年にオーストラリアで行われた研究は、素晴らしい結婚をした人びとがどれほど幸福かについて、従来の研究では過小評価されているのではないかとさえ指摘している。

裏を返せば、良い結婚に恵まれない人びとは、想像以上に不利だということになる。ある研究で、五〇〇〇人の患者の医療記録を調べ、人生で経験する最もストレスの多い出来事を分析したところ、離婚は二番目にストレスが大きいことがわかった（一番は、配偶者との死別）。離婚は、なんと刑務所に入るよりストレスが大きかった。

いや、もっと悪いことがある。本来、人間にはかなり回復力がある。どんなに悪いことが起ころうと、ほとんどの場合、幸福度はいずれ基準値に戻る。ところが離婚の場合は違う。三万人を対象とした一八年間におよぶ調査によると、結婚が破綻した後、主観的な幸福度は回復を示すものの、元のレベルには戻らないことがわかった。つまり離婚すると、幸福度が持続的に低下するようだ。

そして、前述の二〇一〇年オーストラリアの調査で、未婚者、既婚者、離婚者等を含めた「結婚スペクトラム」全体で見ると、不幸な結婚生活を送っている人が最も落胆していることがわかった。どうせ孤独になるなら、一人でなるほうがましだ。

というわけで、結婚は健康や幸福を保証してくれるものではなく、大勝ちか大負けかというギャンブルのようなものだ。さらにギャンブルの喩えでいえば、勝ち負けの確率は五分五分ではない。

『ニューヨーク・タイムズ』紙のコラムニスト、デイビッド・ブルックスが述べたように、アメリカでは、離婚率が四〇%に近く、離婚に至らないが別居中の夫婦が一〇〜一五%、さらに同居を続けているが慢性的に不幸な既婚者が七%ほどいる。どう考えても、健康や幸福の保証にはならない。幸せな結婚生活を持続できる夫婦のほうが少数派なのだ。

結婚は「社会で生き延びるためにするもの」

どうしてだろう？ これでは、社会が恋愛や結婚について語る内容とかけ離れている。結婚によってこのうえなく幸せになるか、人生を滅ぼされるかという両極端な状況になってしまったのは、どうしてなのか。昔からこうだったのだろうか？

それは違う。昔は、結婚がすべてを制していた……。しかしその当時、結婚は愛とは関係がなかった。

実のところ、歴史的に見れば、「愛が結婚をだめにした」とも言えるかもしれない。あるいは、「愛が結婚に打ち勝った」とも言える。歴史家のステファニー・クーンツが指摘するように、有史時代の大半を通して、結婚のテーマソングは、ティナ・ターナーの『愛の魔力』

（"What's Love Got to Do with It"＝愛と何の関係があるの）だったかもしれない（この曲を結婚式で使うのはお薦めしないが）。

有史の大部分において、結婚は愛よりもむしろ経済との関係が深かった。何も邪悪な計画の一部だったわけではなく、当時は生活がとんでもなく苦しかったという事実によるものだ。「恋愛結婚」は、現実的な選択肢ではなく、むしろ「死なないように助けて」というのが当時の典型的な結婚だった。人生は意地が悪く、残忍で、短いことが多かった。自分一人の力ではやっていけない。食べ物を口にすることや盗賊を追い払うことが最優先で、個人としての充実感は後回しにされていた。

歴史家のクーンツは、現在、政府や市場が担っている役割を、結婚が果していたと指摘する。また、社会保障や失業保険、医療保険がなかった時代に、それらの代わりを果たした面もある。今日のキャリアが請求書の支払いのためのもので、自分が情熱を持てるかどうかと必ずしも関係ないのと同様に、当時、誰と結婚するかは支払いのためであり、自分が夢中になれる相手かどうかはあまり関係がなかった。結婚相手は、ソウルメイトというより、同僚《ワークメイト》に近かったのだ。

一方、金持ちにとっての結婚の歴史は、ＭＢＡ（経営学修士課程）のＭ＆Ａ（企業の合併・買収）の授業のようなものだった。重要なのは、然るべき相手を見つけるより、然るべき姻戚を得ること。今でこそ義理の親族に文句もあろうが、昔はそれこそが結婚する理由だった。

考えてみてほしい。恋愛し、子どもをつくるためにではなく、有力な家族と長期にわたる協力関係を築くために婚姻が必要だったのだ。実際、中国など幾つかの国では、「亡霊婚」が見られたほど、義理の家族が重要視されていた。そう、死者と結婚するのだ（良い点：夫婦喧嘩はなさそうだ）。北米大陸の太平洋岸北西部に住む先住民、ベラクーラ族の社会では、然るべき姻戚を得る競争があまりに激しかったので、他家の犬と婚姻関係を結ぶこともあった。本当のことだ。

配偶者を愛してはならなかった時代さえある

もちろん、昔も既婚者が恋に落ちることはあった……。しかしそれは通常、配偶者とではなかった。そのための情事だったのだ。

アレクサンドル・デュマがウィットを効かせて言ったように、「結婚の契りはあまりにも重く、それを運ぶには二人、ときには三人が必要」だった。配偶者を恋愛対象にすることは不可能であり、不道徳であり、また愚かだと見なされることが多かった。

ストア哲学者のセネカはこう言った。「妻を愛人のごとく愛するほど不浄なことはない」。また、ローマの哲学者たちは、妻を情熱的に愛している人を何と呼んでいたか。「姦通者」だ。

さらに重要なことに、クーンツによれば、夫婦間の恋愛は、社会秩序を脅かすものだと考えられていた。当時の生活は厳しく、個人の幸せを優先する余裕はなかった。個人の充足感より家族、国家、宗教、地域社会への責任を優先しなければならなかったのだ。

結婚は、きわめて重要な経済的、政治的制度だったので、愛の気まぐれに任せるわけにいかなかった。情熱だって？　そんなものには蓋をしたほうがいい。邪魔になるから。一夫多妻制の文化では、妻を愛することが容認されていたが、それは二番目か三番目の妻の場合だった。まずは社会を営まないとならないのだから！

しかし、その後状況が変わった。一七〇〇年代に入り、啓蒙時代が到来した。人びとは、「人権」という、新しくてとっぴなものについて話し始める。誰もが突然賢くなったわけでも、立派になったわけでもない。要はまたも経済。自由市場だ。人びとはもっとお金を稼ぐようになり、一人でも暮らしていけるようになった。個人主義が現実的な選択肢になり、それで一八〇〇年代には、ついに人々が愛のために結婚するようになった！

ところがじきに、なんだか事態が悪化した。たしかに、個人はより多くの選択肢と、愛と幸福の素晴らしい可能性を手に入れたが、「すべてを克服する」ことに関して言えば、結婚ははるかに不安定になった。結婚に対する人びとの満足度を高めた理由そのものが、結婚を壊れやすくしてしまったのだ。

「デート」は一八九〇年にようやく誕生

一八九〇年代に人びとが「デート」という言葉を作らざるをえなかったのは、それまでこの概念は存在すらしなかったからだ。かつては盤石だった結婚という制度がたえず攻撃され脅かされるようになった。

そして二〇世紀初頭には、崩壊の危機に瀕した。電気や自動車、鉄道、抗生物質など、まさに息をのむような変化が立て続けに起きていた。一八八〇年から一九二〇年のあいだに、アメリカの離婚率は二倍になる。

しかし、それから第二次世界大戦が起こった。大戦後、アメリカは好景気に湧き、それとともに結婚も好調になった。雇用が増加し離婚率が低下した。そして一九五〇年代には、今でも多くの人が「伝統的」な結婚と考える「核家族」の絶頂期を迎えた。『うちのママは世界一』『ビーバーにおまかせ』『パパは何でも知っている』などのドラマに描かれているような、パパにママ、二・四人の子どもと犬一匹。何もかもが素晴らしかった。

しかし皮肉にも、今も多くの人が結婚の理想型ととらえるこの時代は一過性のものだった。歴史学者のスティーブン・ミンツとスーザン・ケロッグは、この時代を「例外中の例外」と呼んでいる。たしかに長くは続かなかった。

一九七〇年代に入ると、「伝統的」な結婚はすでに崩壊しつつあった。アメリカの各州は、無過失離婚を認めだした。ただ自分が幸せでないというだけの理由で、法的に結婚生活に終止符を打てるようになったのだ。

一九八〇年には、アメリカの離婚率が五〇%に達した。何世紀にも及ぶ変化がほぼ完了した。未婚者は、もはや半端者だとか不道徳だとか見なされなくなった。同棲カップルの数は急増した。妊娠したから結婚しなければならないということもなくなった。そして二〇一五年、最高裁は同性婚を承認した。愛が勝利したのだ。

いや、愛は勝利をおさめただけでなく、歴史上初めて、結婚に不可欠なものになった。それがどれほど新しい概念なのか、私たちは忘れている。

人類学者のダニエル・フルシュカによれば、一九六〇年代には男性の三分の一、女性の四分の三が、結婚前に愛は必ずしも必要ではないと考えていた。一九九〇年代には、男性の八六%、女性の九一%が「愛していなければ結婚しない」と答えている。何世紀もかけて、結婚のテーマソングは、ティナ・ターナーの「愛と何の関係があるの」からビートルズの『愛こそはすべて』（"All You Need is Love"）へと変化したのだ。

結婚への期待値が高まりすぎた弊害

しかし、このような自由にマイナス面がないわけではない。ノースウェスタン大学の社会心理学者、エリ・フィンケル教授は、現代のパラダイムを「自己表現的な結婚」と呼んでいる。つまり、結婚の定義はあなた次第――これはちょっと怖ろしい。

あなたは、自分が結婚に何を望んでいるか、はっきりわかっているだろうか？　わかっておいたほうが身のためだ。

結婚はもはや教会や政府、家族や社会によって定義されるものではない。言ってみればＤＩＹキットで、取扱説明書は別売りだ。昔の制度的結婚は、たしかに多くの意味で不公平、不平等だったが、ルールは明確だった。今日、私たちは混乱している。

しかもそれだけではない。私たちの結婚に対する期待値は、天井知らずになっている。過去に結婚が提供してくれた多くのものを依然として求めるのに加え、今では、結婚はすべての夢を叶えてくれて、最高の自分を引きだしてくれて、成長し続ける機会をあたえてくれるべきだと考えている。ローリング・ストーンズの『無情の世界』（"You Can't Always Get What You Want"＝欲しいものがいつも手に入るとは限らない）はプレイリストに入っていない。人びとは不幸だから離婚するのではなく、もっと幸せになれる可能性があるから離婚するのだ。

フィンケルによれば、以前は配偶者と別れるのに理由を必要としたが、今は配偶者でい続けるのに理由を必要とする。さらに、結婚に対する期待値は高まっていながら、それに応える私たちの能力は下がっている。夫婦ともに仕事をする時間が増え、いっしょに過ごす時間が減っている。一九七五年から二〇〇三年のあいだに、平日に夫婦がともに過ごす時間は、子どもがいない場合には三〇％、子どもがいる場合には四〇％も減少した。

恋人ができると、友だちは二人減る

それと同時に、結婚は、本来その負担を軽減してくれるようなほかの関係を締めだしてきた。オックスフォード大学のロビン・ダンバーの研究によると、恋人ができると、（時間と精神的エネルギーの面で）親しい友人二人が犠牲になるという。

またエリン・フィンケルによると、一九七五年にアメリカ人は、週末の一日につき平均二時間を友人や親せきと過ごしていたが、二〇〇三年には、その時間数が四〇%減少したという。

その一方で、一九八〇年から二〇〇〇年のあいだに、幸せな結婚が個人の幸福度を予測する度合いはほぼ二倍になった。結婚は人びとの人間関係の一つではなく、まさに人間関係そのものになった。私たちは、人生全体の〝配偶者化〟を経験しているのだ。

過去数十年のあいだに、結婚は安定性が増し、離婚率が低下している。しかしそれは、そもそも結婚する人が減ってきていることが主な理由であり、そこが問題だ。婚姻率は一九七〇年代から世界的に低下しており、アメリカでは現在、歴史的な低水準にある。ニューヨーク大学の社会学者、エリック・クライネンバーグは、こう述べている。

「歴史上初めて、平均的アメリカ人は、既婚者としてより独身者として過ごす年数のほうが多くなっている」

人生の礎《いしずえ》だった結婚は、冠石《かむりいし》へと変化した。かつて結婚は若いうちに、大人への途上でするものだった。今では、結婚すると負担が重くなるという印象があり、もしバージンロードを歩くことを選ぶのであれば、万全な準備をしたうえで臨みたいと人びとは思っている。

これで、本章の冒頭で警告メッセージを書いておいた理由がおわかりいただけたと思う。もしあなたがアマゾンで一つ星のレビューを書こうとしているなら、どうか考え直してほしい。朗報もあるからだ。

実際、とても良いニュースだ。たしかに平均的な結婚は、年々まずいことになっていてあまり希望が持てない。しかし、今日の結婚について、今すぐ知っておくべきことがある。

それは、人類史上類を見ない素晴らしいものになりえるということだ。

「今日の結婚生活は、過去の時代よりメリットが大きい」(うまくいけば)

フィンケルもそのことを実証している。

「今日の最高の結婚は、過去の時代の最高の結婚よりさらに優れている。まさに歴史上最高の結婚である」

離婚は、あなたの幸福感を慢性的に低下させるかもしれないし、また、平均的な結婚はかなり期待外れのものかもしれない。

しかし、もしあなたが結婚というものを正しく行なえば、過去すべての時代の誰よりも幸せな結婚生活にできるだろう。その舵《かじ》を取るのはあなた自身だ。

つまり皆が皆、希望を持てないわけではない――勝者がすべてを得る。だからこそ、フィンケルは現代の結婚を「オール・オア・ナッシングの結婚」と呼んでいるのだ。

あなたのおとぎ話のような結婚観を壊してしまったなら申し訳ない。しかし、おとぎ話は助けにならない。マリスト大学世論研究所による二〇一一年の調査によると、アメリカ人の七三%が運命の人《ソウルメイト》との出会いを信じている。また、二〇〇〇年のある調査では、七八%の人の愛の概念に、おとぎ話の要素が含まれていた。ところが、そうしたことを信じる人は、より現実的な人に比べて、結婚生活でより多くの幻滅や怒りを経験すると研究者たちは発見した。なぜだろう？

おとぎ話は、受け身だからだ。そして今日、幸せな結婚生活を営むには、積極的に取り組むことが求められる。ただし、真摯に取り組めば、史上最高の結婚生活を手に入れることができる。ふたたびフィンケルの言葉を借りよう。

「過去の時代の結婚に比べて、今日の結婚ははるかに多くの献身と細やかな気づかいを必要とする。こうした変化により、かつてないほど多くの結婚が停滞と離婚の危機に曝されている。しかし、必要な時間とエネルギーを結婚生活に投入すれば、先立つ時代には手の届かなかったレベルの満足感を、夫婦間で達成することができる」

というわけで、最近、愛のことで苦しんでいるなら、それはあなたがおかしいわけではない。悩んでいるのはあなた一人ではないし、また、必ずしもあなたのせいでもない。私たちは今、総じて、愛はすべてを克服するものではないとわかっている。

しかし、正しく育めば、あなたの愛はすべてを克服できる可能性がある。そこで、例の格言に少々手を加えることにする。「愛はすべてを克服する」のかわりに、「どうすればあなたの愛はすべてを克服できるのか」という謎に挑みたい。

それでは、この謎を解き明かす道のりを、史上最高の恋人たちに目を向けることから始めよう。

2 「恋は病」は文字通り正しい。そして、それには理由がある

歴史の本を読まなければならないのに、どうも苦手意識があるという人は、カサノバについて読んでみるといい。真面目な話、この男の人生よりエキサイティングな夏休み映画はそうない。

スパイ活動に数々のスキャンダル、高額賭博、暗殺者たち、命がけの決闘、秘密結社、詐欺行為、裏切りや追放の憂き目。脱獄不可能とされた牢獄からも、ゴンドラで見事脱出に成功する。また、英国王ジョージ三世、エカテリーナ大帝、ゲーテ、ルソー、何代かのローマ教皇とも親交があり、ベンジャミン・フランクリンとは科学会議を見て回り、ヴォルテールとは辛辣な言葉を浴びせあった。

そしてもちろん、女性遍歴でその名をとどろかせたカサノバがやったことと言えば、誘惑に次ぐ誘惑だった。カサノバは自伝のなかで、「私は、生きてきたと言えるだろう」と書いている。いやいや、これこそ一〇〇〇年に一度という控えめな表現ではないか。

この人物がどれだけのことをし、どれだけ多くのトラブルに巻き込まれ、どれほど多くの国

を訪れ、どれほど多くの人を騙し、いかに多くの女性と寝たか、まさに想像を絶するというものだ。

ここで彼の人生をかいつまんで紹介し、実像に迫りたいところだが、それはとてもかなわない。文字通り不可能なのだ。カサノバの自伝は、自身が「スキャンダラスすぎる」と思う内容を省いたものでありながら、じつに全一二巻、三七〇〇ページに及ぶ。

カサノバは、ウィットと大胆不敵さと人を惹きつける魅力によって成りたつ悪党だった。その人生には、一貫したパターンが見られる。まず権力者に取り入る。新しい事業を始める。裕福なパトロンを得る。賭け事と色事に励む。当局も含めて誰かれなく怒らせる。投獄、もしくは追放される。新しい街に移り住む――そしてまた同じことをくり返す。

カサノバには、「生への渇望」がみなぎっていた。そう、はっきり言って彼は、単に生きること以上のものを貪欲に欲し、反省の色もほとんど見せなかった。

無情にも女性から女性へと転々とし、ポルノ動画が生半可に思えるような際どい一件にも巻き込まれるが、ここではPG13指定にとどめておこう。

稀代のプレイボーイの前に現れた特別な女性

まるでナンパ師の守護聖人のように、娘から娘へと渡り歩いていたカサノバ。ところがそんな彼にも一人だけ、特別な女性がいた。ひときわ抜きんでた存在だ（必ずいるものだ）。

その女性は、強者《つわもの》のカサノバの心を捕え、そして引き裂いた。彼女の名は「アンリエット」ということになっているが、本当の素性は謎に包まれている。

むろん、彼女は美しかった。だがカサノバを驚嘆させたのは、アンリエットの教養の深さだった。ウィットに富み、洗練された彼女は、カサノバといてさえ、ふだんより質素に過ごしているのが明らかだった。

アンリエット自身も放蕩《ほうとう》で、あまりにも博識なので、カサノバは、彼女も自分と同じペテン師なのだと思っていた。人間的な魅力でも色香でも、カサノバに引けを取らない存在で、何といっても、彼はそのようなことにまったく不慣れだった。

カサノバほど刺激的な人生を送った人物は歴史上そういないが、それでも本人に聞けば、アンリエットと過ごした日々が至福の瞬間で、生涯で最も執着した恋愛だったと言うだろう。ほんのつかの間にせよ、彼女はこの冷淡無情な悪党を変えた。その名が漁色の代名詞になったほどの伝説の女たらしが、一人の女性にぞっこんの平凡な男に変わったのだ。夜な夜な彼女の夢を見、自分は情交相手の一人に過ぎないのではないかとさえ恐れた。そして熱愛中の誰もがそうであるように、アンリエットを理想化した。

アンリエットと過ごしていると、カサノバは心が和らいだ。彼は悪党だが、サイコパスではなかった。カサノバを非難するのは簡単だが、その幼少期はけっして楽なものではなかった。八歳で父親が亡くなり、女優兼娼婦の母親は、カサノバを祖母に育てさせた。だが結局、彼は捨てられ、寄宿舎で育つ。「私は厄介払いされた」と彼は書いている。冷淡無情になるのも無理はない。

逃亡の果ての破局

カサノバとアンリエットがいっしょに過ごした三か月には、壮大なロマンスの要素が揃っていた。二人はともに逃亡者だった。彼はヴェネチア当局から逃げ、彼女は支配的な家族から身を隠していた。アンリエットは、着ている服以外は無一文で、おまけにその服は男性用だった。カサノバは羽振りが良く、衝動的に彼女に衣類を買いあたえた。そしてダイヤモンドの指輪も。

ところが追っ手が迫っていた。ただ大人しく、身を潜めているほうが賢明だっただろう。だがカサノバは、美しい女性に恋をしている男だった。二人で楽しい時間を過ごしたかった。彼女に世界を見せ、すべてをあたえたいと思っていた。そこで無謀にも、市中で豪遊する日々を送った。

しかし夜の街での軽率なふるまいが、破局を招くことになる。ドゥカーレ宮殿で開かれた豪華な宴で、アンリエットは親族に見つかってしまい、問い詰められた。カサノバは、迂闊《うかつ》だった自分を責めた。アンリエットは、もう戻らなければならないと悟った。ジュネーブの豪華なホテルの部屋で、彼女はカサノバに別れを告げる。どうか自分のことを探さないでほしい、どこかで再会しても知らないふりをしてほしいと彼に頼み、アンリエットは去って行った。

カサノバは、人生で最も悲嘆にくれた二日間をそのホテルの部屋で独り過ごした。ようやく起きあがって、カーテンを開けると、窓ガラスに文字が刻まれていた。カサノバがアンリエットに贈ったダイヤの指輪でこう綴られていた。"Tu oublieras aussi Henriette."「あなたもアンリエットを忘れるでしょう」。

たしかに悲しいメッセージだ。それでも、何かしら彼女が残したものを見ただけで、〝心の慰め〟になったと、カサノバはのちに書いている。そしてほどなく、アンリエットから手紙が届いた。彼女もまた悲しみに打ちひしがれていたが、運命だと諦めていた。自分はもう二度と恋をすることはないとしながらも、カサノバがもう一人のアンリエットを見つけることを願っていた。カサノバはその手紙を手に、寝食も忘れて何日もベッドで過ごした。

それから十数年が過ぎた。さらなる冒険も重ねたが、今や齢を重ね、カサノバは疲れていた。スイスで借金で逮捕され、またも逃亡を強いられた彼は、自らの人生を問い直した。そして、自分は修道士になるべきだという結論に達する。世俗から隔離され、これからはまっとうに――とそのとき、綺麗な娘を目にする。修道士になる考えは一日しかもたなかった（なんせカサノバだから。何を期待していた?）。

しかしこれもまた、新たな教訓だ。カサノバはやはりカサノバだった。悪党だ。何も変わっていない。そしてこの先も変わらないだろう。

彼はジュネーブへ戻った。いつだってまた新しい街がある。新たな冒険に、新たな女性。カサノバは豪華なホテルの一室に入った。たぶんアンリエットも、逢瀬相手の一人に過ぎなかったのかもしれない、などと思いながら。何も特別ではないんだ。そしてカーテンを開けると……。

カサノバは、そこが十数年前と同じ部屋だと気がついた。窓ガラスには、まだあのときの文字が刻まれていた。"Tu oublieras aussi Henriette." 回想録にもあるように、カサノバはその瞬間、「背筋が震えた」。堰《せき》を切ったように記憶が蘇った。

「あなたもアンリエットを忘れるでしょう」

いやいや、忘れるものか。たしかにこれからも幾多の冒険をし、あまたの女性と出会うだろう。だが、彼は生涯アンリエットを忘れない。星の数ほどの女性を口説いてきた漁食家、偉大なるカサノバにとって、彼女はつねに「ただ一人の女性」。唯一無二の存在なのだ。

恋愛の狂気は、私たちすべてを無力な状態にする。この狂気はいったい何なのか？　そして、それは持続するのだろうか？　カサノバの場合がそうだったように。

死刑囚が最後に残す言葉で多いのは？

死刑囚が最後に残す言葉は、神や許しについてのものだと思うかもしれない。調査によると、たしかに三〇％はそうした言葉だ。しかしそれよりも多く、じつに六三％の確率で口にする言葉は、恋愛に関するものだという。それと大差をつけて二位が家族だ。

恋愛はこの世で最高のものかもしれない。私が言うまでもないだろうが。芸術や音楽の大半がロマンスをテーマにしているのも頷ける。アメリカの心理学者、ドロシー・テノフによる、恋愛に関する有名な調査では、「恋をしたことがない人は、人生で最も楽しい経験の一つを失っている」という記述に、被験者の八三％が同意している。

しかし実のところ、恋愛には良いことも悪いこともあると誰もが知っている。私たちはつねにアップダウンをくり返す――楽しみと苦しみ、恍惚《こうこつ》と苦悶、歓喜と絶望。

作家で臨床心理学者のフランク・タリスはこう述べている。

「愛は、天国と地獄という二つの目的地だけを往復するシャトルサービスを提供しているようだ」

そしてそれは、あまり議論されない愛の一面でもある。つまり、愛はときに怖ろしい。さながら多次元の量子が燃えさかる大惨事のようだ。「熱情（passion）」は、「苦しむ」を意味するラテン語に由来する。

前述のテノフの調査の被験者は、ほぼ全員が愛の喜びについて同意する一方で、五〇％以上が酷い抑うつ症状を訴え、また、四分の一が自殺願望を示唆している。愛は、あまりにも強大な力なのだ。原子力のように、都市全体に電力を供給することもできれば、都市全体を壊滅させ、放射能で永続的に汚染する可能性もある。

性教育者で研究者のシェア・ハイトによる一九八〇年代の調査では、既婚女性の約三分の二、未婚女性の約半分が、もはや恋愛は信用できないと回答している。

こうした態度は情緒に欠けるかもしれないが、けっして今に始まったことではない。すでに述べたように、昔の人びとは愛をまったく信用していなかった。古典的ラブストーリーというと、とかく肯定的な感情を抱くが、宮廷恋愛の物語の多くが悲惨な死で終わることを思うと皮肉な話だ（『ロミオとジュリエット』の結末はハッピーエンドだと言えるだろうか？）。

「恋煩い」はたとえではなくリアルな診断名

さらに言えば、古代の人びとは恋愛を悪いものと見なしただけでなく、病気としてとらえていた。このことは、歴史的な文章に何度となく現れている。

古代エジプト詩で、恋愛はどのように書かれていただろう？　病気として言及されていたのだ。私たちは今でも、ジェーン・オースティンの『分別と多感（Sense and Sensibility）』といった作品が好きだが、この小説が書かれた当時、sensibilityに知覚能力という意味合いはなく、神経過敏という意味だった。感性が豊かすぎる人は、精神的な問題を抱えがちだとされていた。

古代ギリシャの医師ヒポクラテスに始まって一七〇〇年代にいたる歴史の大半において、「恋煩い」は比喩ではなく、れっきとした診断名だった。しかし一八世紀に次第に衰退し、一九世紀になると、まったく通用しなくなった。精神分析の父でコカイン中毒者だったジークムント・フロイトが、この話題を性に転じたからだ。

しかし、フロイトの恋愛に対する考え方もさほど変わらなかった。彼はこう問いかけている。「私たちの言う『恋に落ちること』とは、一種の病気や狂気、幻想、そして愛する人の本当の姿に盲目になることではないだろうか」

そして愛を病気とする考えは、今も私たちのなかにある。人が恋愛で落ち込んでいるとき、何と呼ぶだろう？「恋煩い」だ。

気分が高揚している。あまり眠らなくても元気。自尊感情が急に高まる。思考が次々に浮かび、多弁になる。注意散漫。社会的および性的により活発になる。大きなリスクを負うことや浪費すること、恥をかくことを厭わない――。

まるで恋愛のように聞こえないだろうか？これは、精神疾患の診断マニュアル（DSM-V）にある躁病《そうびょう》の診断基準である。そう、現代科学も基本的に、恋愛が精神障害であることを認めているのだ。

精神科医のフランク・タリスによれば、もしあなたにこうした症状が一週間続き、精神科医に話したら（恋愛のことには触れず）、躁うつ病治療薬のリチウムが処方されてもおかしくない。実際、これらのうち四つの症状が当てはまったら、基準を満たしている。

または、悲しい気分だろうか？ふだん楽しんでいることに関心がなくなった？食欲がない？よく眠れない？疲れている？集中できない？ああ、それは恋煩いだ。

だが、これら六つの症状のうち五つが当てはまれば、診断マニュアルの「大うつ病」の症状に当てはまる。先ほどの症状と両方を感じるって？私には恋愛中の症状に思える。そして、双極性障害（躁うつ病）との区別もつかない。精神科医のフランク・タリスによると、実際、恋愛は専門医によって誤診されることが珍しくないという。

恋愛は強迫性障害に似ている

恋愛が深刻な疾患であることを証明するのは、あなたが想像するよりずっと簡単だ。愛のためにどれだけの人が命を絶ったり、人の命を奪ったりしているかを忘れてはいけない。ところが奇妙なことに、人びとは恋愛を病気として真剣に受けとめておらず、一般に良好なものであるだけでなく、広く推奨され、支持されているものとしてとらえている。

本当に科学的にとらえるなら、恋愛に最もよく似ている精神疾患は何だろう？　じつは強迫性障害（OCD）だ。

好きな人のことが頭から離れない。自分の注意をコントロールし、責務のほうに向けることができない。人類学者のヘレン・フィッシャーの報告によると、恋に落ちたばかりの人は、最大で覚醒時間の八五％も特別な人のことを考えて過ごすのだという。

恋愛は、強迫性障害の診断基準を満たすだけでなく、神経科学的なデータもOCDと一致する。恋愛中の脳とOCDの脳をMRI画像で見た場合、その違いを見分けるのは難しい。どちらの脳でも、前帯状皮質、尾状核、被殻、島などに過活動が生じている。

精神科医のドナテッラ・マラッツィーティは、恋愛中の人とOCDの人、それぞれの血液を採取して調べ、双方ともセロトニンのレベルが対照群より四〇％低いことを発見した。そして恋愛の熱が冷めた数か月後に恋愛グループを再び調べるとどうなっていたか？　セロトニンの値が正常に戻っていたのだ。
しかし、進化はなぜ、恋愛対象が頭から離れない強迫性障害を私たちにあたえようとするのだろう？

恋愛中の症状や行動を言い表す、最適な表現は何だろう？「強迫観念」も近いが、あらゆるデータを調べてみると、最適な喩えは「中毒」である。恋する人びとは、半随意的な儀式行為として血が出るまで手洗いをくり返すわけではなく、渇望する対象を追い求める。

好きな人に「いくらいっしょにいてもまだ足りない」と言ったことはないだろうか？まさにそれだ。会えれば天にも昇るような気分だが、会えなければ（禁断症状で）どん底に落ちた気分。メールで欲求が満たされる（薬が補給される）と、しばらくは気持ちが落ち着くが、中毒の心はじきに、絵文字がもっとたくさん入った、さらに多くのメールを要求するのだ。

研究によると、フェニルエチルアミン、ドーパミン、ノルエピネフリン、オキシトシンなどの神経伝達物質のラブカクテルが愛で混乱した脳に流れ込み、アンフェタミンに似た高揚感をもたらす。またMRI画像のデータも、恋愛は中毒だという見方を裏づけている。恋をしている人とコカインやモルヒネを注射した人、それぞれの脳をfMRI（機能的核磁気共鳴画像法）でスキャンしたデータを並べると、同じパターンが見られる。

おなじみとなった心理学者のアーサー・アロンは、恋愛は動機づけのシステムだと言っている。中毒者は薬物を手に入れるためなら何でもする。それと同じシステムが、特別な人を獲得するように駆り立てるのだ。

恋愛の「妄想」は精神を健全に保つ

やれやれ、またやってしまった。私は多くの人が人生で最も素晴らしいと思っていることを取りあげて、「いや、それはブラックタールヘロインのようなもので、私たちは皆、精神を病んだ中毒者の集まりにすぎない」と言ってしまったのだ。でもご安心を。読者の皆さんが集団で神経衰弱になる前に、待望の朗報を伝えよう。

恋愛のすべての狂気には、優れた理由がある。

第一に（必ずしも最重要ではないが）、進化は私たちがより多くの子孫を作ることを望んでいる。遺伝子にとっての最優先事項だ。私たちは多くのことを先延ばしにしがちだが、進化は、そういう無駄なことにかかずらってはいられない。繁殖が第一の任務で、「私にハンドルを握らせろ、これは重要なことなんだ」と言いながら論理を無効にするスイッチに切り替える。作家、W・サマセット・モームは、「愛とは、種の存続を達成するために、われわれに仕掛けられた汚いトリックに過ぎない」と述べている。

進化心理学者はロマンチストだと思われてはいないが、愛が進化の目的を達成するからといって、私たちの目的は達成できないわけではない。友情の場合と同様に、私たちの脳は、ダーウィニズムの利己主義と折り合いをつけ、物質的な利益だけでなく、喜びや満足感も見いだそうとする。

私たちは、友人は自分の一部だと信じ込み、そのクレイジーな勘違いが生きがいをあたえてくれると錯覚している。実際、私たちの頭のなかには、この世界につねに存在するあらゆる困難さに対抗するポジティブなバイアスが溢れている。

こうした楽観的な妄想を心理学者は何と呼ぶか？「健全」である。研究によると、ポジティブなバイアスを持たない人は、世界を正確に認識することに明らかに優れている。そうした人びとを心理学者は何と呼ぶか？「うつ状態」である。

短期的には、人を信頼しないことが賢明な防衛策に思える。何ごとにつけ「より多く」より「より少なく」するほうが無難なことが多い。それに、私たちはともすれば怠惰で、つねに自分にとって良いことをするわけではない。しかし、進化において繁殖が第一の急務であるように、個人としての私たちには、人とのつながりがほぼ第一の任務である。

だからこそ、自然は私たちをちょっと頭のおかしい中毒者にすることでつながりを強要してきた。もっと人とつながろうと手を伸ばし、理にかなう以上のことをするように動機づける原動力をあたえたのだ。空腹感が食糧調達を促して飢えを防いでくれるように、愛への強い欲求が、ときに過酷なこの世界で精神的な飢えを防いでくれるからだ。

私たちは、「良い人生を送れるように」と自分を駆り立ててくれるクレイジーさを必要としているのだ。

不合理でなければ意味がない

反論する向きもあるだろう。「ああ、たしかにモチベーションは必要だけど、どうして頭がおかしくならなきゃいけないんだ？　何の役にも立たないじゃないか」と。

じつは、役に立つ。実際、恋愛において盲目的に熱狂することが必要不可欠であることは、科学的にも示されている。

恋愛がいかに苦しく、怖ろしいものかをここまで語ってきたが、まあ一瞬、自分のことは忘れて。怖いのは、あなただけじゃない。あなたが熱を上げているあの人はどうだろう？　その人も傷つくことを恐れているかもしれない。仮にあなたがカサノバで、相手はアンリエットでなかったら？　その人はみすみす失恋したいと思うだろうか？

というわけで、ここで出てくるのが信頼の問題であり、コミュニケーションの問題だ。言い換えればシグナリングの問題である。友情の章で取りあげたのを覚えているだろうか？

では、その解決策は？　その相手に、「コストのかかるシグナル」を示すことだ。たとえば、妄想に憑かれた中毒者のように走り回り、えんえんと愛を告白し、正気を失ったようにふるまい、後先考えずに仕事を放ったらかし、請求書の支払いも忘れ、一日に三〇〇回も相手にメールを送る――これはかなり明確で、コストのかかるシグナルだ。

言い寄られている人がよく口にする言葉は？

「私に夢中なことを態度で示して」

その通り！　ロマンチックな愛とは、単に理性を無視するだけでなく、理性を見失っていることを相手にシグナルで伝えることだ。

系図学者のドナルド・イェーツはこう言った。「恋愛について分別のある人は、恋愛ができない」。不合理な忠誠心こそが肝心なのだ。もし、費用対効果が悪ければ忠誠を尽くすのをやめる、というのであれば、それは忠誠心ではない。利己主義だ。

忠誠心とは、過剰に負担することを厭わないこと。恋愛中にクレイジーにふるまうのは、相手に、自分はもはや利己心で行動していないし、そうしたくてもできないということを伝えるシグナルだ。つまり、常軌を逸するほどあなたに夢中なんだから、私を信頼してほしいというシグナルなのだ。

そして、人はそのことを直感的に知っていて、日常的に、相手の狂気を愛の深さの指標としている。私たちは恋愛に合理性を求めないし、恋愛における理性に懐疑的だ。

現実的で分別のあるものは、ロマンチックではない。非現実的で無駄が多いものは、あまり賢明ではないが、心をときめかせる。誰かの家賃を払うのはロマンチックではない。しかし、じきに枯れてしまい、長期的価値のないバラはロマンチックだ。ダイヤモンドはべらぼうに高額で再販価値もあまりないので、きわめてロマンチックだ。

実用向きでなく、長期的価値もない花や石にお金をつぎ込むのはなぜだろう？　あなたが正気ではないことを示すためだ。愛の不合理性は、皮肉なことに、甚《はなは》だ合理的なのだ。

嫉妬にも効能がある

これは単なる理論ではない。もしあなたが、一人の人間を簡単に捨てて入れ替えられる文化に住んでいたら、愛の狂気（とそのシグナル伝達力）は上がるだろうか？　下がるだろうか？明らかに上がる。人びとの信頼関係が失われているので、あなたの脳のキューピッドの部分は、相手に高価なシグナルを送るにはクレイジーさを高める必要があると知っている。

このことは、「情熱、関係性の流動性、コミットメントの証明」と題された研究で裏づけられた。デート後にドロンするのがより簡単な文化では、情熱的なシグナルがより激しかった。狂気はきわめて重要なのだ。

しかも、恋愛の狂気の利点はそれ以外にもある。なぜ人は恋をすると嫉妬に狂うのか？　ここでもまた、クレイジーであることは（穏当な範囲内で）望ましいからだ。研究によると、嫉妬の目的は、関係を守ることだという。

ウェスタンイリノイ大学のユージーン・マーチス教授は、未婚のカップルを対象に嫉妬深さを測定する調査を行ない、七年後に追跡調査をした。すると、カップルの四分の三は別れ、残りの四分の一は結婚していた。どちらのグループの嫉妬深さが高かっただろう？　そう、もちろん後者だ。私たちは嫌でも嫉妬心を感じてしまうものだが、それは、わずかでも嫉妬心があると関係を保とうとする動機になるからだ。

恋人のことは思い切り「理想化」し、欠点には目をつぶるべき理由

そして、愛がもたらす狂気のなかに、最も重要で、最も不可欠で、最も素晴らしいものがある。それは「理想化」だ。周知のように、恋をしている人は相手を理想化する。これは愛の特徴として、最も認識されているものの一つだ。

一九九九年の研究では、幸せな恋愛関係にある人びとは、パートナーの長所について話す時間が、短所について話す時間の五倍だという。ロバート・サイデンバーグが述べたように、「恋愛とは、他者を信仰する人間の宗教である」。

新しいパートナーを理想化する友人の話を聞いて、頭がおかしくなったように感じたことはないだろうか？　でも、じつはあなたもおかしくなったほうがいい。理想化はただ甘いだけでなく、水晶玉より正しく未来を予測する。

研究者のサンドラ・マレー、ジョン・ホームズによると、「同時分析（一二一組の交際中カップルと八二組の夫婦）の結果から、関係における理想化は、恋愛中カップルと夫婦の双方において、より深い満足感、愛情、信頼、およびより少ない対立や相反する感情（アンビバレンス）を予測することが明らかになった」。

現実主義は正確かもしれないが、恋愛での幸せを予言するのは、お互いが抱く幻想だ。しかも、クレイジーであればあるほどいい。相手を最も理想化していた人びとには、結婚後の三年

間に、関係満足度の低下が見られなかった。

ただ現実から目をそらすことを勧めているように聞こえるかもしれないが、実際にはそうならない。私たちは現実を見つつ、バイアスのかかった見方をすることができる。

研究者が、熱愛中の人にパートナーの欠点について聞くと、彼らは相手の悪い面も認識し、見きわめている。やみくもに狂っているわけではない。しかし、相手のネガティブな部分を感情的に割り引き、大したことではないと考えている。あるいは、その欠点がかえって「魅力的」に思える。

こうした見方は、関係の潤滑油となる。愛する人の欠点に対する反応を恋煩いの脳が和らげてくれるので、私たちはより寛容になれるのだ。

自分が浮気をするのを防ぐ脳の仕組み

クレイジーな理想化の利点はほかにもある。浮気を防ぐことが、神経科学のレベルで確認されているのだ。

ある実験で、交際中の男女それぞれに魅力的な異性の写真を見せると、彼らはその人たちが魅力的であることを認める。後日、被験者たちに再度同じ写真を見せ、その魅力的な異性が彼らに関心を持っていると伝える。するとどうなるか？　今度は、写真の人物のことを魅力的だと言う可能性が低下する。この効果はくり返し確認されており、「代替候補（パートナー以外のの異性）の減衰効果」と呼ばれている。

実際、恋愛中の人の脳では、その関係を脅かしうる他者が魅力的に見える度合いを低下させるメカニズムが働く。だからもし、あなたの彼／彼女にセクシーな元恋人が近づいてきても、理想化があなたに味方し、パートナーの目にはそれほど魅力的に映らないというわけだ。

個人的な出来事を完璧に記憶する、「超記憶症候群（ＨＳＡＭ）」の人びとを覚えているだろうか？　そして、その完璧な記憶が、彼らの恋愛関係を難しくすることを。

じつはある研究でも、そのことが実証された。自分たちの歴史を間違って肯定的に記憶しているカップルのほうが、より正確に記憶しているカップルより別れる可能性が低かった。

幸せになることに関して言えば、事実より、自分たちに言い聞かせる物語のほうが重要なのだ。つまりクレイジーさが必要だ。

「恋は盲目」であり、また、そうあるべきなのだ。

そして言うまでもなく、理想化がなければ、まずいことが起きる。もしあなたがバージンロードを歩こうとしているなら、クレイジーなほど相手に夢中になったほうがいい。「はい、誓います」と言う前に気持ちがぐらついた女性は、四年以内に離婚する確率が二・五倍になる。男性の場合は、五〇％以上増加するという。

「生涯変わらない愛」は科学的にありえない

単純明快に、理想化は、愛を持続させるのに欠かせない「魔法」のようだ。二〇一〇年のある研究では、「ポジティブな錯覚」が、誰かに対する胸のときめきを維持する唯一の予測因子であることがわかった。

それなら、ポジティブな錯覚は「すべてを克服」できるのだろうか？　そしてそれは持続するのだろうか？　答えはイエスだ。

しかしそれは、「ええ、もちろん、私たちはとても愛し合っています」とアンケートに即答する人たちを意味するわけではない。人びとが反射的にそう答えることは察しがつくだろう。お約束の反応だから。

そうではなく、社会神経科学者のビアンカ・アセベドは、二〇一二年に、結婚生活が平均二〇年以上におよぶ夫婦を対象に、ｆＭＲＩによる脳スキャンを行なった。被験者に配偶者の写真を見せると、一部の夫婦は、最近恋に落ちた人びとと同様の神経反応を示した。

しかも聞いてほしい、ロマンチックな愛は続くだけでなく、「さらに望ましい愛」になることさえあるとわかった。それらの夫婦には、たがいに恋心を持っていることを示す神経信号が見られただけでなく、新しい恋につきものの不安感がまったく見られなかった。つまり、ネガティブな狂気は微塵もなく、ポジティブな狂気だけだったのだ。そう、たしかにそれは持続する……。

しかし、そのような夫婦は例外で、通常はなかなかそういかない。ほとんどの場合、ロマンチックな愛は一二〜一八か月で失われる。そのことは、fMRI画像や血中セロトニン数値、調査データなどから確認できる。〝中毒者〟たちは〝薬〟に慣れて、高揚感が薄れてしまうのだ。

たしかに無理からぬことだ。誰だって、いつまでも熱々ラブラブの狂人みたいに走り回れない。頭が爆発して、世界が燃え尽きてしまう。

アイルランドの劇作家、ジョージ・バーナードショーはこう言った。

「二人の人間が、最も激しく、最も狂気をはらみ、最も幻想的で、最もはかない情熱の影響下にあるとき、その異常で疲弊する興奮状態を、死が二人を分かつまで維持すると誓うことを要求される」

頂点に達した心の高揚が、すべての者にとって永遠に続くというのは、かなり現実離れした話だ。

物理的宇宙と同様に、愛もエントロピー増大の法則（「秩序あるものは無秩序へ」という自然の摂理）によって、エネルギーの質が低下していく。熱狂は平均に回帰する。恋愛小説でこの部分は語られないが、コメディアンたちはネタにする。

「結婚前に同棲しないほうがいい」が正しいワケ

一方で、この事実を知っておくのは良いことだ。必ずしもあなたに非があるわけではないし、感情が次第に薄れていくのは普通のことだ。それでもやっぱり悩ましい。長期間交際している約一一〇〇人を対象にした調査で、カップルの関係にとって最大の脅威は何だっただろうか？それは〝消えゆく情熱〟だった。

結婚生活の最初の四年で、満足度は平均して一五～二〇％下がる（もし給料だったらと想像してみてほしい）。結婚して二年後、大半の人は個人的にどのくらい満足しているのだろう？ミシガン州立大学のリチャード・ルーカスは、人びとが結婚前と同程度に幸せであることを発見した。平均への回帰。エントロピーの法則だ。

同棲していたカップルは離婚する確率が高いとする研究報告を聞いたことがあるだろう。その理由の一つは、結婚する前に、熱狂的な愛の期間を燃焼し尽くしてしまうからだ。夫婦になったときには、すでにエントロピーの増大が始まっている。

しかし、情熱が薄れることは、必ずしも完全な破滅を意味するものではない。ほとんどのカップルは、クレイジーで情熱的な愛から、「友愛」と呼ばれるもの――激しい感情はないが、もっとうちとけた、永続的な安らぎ感――に移行する。ただし「理想化」は失われる。二〇〇一年の研究では、カップルが婚約から結婚へ移行すると、「理想化した歪み」が半減することがわかった。恋愛の宿敵である「現実」が台頭してくるからだ。

このことは、社会学者のダイアン・フェルムリーによる、同氏が「致命的な魅力」と呼ぶものに関する研究でみごとに実証されている。最初は魅力的だと思って惹かれた相手の特徴は、否定的に思えるものに変化することが多いと言う。「のんびり屋」が「怠け者」に、「強い」が「頑固」に、「気づかいがある」が「粘着質」にといった具合だ。調査されたカップルの半数近くが、このような経験をしていた。

また、結婚して四年後に、相手の身勝手さへの不満が二倍以上になるという調査結果も出ている。理想化の減少を考えれば、少しも驚くことではない。

そして、理想化が減るということは、「代替候補の減衰効果」も低下することを意味する。あなたの脳には、パートナーに代わりうる魅力的な異性がそのまま魅力的に見えるようになる。

その一方で、結婚生活が続くにつれ、性行為はほとんど不可避的に減少していく。またも、恋愛小説はこのことに触れないが、コメディアンは語る。コメディアンを信じよう。ほとんどのカップルは、週に二〜三回性行為をする。しかし世界的に、結婚生活が長くなるほど、性交の回数は減っていく。

実際、結婚して一年経つと、その回数は平均で五〇%減少する（結婚は数十年におよぶ『アイズ・ワイド・シャット』のようなパーティーだと期待していると、とてもがっかりすることになる）。

夫婦間の悩みに関連するグーグル検索の一位は？「セックスレス」である。既婚者の一五%は、六か月以上性交をしていない（そして、もしあなたが世界の格差に心を痛める人なら、一五%の人が、世界の性交の五〇％を占めていることは注目に値する）。

そう、結婚生活でロマンチックな愛を持続させるのは並大抵のことではない。だがじつは、現実はさらに厳しい。生存者バイアスを忘れてはならない。ここに挙げた既婚者を対象とした研究は、あくまでも、結婚生活が存続している人びとを調査している。すでに結婚生活が破綻した人は対象に入っていないのだ。

極端な愛エロトマニアからわかること

悲しいことに、通常の恋愛は、そのもっと病理学的な変種であるエロトマニア妄想症（自分が相手に愛されていると一方的に信じ込んだ状態）ほど持続しない。断わっておくが、この病気はセックスだけに関するものではない。エロトマニアは、最も極端な愛の形態で、精神障害として認定されている。

エロトマニアの人は、ストーカー行為をすることもあるが、人を傷つけたり、深刻なトラブルを起こしたりすることはほとんどない。患者の大半は女性で、有名な男性が自分に夢中になっているという妄想を信じている（男性にしてみれば女性と面識がなく、その存在をまったく知らないにもかかわらず）。

精神疾患の診断マニュアル（DSM）では、妄想性障害に分類されている。ごく普通の恋愛より明らかに妄想的だが、エイリアンや妖精が見える類ではない。

皮肉にも、この障害の人たちは、恋人の資質として称賛されるものをすべて備えている。「ロマンチック・コメディ障害」と呼ぶべきかもしれない。彼らはけっして諦めず、ひたすら信じ、愛はすべてを克服すると思い込んでいる。究極のロマンチストなのだ。

その症状は通常、慢性的で、治療に対する反応も良くない。最も色あせず、最も長続きする恋愛の形が、本当の精神障害の症例であることは残念だ。しかし、相手がその想いに応えてくれない場合に限り、エロトマニアなのだということは注目すべきことだ。応えてもらえるなら、精神障害ではなく、単に、最高にロマンチックな人ということになる。

でもエロトマニアにはなりたくはない。もし実際の精神障害から選ぶとしたら、それは「感応精神病（フォリ・ア・ドゥ）」だろう（DSM-Ⅳでは「共有精神病性障害」）。二人の人間が妄想を共有する病気である。

一人の妄想がもう一人に感染するのだが、感染しやすくなるのは、両者が親密な関係にある場合で、治療には二人を引き離すことが肝要だ。この病気はおそらく過小診断されている。なぜか？　患者がめったに助けを求めないからだ。たしかに二人でおかしなことを信じているかもしれないが、彼らの妄想は多くの場合、害のないものだ。

「二人にとってだけ意味があるもの」を共有する

私たちは、ごく穏やかな形のフォリ・ア・ドゥ（同じ妄想を二人以上で共有している状態）を目指すべきなのかもしれない。ただし、パートナーと共有するのは、ばかげているが無害な信条や儀式からなる二人だけのユニークな文化だ。

すなわち、理想化された独特の、けれど二人にとっては意味のある世界やその結束を表わす、たわいないが充実した物語。二人以外の人間には、あまり意味を持たないもの。また、意味を持つ必要もないものだ。私の人生で、最もロマンチックな関係もこうしたものだった。きっとあなたも同じような経験をしているだろう。

では、どうすればフォリ・ア・ドゥに近いものを達成できるだろう？　どうすればエントロピーと闘い、理想化を持続させることができるだろう？

ほとんどの恋物語は役に立たない。結婚の手ごわさは、物語が終わったところから始まるからだ。そしてすでに見てきたように、おとぎ話は私たちを惑わす。エントロピーに抗うには積極的な努力が欠かせないとわかっていながら、結婚生活は魔法のように夢見心地で、簡単で、受動的なものだとどこかで信じていることは大問題だ。

恋愛の苦しみはその中毒症状にあるが、ある意味そのほうが楽だ。どのみちあなたの手には負えないからだ。かたや夫婦愛は自らの選択であり、長年にわたって真摯でたゆまぬ努力が求められる。美や健康を保ちたいと思ったら、日々意識して取り組まなければならない。愛もそれと変わらないのだ。

では、どうすればいいだろう？

次の項では、私たちが直面する最大の脅威はエントロピーではないことに気づくだろう。

もっと危険な敵が、目前に迫っている。もし適切なツールがあれば、それを克服することができる。

ところが、私たちは愛に関して、おぼつかない助言ばかり受けてきた。正解は論理的な理性にあるのか、それとも情動的な感情にあるのだろうか？

これは長らく続けられてきた議論で、それを最も如実に示しているのは、奇妙なことにエドガー・アラン・ポーの作品だ。

3　大切なのは情熱？　それとも論理的なアプローチ？

人生とは、結局のところ情熱なのか？　それとも論理なのか？

これは、一七世紀から一九世紀にかけて盛りあがった議論だ。しかし、それらはやがて一八〇〇年代のロマン主義の時代へと道を譲った。ハートやバレンタインデーのような「ロマンチック」という意味ではなく、感情やインスピレーション、無意識がより重要だとする思想だ。啓蒙主義の時代は規則ばかりだったが、ロマン主義の時代は規則を嫌い、感情を重視した。

そして、エドガー・アラン・ポーほどロマン主義を体現した者はいなかった。まるで誰かがダークロマン主義のテーマを書きだし、すべての項目に丸をつけたような人物だった。

「憂鬱な子ども時代」？　イエス。ポーが二歳になる前に、父親は家族を捨てた。母親は、三歳になるまでに結核で死亡。

「飢えた芸術家」？　イエス。ポーは、執筆だけで生計を立てた最初のアメリカ人作家だったが、それは当時、無謀な考えだった（言わせてもらえば、状況は今もあまり変わらない）。

「気難しく、誤解された天才」？　イエス。作品の登場人物は皆、神経質で、妄想的で、悲哀に満ち、執念深く、彼らはポー自身の投影でもあった。

「悲劇に満ちた人生を送り、謎の死を遂げる」？　イエス。ポーの妻は、母親と同様に結核で死ぬ。ポーはその後、錯乱状態で街をさまよっているところを発見され、原因不明の死を遂げた。死亡証明書を含むすべての記録は見つかっていない。

ボーナスポイントとして、ポーはアルコール中毒で、ギャンブル依存症でもあった。けれど、ポーの作品は後世への驚異的な遺産となった。メアリー・シェリーから、アルフレッド・ヒッチコック、スティーブン・キングにいたるまで、誰もが彼の影響を受けたと言うだろう。

ポーの作品は、漆黒のアイラインよりもゴシック風だ。不気味な描写の達人で、その小説や詩は、復讐や仮死状態での埋葬、そのほか、家族との夕食の団らんで話題にならないようなテーマを扱っている。私たちは皆、高校時代にポーを読んだが、はっきり言って、不機嫌で集中力が乏しい思春期に、病的で短めなポーの小説ほどぴったりなものがほかにあるだろうか。

そして、ポーの代表作である『大鴉《おおがらす》（The Raven）』ほど、ロマン主義の時代を象徴するものはないだろう。

『大鴉』は、一八四五年に出版され、即刻絶賛された（ポーが手にしたのはたった九ドルだったが）。エイブラハム・リンカーンはこの詩を暗記していたという。アメリカン・フットボールチームのボルチモア・レイブンズは、この詩にちなんで名づけられた。テレビアニメ、『ザ・シンプソンズ』のハロウィンのエピソードでもパロディにされている。

いろいろな面で、この詩はロマン主義時代の価値観を体現している。愛、喪失、死、そして狂気を扱ったスリリングな読み物であり、感情の遍歴であり、子どもにとっては寝る前の怖いおとぎ話だった。超自然的なものや聖書、古代ギリシャ・ローマの古典にまで言及しながら、様式化された音楽的な言葉で、気味の悪い、感情に訴えるミステリーの網が張りめぐらされていた。

ロマン主義のエドガー・アラン・ポーも仕事ぶりは論理主義だった？

というわけで勝者が決まった。情熱的な才気が、冷徹で客観的な論理に打ち勝つ、そうだろう？　うーん、じつは――違う。ポーは一八四六年に発表したエッセイ、『構成の原理』のなかで、『大鴉』をどのように創作したのか説明している。それは、予想されたものとはまさに正反対の内容だった。

「その構成の一点たりとも偶然や直観には帰せられないこと、すなわちこの作品が一歩一歩進行し、数学の問題のような正確さと厳密な結果をもって完成されたものであることを明らかにしたいと思う」（『構成の原理』エドガー・アラン・ポオ著、福永武彦他訳、東京創元社、二二二頁）

ポーは、さながらイケアの家具に付いてくる組立図のように、機械的で分析的なプロセスを説明している。すべての言葉、すべての句読点は、読者の心に効果をもたらすために、計画的、合理的、体系的に選ばれている。言葉で言い表せないインスピレーションとはかけ離れた、論理的な問題解決である。

詩の韻について論じている箇所は、それこそ数学の方程式を説明しているかのようだ。

「前者は強弱格、後者は完全八歩格であって、第五行の畳句で繰り返される不完全七歩格と交代し、不完全四歩格で終わる」（『構成の原理』二三〇～二三一頁）

正気の沙汰じゃない？ ポーは批評家だったことを忘れてはならない。物語を分析し、冷静客観的に分解することを生業としていた。

また彼は、合理主義ジャンル（もしそのようなものがあったら）である探偵小説の実質的な開祖であるとも言える。アーサー・コナン・ドイルは、けっして感情的でないシャーロック・ホームズの人物像は、ポーの作品から着想を得たとして、その功績を称えている。

というわけで、ロマン主義の根底には、時として啓蒙主義的な思考が隠されている。衝動的な感情は、合理性に屈しなければならない！

ところが……じつはそうでもない。ポーは、論理を用いて、精巧なスイス時計のように『大鴉』を組み立てたと説明した。しかし、ほかならぬT・Sエリオットをはじめとする人びとは、それが真実かどうか疑問視した。今日では、『構成の原理』は風刺的に書かれたものではないかというのが、文学者を含めた多くの人の意見である。

そしてこの説は、あながち極論とは言えない。当時のポーはかなりの悪戯好きだった。彼の最初に出版された小説も風刺だった。さらに、人を翻弄するために偽名を用いるのが大好きで、債権者をかわすためだけでなく、盗作を告発する際にもそうしていた。

誰を告発したのか？　彼自身だった。「オウティス」と名のる執筆者は、『大鴉』は明らかに、『夢の島』という別の詩からアイデアを盗用しているという持論を展開したが、多くの人が、オウティスはポー自身だったと考えている。

オウティスはギリシャ語で何を意味するだろう？「名もなき者」である（ポーの荒らし《トロール》のレベル：エキスパート）。

人との関係――とくにコミュニケーションの面で、情熱か論理かという問題に誰もが悩まされる。情熱が薄れていくときに、炎を再燃させることに集中するのがいいのか、それとも、忙しい家事や生活を支えられる念入りなシステムの構築に力を注ぐべきなのか？　科学的なスキルと心情のバランスを取る方法を見いだすのは至難の業だ。

ではポーの場合、どちらが正解だったのか？　情熱的でひらめきを得た思いつきか、それとも、厳密な論理と体系的な実用主義か。残念ながら、知る術がない。

しかしわかっていることがある。それは啓蒙主義の体系化とロマン主義の情熱の後にやって来た時代の名前だ。何と呼ばれていたか？

「リアリズム」である。

結婚生活の天敵NSOとは？

夫婦カウンセリングは、ナチスがつくり出したとされる。本当の話だ。

発端は、一九二〇年代にドイツで始められた優生学運動の取り組みだ。気休めになるかどうかわからないが、効果はなかった。注目すべき改善が見られたカップルは、わずか一一～一八％だった。『ニューヨーク・タイムズ』紙の記事によれば、カウンセリングを受けた二年後、夫婦の四分の一はさらに修復困難になり、四年後には三八％の夫婦が離婚に至った。

なぜうまくいかないのだろう？

大半の夫婦は、手を打つのが遅すぎる。結婚生活に最初の亀裂が入ってから、実際に助けを得るまで、平均六年もかかっている。でもその時点でも、まだ多少の効果が期待できるはず、そうだろう？　ところがうまくいかない。夫婦が直面する最大の敵が立ちはだかるからだ――NSOである。

エントロピーは時間とともに結婚生活の幸福感を減衰させていくが、誰もがただ直線的に下がっていくわけではない。多くの場合、「相転移」が起こる。水が冷たくなって、さらに冷たくなって、冷たくなって……そして氷になるように、まったく様態が異なるものになる。結婚生活でのそれは、「否定的な感情の上書き（negative sentiment override）」という、いみじくも威圧的な言葉で呼ばれる。NSOとは、言ってみれば愛の大腸にできたポリープのようなものだ。

あなたは、結婚生活に「やや不満」どころではなくなり、ヘンリー八世の後妻たちのように気持ちが高ぶりいきり立っている。自分のパートナーは、密かに人間の皮を被ったトカゲ人間じゃないかと疑っているし、まるで不用品を捨てられずにため続ける人のように、不平不満をため込んでいる。パートナーこそすべての問題の根源で、あなたの一生を台無しにするために、邪悪な力によって送り込まれたのだ。

この場合、理想化は消え失せたのではない――反転したのだ。愛がポジティブな妄想なら、NSOは完全なる幻滅だ。あなたはパートナーに好意的に偏った見方ではなく、否定的に偏った見方をしている。事実は必ずしも変わっていない。あなたの解釈が変わっただけだ。

もはやあらゆる問題が状況のせいではなく、相手の性格的特徴のせいになる。たとえば、今日パートナーがごみを出し忘れたのは忙しかったからではなく、相手がじりじりと自分を狂気に追いこむ酷い人間だからだ、と考えるようになる。

「悪魔化」に陥ると……

これは、著名な心理学者、アルバート・エリスが、「悪魔化」と呼んでいるものだ。「善意の人だが、たまにヘマをする」という相手に対する見方が、「冥界《ハデス》の暗黒の穴で鍛造されたが、まれに良いことをしてくれる」に変わる。そして今やデフォルトが反転したので、昔なじみの確証バイアスが働き、あなたは配偶者の失態を探しだすトリュフ豚と化し、下降スパイラルにさらに油をさすことになる。

ロビンソンとプライスの研究によると、不幸なカップルは、結婚生活にポジティブなことがあっても、その半分しか目に入らないという。あなたの配偶者が、窮地を脱けだそうと何か素敵なことをしても、その半分はあなたに気づいてさえもらえないのだ。

結果、あなたはさらにわめき散らし、それで結婚生活に終止符が？　おそらくそうはならない。なぜなら、怒鳴り合いの喧嘩がエスカレートして離婚にいたる確率は、四〇％に過ぎないからだ。ほとんどの場合、結婚生活は激しいぶつかり合いではなく、泣き言で終わる。

声を張りあげるのは、相手を気にかけているからだ。NSOがいよいよ深刻化すると、もう気にならなくなる。悪魔の子と交渉するのは止めて、相手と交わることなく暮らし始める。そうして少なからず離婚へとつながる。

こうした下降スパイラルは、どのように始まるのだろう？　じつは「秘密」から始まる。何か問題があっても、あなたはそのことを口にしない。相手が何を言うか見当がつくと思うからかもしれない。でもそれは思い込みだ。

それに第一章で述べたように、私たちは人の心を読み取るのが苦手だ。たとえパートナーの心でも。ジョージ・バーナードショーが言ったように、「コミュニケーションにおける唯一最大の問題は、それが達成されたという幻想である」。

そして、時とともにあなたはますます話さなくなり、ますます思い込みが激しくなる。「彼は黙りこんでいるから、怒っているに違いない」とか、「彼女はセックスを断ったから、私を愛していないに違いない」とか。

やがて思い込みがどんどん膨れあがり、あなたはパートナーと会話するのではなく、相手が何を言うか「わかっている」自分自身とだけ会話をするようになる。また、彼／彼女は知っているはずだからという理由で、説明を求めたり、言葉にしたりしないということもある。

結婚生活の特効薬は喧嘩

しかしこの地球という惑星では、声に出さなければ、相手に届かない。感情のゴミの埋立て地が増えていき、あなたは夫婦関係の命運を左右する不満の複利を回収する。そしてあなたの結婚生活は、ガラス戸めがけて飛んで行く鳥のごとく、破綻へ向かって一直線……。

だから、コミュニケーションを取らなければいけない。言い古された言葉だが、これは真実だ。

コミュニケーションは非常に重要なので、実際、内気な性格だと結婚生活の満足度が低くなるという相関関係がある。しかし、平均的な共働き夫婦は、週当たりの会話時間が二時間以下だという。もっと話さなくちゃ……。

なんなら、喧嘩でもいい。どうしてかというと、喧嘩ではなく、争いを避けることが、結婚生活に終止符を打つからだ。新婚夫婦を対象にしたある研究によると、初期の段階では、言い争いをしない夫婦のほうが結婚生活に対する満足度が高かった。ところが三年後に再び調査すると、そうした夫婦のほうが、離婚に向かっている可能性が高いことがわかった。

また、一九九四年の論文によれば、三五年後にまだ幸せな結婚生活を送っているのは、熱のこもった口論をする夫婦だけだったという。意外なことに、ネガティブな感情の閾値《いきち》が低いことは、結婚生活には良いことなのだ。何か気になることがあれば、それを話題にし、対処できる可能性が高くなる。人間関係研究の第一人者、ジョン・ゴットマンはこう述べている。「もし彼ら（夫婦）が口論をしない、できない、しようとしないのであれば、それはもう赤信号だ。もしあなたがパートナー関係にある人と大喧嘩をしたことがないのなら、できるだけ早くしたほうがいい」

人は何を言われたかは忘れるが、そのときの感情は忘れない

継続的な問題の六九％は解決されない。いや、あなたを落ち込ませようとして言っているわけではない。肝心なのは、何を話すかより、どう話すかということだ。

誰もが、話の明確さがポイントだと思っているが、その実、ほとんどの夫婦の話は（会話をしていれば）、かなり明確であることが研究で示されている。

それから、問題解決が大事なわけでもない。なぜなら、進行中の問題は、三分の二以上の確率で解決されないからだ。ゴットマンが指摘するように、重要なのは、問題が解決しないときにもたらされる影響なのだ。

つまり、争いをどう解決するかではなく、どう規制するかが肝心だ。戦争は避けられないが、ジュネーブ条約で定められた規則に従わなければならない。化学兵器を使ってはいけない。捕虜を拷問してはいけない。

活動家のマヤ・アンジェロウはかつてこう言った。

「人は、言われたこと、されたことを忘れてしまうけれど、そのとき相手に抱いた感情はけっして忘れない、ということを私は学んだ」

彼女は正しい。夫婦を対象に、最近、意見が衝突したことについてアンケートを取ると、二五％の確率で、何のことで言い争ったのかさえ覚えていない。しかし、そのとき自分がどう感じたのかは覚えている。それこそが、結婚生活に影響を及ぼすのだ。離婚した人に、前の結婚生活に関して改善したいことは何かと尋ねると、一位は、「コミュニケーション・スタイル」だった。

そこで、ジョン・ゴットマンの研究をもとに、「夫婦間のコミュニケーション・スキルを学ぶ速習講座」を開くことにする。ゴットマンはその研究成果により、三年後にどの夫婦が離婚するかを九四％の精度で予測することができ、他の追随をまったく許さない。〝結婚のラッシュモア山〟に同氏の顔を彫るべきだろう。ゴットマンは、問題の診断には啓蒙主義時代の論理が必要だが、最終目標とすべきなのはロマン主義時代の感情であることを知っている。

ゴットマンは、結婚生活において離婚を予測するのは、ネガティブな感情の量ではなく、その種類だと気づいた。私たちはこれを「トルストイ効果」と呼んでいる。トルストイは『アンナ・カレーニナ』のなかで、「幸福な家庭はみな似ているが、不幸な家庭は、それぞれ異なる理由で不幸である」と書いている。

ところが幸いにも、トルストイは間違っていた。結婚に関しては、その逆なのだ。幸福な夫婦は、フォリ・ア・ドゥのように二人だけのユニークな文化をつくり上げる。しかし、ゴットマンが発見したように、不幸な夫婦は皆、同じ四つの間違いを犯すのだ。つまり、それらを学べば、危険を回避することができる。

離婚につながる4つの地雷

「ヨハネの黙示録の四騎士」に擬《なぞら》え、ゴットマンが「四騎士」と呼ぶこの四つの問題は、じつに八三・三%の確率で離婚を予測する。

1．人格に対する批判

不満を言うことは、じつは結婚生活にとって健全なことだ。そうすることで、「秘密」が昂じ、思い込みが膨れあがって「ネガティブな感情の上書き（NSO）」につながるのを防ぐことができるからである。

致命的な問題になるのは、相手の人格を批判することだ。不満とは、「あなたはゴミを出さなかった」と言うこと。批判とは、「あなたがゴミを出さなかったのは、酷い人間だから」と言うことだ。前者は事象に関するもので、後者は相手の基本的な人格に関するものになる。事象なら、修正することができる。

人格を攻撃することは、あまり良い結果につながらない。不満は「I」で始まることが多く、批判はだいたい「You」で始まる。「あなたはいつも」で始まる言葉が、「私をとても幸せにしてくれる」で終わらないなら、それはおそらく批判であり、配偶者が猛反撃に出ることが予想される。

だから批判は、不満に変えよう。相手のことではなく、事象を取りあげよう。もっと良いのは、不満を、達成すべき「目標」、または解決すべき「問題」ととらえることだ。批判は、男性より女性が行なうことが多い。でもご安心を。男性がよく引き起こす問題については次に取りあげる。

2．拒絶《ストーンウォーリング》

さあ、男性が口論の際にやりがちで、離婚を強力に予測する行動を紹介しよう。拒絶は、パートナーが持ちだした問題に対してダンマリを決めこんだり、無視したりすることだ。

たしかに、口をつぐむ好機を逃したくないと思うことは人生で何度もあるが、こうした行為は、「あなたやあなたの心配事は、私にとって対処するほど重要ではない」と伝えているのと同じだ。だから争いは減るどころか、ほとんどの場合、激化する。

多くの男性にとって、この問題は、じつは生理的なレベルで作用していることをゴットマンは発見した。男性のアドレナリン濃度が急上昇すると、女性のようにすぐには基準値に戻らない。解決策は、長めの休憩を取ることだ。口論がヒートアップし過ぎたら、二〇分後にまた再開しようと相手に言おう。それまでには、闘争・逃走反応のホルモンが通常のレベルに低下するだろう。

3. 自己防衛

ゴットマンの定義によれば、自己防衛とは、「問題は私ではなく、あなたにある」と伝えるあらゆる態度のことだ。その性質上、当然、争いをエスカレートさせる。火を消すために、放火魔を招いているようなものだ。

責任を否定（転嫁）すること、言い訳をすること、同じことをくどくど言うこと、あの忌まわしい「そう《イエス》だけど《バット》……」話法を使うこと――これらはすべて自己防衛の例である。反撃したり、はぐらかしたりしないこと。相手の話によく耳を傾け、相手の言う問題点を認め（あなたから見て、それがどんなにばかげていようと）、争いをエスカレートさせないように自分の番になるのを待とう。

四番目は、ほかと一線を画すカテゴリーだ……。

4. 軽蔑

「軽蔑」は、ゴットマンが発見した、離婚の最大の予測因子だ。軽蔑とは、パートナーが自分より劣っていることを暗示するあらゆるもので、相手を罵る、嘲笑する、侮辱するなどの行為はすべてその例だ。とくにアイローリング（目を上に向け、片側から反対側に弧を描くように動かす）は、結婚生活で最もやってはいけない仕草の一つで、そのことはデータで裏づけられている。

幸せな結婚生活では、軽蔑はほとんど見られない。ゴットマンは軽蔑を「愛にとっての硫酸」と言っている。早い話が、それはNSOへの道にほかならない。絶対にやめよう。

口論は「最初の3分」の態度がすべてを決める

さて、ここで非常に現実的な話をする。あなたは、この章のすべてを記憶にとどめるわけではないだろう。ほかのことは忘れてしまっても、どうかこれだけは覚えておいてほしい。「口論をどのように始めるかは、超極めつけに重要」ということだ。

ゴットマンは、口論の最初の三分間を聴いただけで、その結末を九六％の精度で予測することができた。単純明快なことだ。険悪なスタートを切れば、険悪な結末を迎える。さらに口論の結末のみならず、離婚の可能性まで予測できた。

もしあなたが、パートナーと喧嘩になりそうな問題を提起するとわかっているなら、まずはじめに深呼吸をする。批判をするのではなく、不満を伝える。中立的に説明する。肯定的に話し始める。相手が間違っていて、あなたが正しいかもしれないが、先制攻撃することで、状況を必要以上に難しくする必要はない。

やれやれ、覚えておくことが山ほどある。しかも、かん高い声も上がる混乱のなかで、ちゃんと実行するのはさらに難しい。でも大丈夫、完璧な人などいない。幸せな結婚生活でも、最初の三騎士は例外なく現れる。

「四騎士は八三・三％の確率で離婚を予測する」と、言ったのを覚えているだろうか？ そう、八三・三は一〇〇ではない。そして一〇〇％に達しない理由は、ゴットマンの言う「修復」のおかげだ。

修復とは、口論の最中でもたがいになだめ合ったり、認め合ったり、笑い合ったりして愛情を示すことだ。あるいは相手の手を取る、冗談を言う、こうしたふるまいが、エスカレートを抑制する。

たくさんの騎士が馬を乗り回している夫婦でも、修復ができれば幸せで安定した結婚生活を送ることができる。ネガティブな感情の上書き（NSO）が致命的である理由の一つは、それによってパートナーの修復の試みが目に入らなくなってしまうからだ。つまり、衝突する車にブレーキがなくなるということだ。

そもそも相手に「大人であること」を期待してはいけない

ここまでの要点を網羅的に見て、気をつけるべきものは何だろう？ ゴットマンは、結婚生活における友情の重要性を強調する。そのとおりだ。

でも、作家のアラン・ド・ボットンの「（パートナーを）子どものように扱う」という考え方は、さらに役に立ち、心に留めておくべきだと思う。

いや、子どもに対するように上から目線の態度を取ってはいけない。しかし、パートナーがいつも有能で感情的に安定している「大人」であることを期待してしまうから、多くの問題が生じるのだ。

あなたのパートナーはそのような「大人」ではない。私も、そしてあなたもそうではない。風刺漫画家のキン・ハバードがかつて言ったように、「男の子はどこまでも男の子で、多くの中年男性もしょせん男の子なのだ」。

子どもがうろたえているときに自然とあたえる寛大さや思いやりを相手に示すことは、引き起こしがちな問題の多くを回避するシンプルな方法だ。私たちは、子どもが悪意を持って行動しているとはあまり考えない。彼らは疲れていたり、お腹が空いていたり、不機嫌だったりするに違いないと考えるものだ。じつは、これは誰に対しても使える優れた方法なのだ。

相手がつねに合理的だなどと期待してはいけない。ヨーク大学教授で哲学者のトム・ストーンハムは、論理学を教えるときに必ず、「これを家で使わないように。さもないと不幸な独身者になってしまいます」と言う。

五歳の子どもが大声であなたに悪態をついたからといって、すぐに怒鳴り返したり、「うんこ頭《プーピーヘッド》」と罵ったりはしないだろう。相手が子どもの場合、私たちは普通、感情を情報として扱う。これは素晴らしいアプローチだ。しばし判断を保留し、相手の話を聞き、目の前の本質的な問題に集中する。すると、はるかに寛大な気持ちになれる。

そうやってポジティブな感情を注入することにより、すべてが変わる。大人でいるのは大変なことだが、誰かがそのどえらい責任から解放してくれて、私たちの中身はいつも少しばかり不機嫌な子どもなのだと気づいてくれると、奇跡が起こる。

そしてこれは単なる推測ではない。二〇〇一年の研究によると、口論の際にパートナーを思いやれる人びとの場合、喧嘩の回数は三四％少なくなり、時間の長さも半分にとどまったという。

夫婦間ではポジティブとネガティブの比率を五対一にせよ

見事な効果だ。もう終わりにしようか？　いやいや、そうはいかない。

ネガティブな感情や喧嘩を減らすだけではまだ足りないのだ。それだけでも、結婚生活はまずまずOKの状態にはなるかもしれないが、素晴らしいものにはならない。研究によると、ネガティブな要素はたしかに害を及ぼすが、じつはポジティブな要素を失うことこそが、結婚生活を破綻へと加速させることが明らかになった。

具体的に言うと、ゴットマンは、夫婦間ではポジティブな要素とネガティブな要素の比率を五対一に保つことが最も重要だと気づいた。

だから、ネガティブな要素自体の量は、それほど重要ではない。それを補うだけの楽しい時間があれば、夫婦の関係はうまくいくのだ。離婚へ向かう夫婦は、ポジティブな要素とネガティブな要素の比率が〇・八対一になっていることが多い。ただし、ネガティブな要素があまりに少ないのも問題だ。もし一三対一になっていたら、おそらくコミュニケーションが十分に取れていないのかもしれない。

もっと話さなければ。口喧嘩もしなければ。バランスが大切だ（面白いのは、その比率が人間関係によって変わること。友人関係ならポジティブとネガティブの比は八対一である必要がある。義理のお母さんとの関係なら、本当に一〇〇〇対一なのだ）。

そこで次の目標は、ポジティブな要素を増やすことだ。機能的な人間関係に、気分が上がるファンクをとり入れるときが来た。私たちが目指すのは、フィンケルの言う「オール・オア・ナッシング」の結婚の「オール」版なのだから。

しかも、私たちはただポジティブな要素を少しずつ増やしたいわけではない。NSOのような相転移を求めている——ただし、今度は逆方向への相転移だ。あの愛の魔法である理想化を取り戻すことを望んでいるのだ。つまり、確証バイアスを味方につけたい。真新しいピカピカのバラ色眼鏡で。

じつは、このことで私は興味深い立場に身を置く。私はつねづね、事実やデータに基づいて合理的に判断すべきだと言っている科学オタクだ。

ところが今、私たちにはロマン主義がいくらか必要だ。それはすなわち妄想、愛の魔法である理想化である。世界は過酷なので、より素晴らしい真実をともにつくり出すために幻想が必要なのだ。

これは、私にとっての新境地だ。なんせバイアスの破壊者から庇護者に変貌しなければならない。夏休み映画のキャッチコピーが目に浮かぶ。「破壊すべく作られし者が、今やそれを擁護しなければならない」（頭のなかで今、『ターミネーター2』のテーマが流れているのはなぜだろう?）。

では、どうすればポジティブな要素を増やし、愛の魔法を新たにかけることができるのだろう?

まさにそれをしなければならない人物を、次に見てみよう。

4 愛は工夫しなければ続かない。ならば工夫するしかない

想像してみてほしい。明日の朝、あなたは一九九四年だと思って目覚める。その年、あなたもパートナーも三一歳だった。テレビドラマの『フレンズ』が始まったばかりで、映画では『ライオン・キング』が興業収入第一位。

しかしもちろん、起き上がってみると、カレンダーには断じて一九九四年と書いてない。鏡を見れば、そこに映るあなたは、三一歳より明らかに何十年か老けている。それにパートナーとは――今や結婚している（ついでながらおめでとう）。しかし、あなたは一九九四年から今までの出来事を何一つ覚えていない。いったい何が起きたのか訳がわからず、ひどく困惑するだろう。

しかも、これが毎日自分に起こると思ってほしい。毎朝、一九九四年だと思ってスタートするが、その年から現在までに起こったことについて記憶がまったくない。あなたには、「前向性健忘」と呼ばれる症状がある。いや、映画『ボーン・アイデンティティ』の主人公、ジェイソン・ボーンの症状とは異なる。ジェイソンには、ある時点以前の過去の記憶がなく、「逆行

性健忘」という症状だ。

前向性健忘はその反対で、ある時点以降の新しい記憶、少なくとも長く持続する記憶を作れない。記憶はだいたい一日で消えてしまう。世の中では普通にやっていけるが、明日になれば、前日の記憶は何も残っていない。あなたはあれをした、これをしたと人から言われ、その言葉を信じるしかない。映画『メメント』の主人公を思い出したなら、大正解だ（この映画は、カリフォルニア工科大学の神経科学者たちから、非常に正確だと評価されている）。

映画ばかり引きあいに出して恐縮だが、さまざまな形の記憶喪失は、フィクションでは珍しくないものの、現実にはかなり稀《まれ》で、しかも多くは一過性のものだ。大半の人にとってこれと似た経験と言えば、せいぜいカクテルの飲み過ぎで一時的に記憶喪失になることくらいだ。

しかし先ほどのあなたの、記憶が一九九四年時点で止まっているケースは違う。慢性的な障害だ。そして「非常に優れた自伝的記憶（ＨＳＡＭ）」のところでも見たように、記憶に関しては、専門家でさえわからない部分が多い。医師にもまだ治療する術がないのだ。

だから、前向性健忘のあなたにとってこの本を読むのは無駄というものだ。明日になれば、今日読んだ内容を何一つ覚えていないからだ。良いことは、好きなテレビ番組の内容を、何度見ても新鮮に楽しめること。

人づき合いは難しくなる。一九九四年までに会った人でない限り、たとえ毎日顔を合わせても、あなたにとっては見知らぬ人のままだ。気まずさや相手の期待には気づくものの、彼らがなぜあなたのことを知っていると思うのかはわからない。それが毎日のことだ。

だがありがたいことに、自分の筆跡は信じられる。あなたは、たくさんのメモ書きを自分に残している。それを頼りに何とか生きていけるのだ。それでも、外出はつねにリスクと隣り合わせだ。記憶が一日と持たないこともあれば、たった数分で完全に『ファインディング・ニモ』のドリーのようになってしまうこともある。

そして、明日もまたこんな感じだろう。いや毎日続く。あなたはいつも一九九四年のまま目覚めるが、世界はずっと先に進んでいるのだ。

新しい記憶をいっさい作れない女性

幸い、これはあなたの人生ではない。しかし、ミシェル・フィルポッツという女性の実生活だ。九〇年代半ばまでに二度の自動車事故に遭って以来、彼女は発作を起こし、記憶力が低下し始めた。そしてある日を境に、一日以上持続する新しい記憶を作れなくなってしまった。たしかに悲劇的ではあるが、悪いことばかりではなかった。ミシェルは一人ではなく、夫のイアンがいてくれる。いや、じつはもう少し微妙で、一九九四年の時点では、イアンは交際相手だった。だから毎朝、彼女の目に入るイアンは、まだ恋人（一夜にして格段に老けてしまった）なのだ。しかしイアン自身や世界じゅうの人びとにとって彼はミシェルの夫であり、もう二〇年以上も連れ添っている。

だから、イアンは彼女に思い出させる必要がある。それも毎日。まあ実際には、「思い出させる」ではないが……彼女には記憶がないのだから。

イアンが「僕たち、結婚してるんだよ」と言い、ミシェルが「ええ、そうね！」と答えるわけではない。彼が「僕たち、結婚したんだ」と言うと、彼女は「本当に?!」と尋ねる。そこでイアンは、昨日もそうしたように、結婚式のアルバムを取りだす（記憶喪失を扱った映画の話の続きで言えば、アダム・サンドラーとドリュー・バリモアの『五〇回目のファースト・キス』を思い浮かべたあなたは大当たりだ）。

そして、イアンはとても説得力があるに違いない。毎日、ミシェルに自分の話を信じさせるのだから。考えてみてほしい。毎朝配偶者に、本人の認識は間違っていると納得させなければならないことを。

彼が吹き込む内容は真実なのだが、ミシェルにすれば、最初は手のこんだ悪ふざけにしか見えないだろう。たしかに鏡を見れば、自分がもはや三一歳でないことはわかるが、心情的にはとても受け入れ難いはずだ――誰もが「現実」と呼び続けるこの事態を。

「記憶」のさまざまな種類

記憶がなくなってしまっても、愛は存続するのだろうか？

この質問に自信を持って「イエス」と答えられることを嬉しく思う。ここでの科学がまた興味深い。ＨＳＡＭの話で見てきたように、あらゆる記憶力が均一なわけではない。ＨＳＡＭの人びとの場合、抽象的事実に対する記憶（意味記憶）は人並みだ。しかし、個人的な出来事は完璧に記憶している（エピソード記憶）。

これらの記憶はそれぞれ別個のもので、脳のなかで分かれている。ジェイソン・ボーンは格闘技の技を忘れていないし、その正確さも衰えていない。逆行性健忘の場合、人びとは過去を忘れるが、歩き方や運転の仕方、そして、ジェイソンなら相手のぶちかまし方といった「手続き記憶」は失われない。

ミシェルの場合、新しい「意味記憶」と「エピソード記憶」を作る能力を失っているが、「手続き記憶」のほうは問題がない。スマホのパスワードは覚えていないかもしれないが、数字を打ち込むパターンを指が記憶している。

しかも、記憶の種類はここに挙げた三種類だけではない。素晴らしいことに、私たちには「情動記憶」もある。前向性健忘では、事実や出来事の記憶は定着しないが、愛の感情は記憶に残り、それをさらに育むことも可能だ。幸運にも、ミシェルは九〇年代にイアンと育んだ愛を覚えている。だから、そうした感情の記憶をいっそう倍加させることができる。

ただし二人の物語の事実だけは、毎日記憶を新たにしなければならない。だから明日の朝もまた、イアンは結婚式のアルバムを取りだし、二人の愛の物語をミシェルに辛抱強く話して聞かせるだろう。

もしかしたら、イアンが物語を微調整する日もあるかもしれない。もちろん故意にではない。でも当然彼は編集したり、要約したりするので、どうしても物語に変化が生ずる。ある程度の書き換えが間違いなくあるが、それは単に、イアン自身の脳が物語の書き直しをしているからだ。

過去を少し書き換えられるものなら、是が非でもそうしたいとあなたは思うだろう？　二度目のチャンスだ。パートナーと新鮮で新たな愛の物語を生きるための。

お互いの想いはつねに変わらずあるのだが、それらをいっそう揺るぎないものにする、新しく改良された物語を想像してみてほしい。二人の愛を毎日再燃させるものだ。言ってみれば、愛について思い起こし、書き直す儀式。たとえ小さな残り火でも、手入れをすれば再び燃えさかる炎になる。生まれ変わった不死鳥のように。

あなたは前向性健忘ではないかもしれないが、だからといって、これがあなたに当てはまらないわけではない。あなたも自分のラブストーリーを思い出すだけでなく、それを改良することができる。新たに書き直された物語が、あなたに希望と力をあたえることもまた真実だ。

変わらぬ関係でいるには、変わらなければならない。そうしてあなたは、大切な人と何度も何度も恋に落ちるのだ。

愛を科学的にあたためなおす「四つのR」

ロマンチックな愛には、除細動器が必要だ。そう、心臓が止まったり、不具合になったときに正常な動きを回復するあれだ。私たちはあの魔法を取り戻したいのだ。恋愛したてのころの、あの物語、あの理想化を。

そして、そうすることは可能なのだ。

すでに見てきたように、MRIを用いた調査で何組かの夫婦は、理想化を何十年にもわたって維持していることがわかった。でもどうやって?

ありがたいことに、宇宙はバランスで成りたっている。たしかにNSO（ネガティブな感情の上書き）は怖ろしいが、PSO（ポジティブな感情の上書き）というものもある。これは理想化や愛の魔法、そして〝必ずしも真実ではないが、とても素晴らしい物語〟を表わす洒落た呼び名だ。

NSOの黄泉《よみ》の国に囚われた人がネガティブな見方に偏り、たえずパートナーのあら探しをしているとすれば、PSOが身についた人は、朝目覚めるや、パートナーや二人の関係の良いところ、素晴らしいところをすべて確認しようとする。そして彼らの認識において、ポジティブなことはことごとく永続する。

第三章の冒頭では気が滅入るような統計を大放出したが、ここでは良いこと——または、少なくとも腕まくりして頑張れば良くなること——をたくさん取りあげる。ポジティブな要素とネガティブな要素の比率を五対一にするだけでなく、パートナーとの関係を、PSOというポジティブに偏った素晴らしい状態に近づけるの手法を紹介しよう。

ゴットマンの四騎士に倣い、四つのステップにより目標を達成する。このステップを「四つのR」と呼ぶ。

- **自己拡張で想いをリキンドル**（再燃させる）
- **「愛情マップ」で、親密さをリマインド**（思い起こす）
- **「ミケランジェロ効果」で、親密さをリニュー**（更新する）
- **共有の物語を何度も何度もリライト**（書き換える）

愛するとは動詞である。だから、動詞化を始めよう。

1．リキンドル：自己拡張で想いを再燃させる

社会心理学者のベンジャミン・カーニーとナンシー・フライは、二〇〇二年の研究で、夫婦間の全体的な関係満足度は、最近の感情とより深く関わっていることを発見した。当然といえば当然だが、最近の感情は果たしてどのくらい重要なのだろう？　じつは八倍も重要なのだ。

イアンは毎朝、夫婦間の想いを新たにしている。私たちも、そうした情動記憶のフィードバック・ループを起動させたいのだ。

ではどうやって？　相手に対して、ただ漠然と温かい気持ちでいることを選択するわけではない。ここで登場するのが、「自己拡張」という概念だ。エントロピーのせいで、あなたとパートナーは努力してそれに抗い、ともに成長するか、さもなければ、心がだんだん離れていくかのどちらかしかない。

離婚の理由として最もよく挙げられるものは、喧嘩でも浮気でもない。夫婦の八〇%が、「親密さの喪失」だと答えている。私たちはよく、「愛のおかげで自分たちが成長し、学び、可能性が拡がっているように感じる」と口にすることがあるが、じつはこのこと自体が、愛の生みの親の一つであるとわかった。

社会心理学者のアーサー・アロンとゲイリー・ルワンドウスキーは、カップル(夫婦、恋愛関係)が、ともに学んで上達していると感じられることをやっていると、愛が増すことを発見した。退屈によって愛が冷めてしまうように、パートナーが自分をより良い、より面白い人間にしてくれていると感じると、相手への愛がいっそう深まるのだ。

二人でいっしょに刺激的で挑戦的なことをすると、自己概念が広がり、気分が高揚する。方策はいたって簡単で、デートを止めないことだ。つき合い始めたころ、いろいろな楽しいことをいっしょにしただろう。それは恋愛の原因ではなく、結果だとおそらく思っていただろうが、じつは両方なのだ。せっかく相手と緊密なひとときを過ごしても、ともに退屈する時間を増やすだけなら意味がない。

アロンとルワンドウスキーの調査結果でも、何か刺激的なことをする必要があると示されている。いわば退屈を防ぐためのエピペン(アナフィラキシー症状を和らげる自己注射薬)なのだ。その一〇週間の調査では、毎週何か「快適」な活動をした夫婦と「刺激的」な活動をした夫婦の比較を行なった。「快適」組は敗北した。ダンスやスキー、コンサートへ出かけた夫婦に見られた結婚満足度の高まりが、ディナーや映画を楽しんだ夫婦にはほとんど見られなかった。

コンサート、スキー、障害物競争、SM

別の研究では、マジックテープで足首をつないだカップルに障害物コースを完走してもらった。すると、関係満足度が大幅に上昇した。私たちにはふれ合いや挑戦、活動、遊びが必要なのだ。心理学者のエレイン・ハットフィールドが的確に言い表している。

「アドレナリンは、愛情を深める」

しかし、アドレナリンはどのようにして愛を高めるのだろう？　それは犯罪的と言えるほど過小評価されている「感情の伝染」という概念によるものだ。私たちは高揚感を覚えると、たとえ直接の原因でなくても、近くにあるものと関連づける。その作用で「パートナー＝楽しい」と感じれば、相手の存在をもっと楽しむことができる。おまけに周囲の状況に仕事をさせる分、多少の怠惰も許される。

だからコンサートに行こう。ジェットコースターに乗ろう。おとぎ話のようなことがしたい？　いいね。いっしょにドラゴンと戦おう。

実際、何であれ強い感情が、愛を高めることがある。人質が拘束犯に好意や共感を抱くようになる現象、「ストックホルム症候群」がよく引き合いに出されるが、これは事実だ。一九七三年、ストックホルムで実際にあった監禁事件では、人質のうち二人が犯人と強い関係を築いた。そして多くの人は忘れているが、実際に犯人と婚約したという報道もあったほどだ

（その後、誤りとされた）。

自分にとって有害な人間関係に留まる人がいるのも、こうした現象によるのだろう。本人は気づいていないかもしれないが、彼らにとっては、人生にドラマや喧嘩があるほうが、毎晩テレビを見続けるより望ましいのだ（もちろん、私はそれを推奨しているわけではない。念のため書き添えると、喧嘩後の仲直りの性交に関する研究もあるが、誇大宣伝に応えるほどのものではない）。

「自己拡張」の活動は、関係満足度を高めるだけでなく、性欲も高めることは複数の研究で明らかになっている。いっしょに刺激的なことをしたカップルは、普通のことをしたカップルに比べて、その週末にセックスする確率が一二％高かったという。

そしてセックスと言えば、もっと見直そう。現在の回数に満足している人は、女性で五八％、男性で四六％にとどまる（そう、彼らは今学期、性生活の科目で落第点だ）。ジョージア州立大学のデニス・ドネリーは、性交が月一回以下になるのは、不幸と別れの前兆であると報告している。

さらにパートナーとの性交回数が少ないことは、不幸の結果であるだけでなく、その原因でもある。ホルモンにもっと働いてもらって幸せになろう。

アブノーマルになることも怖れないで。二〇〇九年の研究によると、SM活動は親密度を高める。斬新で、刺激的な自己拡張に間違いなくうってつけ——かもしれない。

ともにワクワクし、学び、経験し、成長することで、その時どきに気分が高揚するだけでなく、情動記憶を蓄えることもできる。それらがあなたの愛の物語のシーンになる。

ゴットマンは、そうした感情が軽蔑への解毒剤となると言う。パートナーとの関係で相手への愛着や称賛の気持ちが薄れてしまうと、二人はNSOへの道を辿《たど》ることになる。そしてそれらの感情がなくなってしまったとき――ゴットマンは、セラピストに治療を終了するように助言している。もはや患者を救うことはできないからだ。

「リキンドル」を始める具体的な方法を知りたいだろうか？　初めてのデートだと思って、配偶者といっしょに出かけてみよう。これはお節介おばさんからの陳腐なアドバイスではなく、実際に検証されていることだ。もう一度恋に落ちるには、最初にパートナーと恋に落ちたときにしたことを再びやってみよう。

2．リマインド：「愛情マップ」で、親密さを思い起こす

はいはい、私はズルをした。Rで始まる言葉にしたくて「リマインド」としたが、ここで本当にしたいのは思い起こすことではない。相手のことをもっと深く知り、親密さを築きあげることだ。

二〇〇一年の研究によると、たがいに心を開いている夫婦は、幸せな結婚生活を送っていると答える確率が六二％高くなった。

われらが友、カサノバはかつて言った。

「愛の四分の三は好奇心である」

そしてゴットマンの研究もそれを裏づけている。最も幸せな夫婦は、パートナーについてあらゆることを理解している。ゴットマンは、この深い知識を「愛情地図」と呼んでいる。コー

ヒーの好みから、ささいな悩み、そしていちばん大事な願いや夢にいたる、パートナーに関するさまざまな情報で描かれた地図だ。こうした情報は夫婦の親密度を高めるだけでなく、ゴットマンの言う「予防的な修復」によって争いを減らすのに役立つ。

私たち皆に、心配ごとやセンシティブなこと（合理的であろうとなかろうと）があるが、それらを日ごろから把握していれば、問題になる前に防ぐことができるのだ。というわけで、スマホから顔を上げて、パートナーのことをもっと理解するようにしよう。

コーヒーの好みの飲み方を知るのもいいが、ここでの真の価値は、パートナーがものごとに対して持っている個人的で特異な意味を理解することにある。

相手にとって愛とは何か？　結婚とは？　幸福とは？「心が満たされる」とはどんな状態なのかなど、パートナー特有のものの見方を探ってみよう。もし家事をこなすことが思いやりの重要な表現だと考えているとわかれば、相手が腹を立てているのも不思議でなくなる。そして何らかの対応をすることもできる。

心理学者で夫婦セラピー専門家のダン・ワイルはかつてこう述べた。「パートナーを選ぶことは、一連の問題を選ぶことだ」。しかし、時間をかけて相手を知れば、あなたにとって意味のあることが、相手にとってなぜ意味をなさないかという感情的な理由が見えてくる。そうした理解は、「厄介な問題」を「愛すべき癖」に変えうる。

子どものころに暗闇が怖かったせいで、パートナーが時どきトイレの電気をつけっぱなしにすることを知れば、怠惰なアホに見えていた相手は、容認できる弱点を持つ共感すべき人間になる。

さらに重要なことに、相手にとっての特異な意味を理解することは、永続的な問題、すなわち、解決困難な六九％の問題を克服するカギになるとゴットマンは述べている。ある問題が行き詰まるとは、どういうことだろう？　その問題が、相手にとって重要なものと結びついているということだ。それは価値観だ。あなたにあらゆる憂《うれ》いをもたらす問題自体が、パートナーを深く洞察するための扉となる。

ある事柄が相手にとって真に意味するところを理解すれば、双方の人生観を尊重できる何かを発見できるかもしれない。あるいは少なくとも、パートナーが自分の幸福を妨害しようとしていると考えるＮＳＯのスパイラルに嵌《は》まることなく、お互い相手の立場に配慮できるようになるかもしれない。

ゴットマンが言うように、永続的な問題に対処するには、解決しようとするより、規制することが肝心だ。そして、「同意はできないけど、あなたがどうしてそう感じるのかは理解する」と相手に率直に伝えることができれば、いっそう効果的だ。

価値観のすり合わせをしよう

自分にとっての意味を詳しく説明したり、夢や価値観について話したりすることは青臭く思えるかもしれないが、きわめて重要なことだ。

人生という旅の道づれなのだから、同じ方向を目指したいと思うことが大切だろう？　二人にとって理想の生活とは？　理想の自分とは？

大きな質問だが、それらに答え始めれば、もっと小さな疑問も辻褄《つじつま》が合うようになり、いっしょに生活する風変りな人物のこともだんだん合点がいくようになる。

すべての夫婦はお金のことで言い争う。なぜだろう？　お金とは、価値観そのものだからだ。その人にとって大切なものを数値化したものだ。相手の価値観がわかるようになれば、お金の問題は、ウソのように扱いやすくなる。

パートナーとただ「衝突なくうまくやっていく」だけでは、あなたは物足りないだろう。それではあまりに志が低いというものだ。

ここに書いてきたことをすべて間違いなく行なえば、二人で意味を共有する道が開ける。それが「トルストイの法則」の進化形、つまり、夫婦でつくり上げるユニークな文化、フォリ・ア・ドゥへの第一歩になる。すなわち、二人だけの秘密の言葉、感情の省略表現を持つことだ。

それはたとえば、個人的に深い意味が込められているたわいもないこと。ほかの人にはばかげたことでも、二人にとっては大切な意味のある内輪のジョークなどだ。言うなれば、自分たちだけの小さな宗教をつくるのだ。

そうなると、夫婦は本当に別れ難くなる。なぜなら、二人はアイデンティティや物語を共有しているからだ。ひいては、自分の今後の進歩や将来の目標、どうやって理想の自分になるかということに相手が密接に関わっているからだ。

そして二人の独特な文化は、これまた独特な儀式によって支えられる必要がある。二人だけの特異な文化を創り、共有するアイデンティティを強固にするうえで、その特別な意味を日々の生活に吹き込むことが大切なのだ。

その儀式とは、派手で高揚感のある自己拡張の場面で行われるものではなく、ごくささやかなものだ。食事どきや就寝時、休暇中、デートの晩、別れ際、再会したとき、いっしょに寝転んで寄り添うお約束の時間、記念日のお祝い――どれも二人の愛を際立たせる一風変わった特別な儀式をするのにピッタリのひとときだ。

具体的な例を挙げてみよう。一日の仕事が終わってパートナーと再会したとき、代わるがわるその日にあった良いニュースを話す。そしてたがいに相手の言葉を支持したり、称えたりする。

こうしたやりとりに幸福度と関係満足度を高める効果があることは、研究でくり返し証明されている。カリフォルニア大学サンタバーバラ校の心理学者、シェリー・ゲイブル教授は、カップルがどれくらい褒めたたえ合うかは、じつはどれくらい喧嘩するかより重要であることを発見した。ゴットマンが言ったように、ポジティブな要素を増やせば、ネガティブな要素はそれほど問題ではなくなるのだ。

しかし、変化が必要な場合には、どうすればいいだろう？

3. リニューアル：「ミケランジェロ効果」で、親密さをアップデートする

さて、あなたはパートナーのことをより深く理解した。そこで、相手を少しばかり変えたいと思うのは、自然な反応だ。

ところが、少なくとも通常のやり方ならそれは勧められない。一六〇人を対象にしたある研究では、概してその試みはうまくいかず、結婚満足度を低下させることが明らかになった。

なぜか？　あなたが客観的でないからだ。

パートナーがどうあるべきか、当人より自分のほうがわかっていると考えるとき、そこに必ずわずかな利己主義が含まれている。大いに皮肉なことに、あなたがまず相手を完全に受け入れなければ、その人は変わることができない。ゴットマンが指摘するように、自律性は本能的欲求として奥深くに備わっているので、人が変われるのは、本人自身が変わる必要を感じたときだけなのだ。

しかし、パートナーがポジティブに変化するのを手助けする健全（かつ効果的）な方法はある。ただしそれは、「あなたが相手にどうなって欲しいか」ではなく、「相手自身がどうなりたいのか」からスタートする。パートナー自身が描く理想の自分になれる手助けをしなければならない。だからこそ、「愛情地図」を作るプロセス――パートナーにとっての理想の自己を、あなたが推測するのではなく、相手に問いかけて知るという作業――がとても重要なのだ。

私たちは友情の築きかたについてアリストテレスの助けを得たが、パートナーの改善に協力するには、もう一人の古典的巨匠であるミケランジェロの助けを借りることにする。ミケランジェロは、彫刻の制作過程について、「私が仕事に取りかかる前に、彫刻は大理石の塊のなかですでに完成している」と語っている。

彼は、彫刻は創作ではなく、石の内部にあるものを顕《あら》わにすることだと感じていた。ただ周りの石から解放すればいいのだと。そして心理学者たちは、同じ考え方がパートナーを向上させる際にも当てはまることを発見した。

恋愛において、相手の「本当の姿」が見えていながら、ネガティブな部分を割り引いて理想化できるように、ここでも同様の恩恵を活用できる。パートナーの現在の姿である大理石ブロックとそのポテンシャルの双方について知識があれば、現在のパートナーとその理想化されたバージョンのどこがどう類似しているのかがよくわかるのだ。

では、実際にどう手助けすればいいだろう？　ナルシシストと「共感プロンプト」の話を思い起こしてほしい（いや、あなたのパートナーがナルシシストだと言っているわけではない。人間には、相違点より共通点の方が多いと言っているのだ）。ナルシシストの改善を手助けする最善の方法は、恥をかかせるのではなく、励ますことだった。

ここでも同じことが言える。ありのままの相手を受け入れつつも、その人が最もなりたい理想の自己と合致する部分に注目し、励ませばいい。

つまり、相手の現実である大理石の中に「理想像」を見て、それを支持し、肯定しながら、ともに育む。ダイヤモンドの原石に向きあい、その内に眠る美しさを引きだすのだ。緑色が好きだからといって、エメラルドに変えようとしてはいけない。

「目標に向かうパートナーを励ます」思いがけない効果

簡単に言えば、これは、「その人から最高のものを引きだす」ためのより積極的な取り組みだ。本人の目標に端を発しているので、抵抗に遭うことはまずない。あなたが理想とする人物を目指すように励ますのではなく、パートナーがいっそうその人らしくなれるように励ますのだ。

研究者のサンドラ・マレー、ジョン・ホームズ、デール・グリフィンは、一九九六年の研究で、子どもと同様に大人も、周囲の人が認識するように自己を認識するようになることを発見した。パートナーの理想を応援すると改善がうまくいき、侮辱するとうまくいかない理由もそこにある。愛の妄想が必要なのは、北極星の役目を果すからだ。嘘はいずれ真《まこと》となる。

この取り組みもまた、自己拡張を促進する。ということは？　そう、自己拡張と同じ結果が得られる。つまり「理想の自分を目指す取り組みは、人生やパートナーとの関係に対する満足度と正の相関を示した」。

しかもそれだけでなく、実際に人びとが変化し、向上し、それぞれの目標を達成するのに役立つ。本当に理想の自分に近づくことができるのだ。

オランダの心理学者キャリル・ラスバルトらによる論文、「ミケランジェロ現象」によると、「目標に関連する会話のなかでパートナーがより肯定的だと、対象者が理想の自己という目標を達成する可能性が高まったことが、分析結果で示された」。さらに、老犬を励まして新しい芸を覚えさせることもできる。ミケランジェロ効果は、年齢を問わず効果があることが証明されている。

これは理想化の再現ではあるが、今度は、意図的な「啓蒙時代」バージョンによる理想化だ。パートナーの欠点を知っても、その根底にある意味を知れば、相手が本当はどんな人間で、どんな可能性を秘めているのかを理解できる。そのうえで相手のなかの理想的自己を励まし、実際にその理想像になれるようにサポートできる。

そしてパートナーが理想とする自己になっていくことで、理想化も持続する。これこそが、エントロピーに抗う持続的な恋愛への道である。「ミケランジェロ効果」によって、同じ人と何度も何度も恋ができるのだ（記憶の消失はなしに）。

サマセット・モームは言った。

「今年の私たちは、去年と同じ人間ではない。愛する者もまた然り。変化する私たちが、変化を遂げた者を愛し続けることができれば、それは幸せな偶然だ」

しかし、偶然にまかせておく必要はない。私たちは、自己拡張によって気持ちと親密度を高め、「愛情地図」と儀式に支えられた二人だけのユニークな文化を創りだし、「ミケランジェロ効果」でポジティブな成長と改善を促した。これらいっさいのエッセンスを要約するものは何だろう？　すべてをまとめあげるものは？

それは、この本の全体を通して核をなしてきたもの。そして、ミッシェル・フィルポッツが日々必要とし、イアンがあたえていたもの――物語《ストーリー》だ。

4．リライト：「共有の物語」を何度も書き換える

結局のところ、愛とは共有された物語だ。

ジョン・ゴットマンが、九四％の精度で離婚を予測できたことを覚えているだろうか？ どんな方法で予測したと思うだろうか？ いたって単純だ。夫婦に彼らの物語を語ってもらう。たったそれだけで、あらゆるロマンスの行く末を占う水晶玉となるのだ。

では、あなたたち二人の愛の物語は何だろう？ 急にそんなことを聞かれて答えられなくてもまったく問題ない。順を追って紹介するから。

まず、自分にとって「理想的」な恋愛関係の物語を知る必要がある。そうすれば、物語に合わせたり、またはそれを微調整したり、変えたりすることができる。

これは、パートナーとの関係のどこが問題なのかを診断する有効な手段となるが、自分の物語がわかってないと、実行が困難になる。

たとえば、じつは密かに「修羅場」が好きなのに自覚していない人は、私は「おとぎ話」を求めていると言いながら、結局「戦争」の物語になってしまい、「げっ、何でいつもこうなるんだろう？」と言うはめになる。自分が求めている物語と、自分が持っているはずだと思っている物語を混乱している人が少なからずいる。

私たちの物語は、生い立ちや経験、暮らしている環境などの影響を受ける。昔に比べると、

今日の物語は、文化的な台本がはるかに減っている。その分、意識して作ればいいのだが、そこまで積極的でない場合、グループチャットより悲惨なことになりかねない。

自分の過去の行動をふり返り、無意識のうちに求めていた「理想の物語」を探しだしてみよう。

どんな人たちと深く関わってきただろう？　または受け入れなかっただろう？　つき合う相手はどう変化してきただろうか？

おそらく自分では客観性に欠けるので、友だちに訊いてみるのもいい。そして今、パートナーとの「現実」の物語がどうなっているのか考えてみよう。「冒険」の物語だったはずが、子どもが生まれてから「零細企業を営む」物語に変わっていないだろうか？　パートナーと話し合い、二人の「理想」と「現実」の物語を確認しよう。

こうするために、あなたはパートナーと夢や価値観について話し合い、相手が目指す理想の自己を理解しようとしてきたのだ。別れる夫婦と話をしていると、関係者が各々くい違う証言をする映画『羅生門』のように、まったく異なる二つの物語を聞くことがあるが、それはこれらの点について共通の認識がないためだ。スターンバーグの研究でも、よく似た物語を持つカップルのほうが満足度が高いことが明らかになっている。

重要なのは、共有する物語におけるそれぞれの役割や力の問題を理解することだ。今日、多くの夫婦は、お定まりのように自分たちは対等だと言いたがるが、それが彼らにとって本当の理想を反映しているとは限らない。

あなたが居心地の悪さを感じるのは、自分がリードしているときだろうか？　それともリードされているときだろうか？　二人の役割が非対称でも、まったく問題はない。一人がレーシングカーのドライバーで、もう一人がメカニックでもいいのだ。

どんな言い争いも苦労も事件も美化しまくれ

忘れないでほしいのは、物語に「正解」はないということ。双方が心地良いと思える、二人のニーズに合ったものを選べばいい。そう、これは「あなたたち独自の冒険を選ぶ」結婚なのだ。ここでは客観性や事実が中心となるのではなく、二人の構想や観点、それから、たがいの賛同が重要だ。客観的真実はここになく、あるのは二つの主観的真実のみなのだ。

そしてそれは、ゴットマンが物語について発見したことと一致する。すなわち、事実はどうでもよく、すべては解釈にかかっている。ゴットマンに九四%の予測精度をもたらしたものは、夫婦が語った内容ではなく、その表現の仕方だった。

唯一最も重要なことは？「闘いを美化する」というテーマだ。それに尽きる。二人の問題に関して、肯定的な解釈が加えられた話（「トラブルがあったが、私たちは乗り越えられた」みたいな）が語られれば良い兆候だが、良いことに関して、失望感をまじえた話（「私たちはうまくいっているんだろう。私が望んだものとは違うが、まあともかく」みたいな）が語られると、問題があることを意味する。

目標とすべきは、ジャーナリストのダニエル・ジョーンズの言う「後づけの運命《デスティニー》」をつくり出すことだ。物語とは、起こった出来事そのものではなく、それらを見るレンズなのだ。

私たちは、今の自分の見方が唯一のものと思いがちだが、視点を変えれば、勝利でさえ悲劇になる。出来事の意味は、後になってから生じる。おとぎ話も、すでに出来合いのものがあって、その通り展開するわけではない。出来事が起き、あなたがポジティブなおとぎ話を紡ぎあげ、それを通してすべてを解釈するのだ。

皮肉屋は、それは理屈づけに過ぎないと言うだろうが、私たちはすでに、恋愛が一種の妄想――良い類の――であることを受け入れている。

ネガティブな感情の上書き（NSO）とは、否定的なレンズによる物語の書き換えだ。かたやポジティブな感情の上書き（PSO）は、肯定的な書き換えだ。

起こった事実は変わらず、ただレンズが変わったのだ。そして物語はたえず書き換えられ、あちこち微調整される。イアンが毎日ミシェルに聞かせる物語がそうであるように。

なぜ子どもが生まれることは、幸せな結婚生活への大きな試練になるのだろう？　新しく主要人物を加えておきながら、物語を更新していないからだ。筋書きを意識的に書き換えなければ、「めくるめくロマンス」が「シットコム（連続ホームコメディ）」になってしまっても驚くに値しない。

魔法の言葉は「私たち」

ＨＳＡＭの人びととの完璧な記憶は、人間関係に害を及ぼす。うまくやるには、事実の書き換えや再構成をする能力が必要だからだ。パートナーの理想化においてそうするように、物語の随所を強調したり、逆に目立たなくしたりすることが不可欠なのだ。

幸い、私たちはＨＳＡＭを持たないので、物語を書き換えられる。新たな人との新たな愛の物語ではなく、同じ相手との新たな物語をつくり出すことができる。

いわば再利用《リサイクル》のように思ってほしい。このようにして共有される愛の物語は、環境にも優しい。作家でジャーナリストのミニヨン・マクローリンが言ったように、「結婚を成功させるには、何度も恋に落ちなければならない。いつも同じ人とね」。

それは一朝一夕に実現できるものではない。しかし、「闘いを美化する」物語の目標は、詰まるところ「私たち」という一語に集約されることがわかった。

社会心理学者のジェイミー・ペネベイカー教授は、「私たち」という言葉の使用が、幸せな関係を予測することを発見したのだ。

すでにその逆は見てきた。ゴットマンは、四騎士の一つ、「批判」をしばしば決定づけるものは何だと言っていただろうか？　言い争うなかで「あなたは」という言葉を使うことだ。

カリフォルニア大学リバーサイド校のミーガン・ロビンス教授は、五三〇〇人の被験者を対象にした研究を再調査し、「私たち」の使用は、パートナー関係の存続期間、満足度、心の健康など、評価されたすべての指標において良い成果と相関関係にあることを発見した。

しかも、「私たち」の使用は幸福度を高めるだけではない。心臓疾患のある人を対象にした調査では、配偶者とのあいだで「私たち」という言葉の使用頻度が高いほど、六か月後の健康状態が良好であることがわかった。

しかし、「私たち」という言葉の使用は、ニワトリなのか卵なのか？　単に良好な関係を示しているだけなのか、それとも、より多く使用すれば二人の関係が改善されるのだろうか？　ロビンスによれば、両方の可能性があると言う。それなら、「私たち」をもっと使おう。

さて、そろそろ切り上げるとしよう。そう、「私たち」はもうすぐ終わりそうだ（いやいや、あなたと私はそういう関係じゃない。あなたは素敵だけど、私たちは友だちだと思っている）。

これから、愛の持つ力について最終評決をくだすことになる。でもその前に、愛がどうにかしてすべてを克服するとき、いったいどんな様相を呈するのか知りたくはないだろうか。

5 （ロマン主義ではなく科学的に見て）充実した人生を送るには、愛が必要

ジョン・クインは、妻を愛していた。一九六〇年九月二一日水曜日の晩、フンボルト州立大学で英文学を専攻する二三歳のジョンは、第一子を出産する妻をともない、カリフォルニア州アルケータのトリニティ病院にやってきた。

妻の陣痛が始まると、ジョンは担当医から退室を促された。その当時、父親が出産に立ち合うケースはまずなかったことはよく知られている。しかし、まったくの違法ではなかったにしろ、分娩室に入ることを実際に阻止されていたことはあまり知られていない（男性が妊婦と結婚していない場合には、一九八〇年代半ばまで違法とされていた地域もあった）。

ところが、ジョン・クインは指示に従わなかった。そして産科医にこう言った。

「私は妻を愛しています。夫として、父親として、ここにいることは道徳的な権利だと思っています」

だが、医師もジョンに負けず劣らず頑固だった。

両者の議論は白熱した。病院の管理者がやってきて、産科医に加勢した。安全上の配慮から

問題がある、ジョンがここにいることは「不可能」であると。

ジョン・クインは妻を愛していた。真面目一徹な男で、どこへも行こうとしなかった。すると、警察を呼ぶと脅された。

しかし、ジョンはこうなることを予期していた。じつは備えもしていた。そこで彼はチェーンを取りだし——全国ニュースになりそうな果敢な行動に出た。なんと妻の手を握り、二人の腕にチェーンを巻きつけ、南京錠で固定したのだ。もちろん、私はその場にいたわけではないが、ジョンのドヤ顔が目に浮かぶ。

病院のスタッフが警察に通報した。しかし産科医は、二人を分娩室から連れだそうとはせず、手近にバーナーの用意もなかったので、そのまま分娩を続行させた。

というわけで、ジョン・クインは小さな男の子がこの世に誕生するのを見届けた。出産が無事に終わり、母子ともに元気だったので、ジョンは南京錠を外し、部屋から出て、ことの一部始終に困惑して頭を掻《か》いていたドン・マン巡査の傍らを通り過ぎた。

愛はときに、予想を超えるものを要求してくる。しかし、もしあなたが献身的で、用意周到で、さらにたまたま鎖と南京錠を持ちあわせていれば、愛はすべてを克服するだろう。

リライトし続けることによってのみ、愛は人生を救う

誰もが、「どうやって知り合ったの?」とよく夫婦に尋ねるが、「どうやってずっといっしょ

にいたの？」とは尋ねない。じつは後者こそ、真に誇るべき功績であることが多い。これまでに学んだことをまとめてみよう。

長らく続いた「死なないように助けて」という結婚の時代は終わった。愛が勝利し、自己表現型の結婚が君臨している。

しかしそれはまた、「オール・オア・ナッシング」の結婚でもある。近ごろは、いまだかつてないほど「結婚の幸せ＝人生の幸せ」となっている。オールイン方式だ。愛に正しく取り組めば、非常にうまくいく。だがしくじると、とてもとてもまずいことになる。

恋愛は精神の病である。非情なカサノバの心さえ曇らせた狂気のような中毒だ。しかし、私たちにはときに狂気が必要なこともわかった。その極端な理想化、肯定的なバイアスこそが、愛の魔法にほかならない。人生は過酷なので、自分の遺伝子を増やすという目標達成のためだけでなく、自分の希望や夢、心を満たすためにも、原動力として愛の魔法が不可欠なのだ。

そうしたプロセスを理解するには、啓蒙主義時代の合理的思考が必要だ——さながら医学の知識によって体を治すことができるように。しかし、結局のところ、私たちの目標は病気にならないことではなく、幸せになることだ。だから最終的には、ロマン主義のバイアスと狂気のなかへまっしぐらに飛び込んでいかなければならない。

恋愛が始まったころのロマンチックな愛が色あせると、感情の〝おとり商法〟にも似たものが起こる。私たちは、恋愛初期の高揚感が自然といつまでも続くと想定する誤った認識の枠組み《パラダイム》を持っているが、エントロピーによってその力が弱まっていく可能性のほうがはるかに高い。おとぎ話は受動的で、長期的には役に立たない。愛を持続させるには、積極的な努力を要する。詩人のキャロル・ブライアントが言ったように、「愛とはつねに建設中の双方向の道」なのだ。

ＮＳＯ（ネガティブな感情の上書き）が、最愛の人をピニャータ（中南米の行事で、子どもの誕生日などに菓子などが詰められた紙張り子を天井から吊るし、棒で叩き割って楽しむ）のくす玉人形に変えてしまわないように、私たちはパートナーともっと話さなければいけない。ＮＳＯの悪魔と闘わなければならない。

二人のあいだで進行中の問題のうち、解決困難な六九％に対処するために、コミュニケーションにおいて致命的にネガティブな要素、すなわち、ゴットマンの「四騎士」と呼ばれる人格批判、自己防衛、拒絶、軽蔑の行為を減らさなければならない。きつい言いだし方を避け、子どもに向けるような思いやりや寛大さをパートナーに示すことがカギとなる。

しかし結局のところ、ネガティブな要素を減らすだけではまだ充分と言えない。ポジティブな要素を増やし、ＮＳＯの悪魔に対するところの天使、ＰＳＯ（ポジティブな感情の上書き）を達成しなければならない。

恋愛初期のようなポジティブなバイアスを取り戻すには、四つのRが必要だ。自己拡張で気持ちを再燃《リキンドル》させること（そしてもっとセックスする！）。つねに自覚《リマインド》し、二人だけのユニークな文化創出へ向けて親密さを深めること。ミケランジェロ効果でたがいを更新《リニュー》し、向上させること。そして最終的には、避けられない闘いを美化する愛の共有物語をたえず書き換《リライト》えることだ。

「ポジティブな嘘」が世界を救う

著名な作家、ミラン・クンデラが述べたように、「一つの比喩から愛が生まれることもある」。愛とは物語である。そして物語とはけっして、事実の完璧な解釈ではない。しかし、私たちはリアリズムを求めてはいない。必要なのは、たえず更新される理想化なのだ。

そして時とともに、理想化の嘘は真実より大きくなっていく。人びとが善意の物語を信じることで、人間は国家や宗教、コミュニティを形成し、それによって生存し続け、繁栄することができる。

友人は「もう一人の自分」という偽りが私たちを結びつけ、世界をより良くする。たがいの同意に基づく愛の妄想もそれと同じで、二人で信じれば、虚偽が真実になる。それがフォリ・ア・ドゥの素晴らしい狂気なのだ。そして、二人のあいだで共有された物語はただ一つの、驚くほど強力な言葉に要約される――「私たち」である。

やることは山ほどある。でも努力次第で、私たちは今日、いまだかつてないほど最高の結婚生活を築くことができる。たしかに難しい注文ではあるが、あなたには助けてくれるパートナーがいる。

ということで、格言に対する評決は？

ノーである。

愛はすべてを克服できない。

ただし、あなたの愛は、すべてを克服できる可能性がある。二人にとっての正しい物語があれば、あなたの愛は、人類が知る限り最高の愛になりえるのだ。そしてその物語は、たえず書き換えられていく。今の物語の原稿では「すべてを克服」できないかもしれないが、次の原稿では可能になるかもしれない。

大人としての責務を抱えると、すべてを安定したルーティンにできたらと思うものだが、それでは愛が退屈なモノクロになっていく。結局のところ、私たちは愛の困難さや不可解さを制覇したいわけではない。曖昧ななかに不確かさがあり、不確かさのなかに緊張やセレンディピティや驚きがある。ロマン主義時代の儚い炎を燃やし続けるのに辛うじて必要なだけ、啓蒙主義的で厳格な科学が必要なのだ。

たしかに不合理ではある。しかし人生も不合理だ。それに、シグナリングがそうだったように、不合理性はときに合理性の最高の形なのだ。


ちょっと深呼吸しよう。さてと、社会的格言の次なる「消費者レポート」には何を取りあげればいいだろう？

今度は少し範囲を広げて、コミュニティに目を向ける必要がある。この方面では最近、さまざまなことが起きている。

世界はかつてないほどつながっているが、人びとは皆、これまでにないほど個人主義になっている（実際のところ、私たちはどれだけ他の人を必要としているのか、そして、どのように必要としているのだろうと考えさせられる）。

なぜ私たちはますます個人主義へ向かう道を選び続けるのだろう？

そこで、陳腐な決まり文句を並べ立てるのはやめて、聞いてはいけないとされる質問から始めよう。それは、本来、人間関係の本で語られるべきことの真逆である――そもそもあなたは、他の人を必要としているだろうか？

「いかなる人も島ではない（人は一人では生きていけない）」のだろうか？

それとも、たとえばマウィのような素晴らしい島として、真に幸福になれるのだろうか？

その答えを突きとめるときが来た。

第４章

人はひとりでは生きていけない？

1 森の中で幸せに生きた男と、社会に生きていても孤独な人たち

クリスは、人家から盗むのは気が進まなかった。だが、冬が近づいてきていて、ほかに選択肢はない。

家に入るや、まっしぐらに欲しい物のところへ向かった。ステーキ、電池、ピーナッツバター、それに本、本、本。だが本当に値が張りそうな物には、目もくれなかった。

盗人ながら、クリスには掟《おきて》がある。たまに携帯ゲーム機を盗むこともあったが、新品に見える物にはけっして手を出さない。子どもからお気に入りのおもちゃを奪うつもりはなかった。

メイン州中央部の人びとは、すっかりクリスに慣れっこになっていた。彼が危険人物でないことは多くの人が知っていたが、依然として腹立たしく思う者もいた。さまざまな行政レベルの警察が、クリスを捕まえようとしては失敗した。誰も〝北の池の隠者〟を捕えることができなかった。しかし、状況は変わろうとしていた。

家屋から出たとたん、クリスは懐中電灯の閃光で目がくらんだ。「地面に伏せろ!」と声が飛ぶ。もし目が見えたなら、そこにあったのはテリー・ヒューズ巡査部長が突きつける三五七

マグナムの銃口だった。言われるままに地面に伏せた。

まもなく応援部隊が到着し、クリスは一〇〇〇件以上の侵入窃盗罪で逮捕された。州の最多記録だった。いや、おそらくは世界記録だろう。

尋問を受けたが、クリスは初めのうち何も答えなかった。じつのところ、話すのが苦手なようだった。いつから森に住んでいるのかと訊かれたときには、「チェルノブイリはいつだった?」と答えた。

クリスは二七年間、世捨て人だった。映画館で最後に観たのは『ゴーストバスターズ』だ。インターネットも使ったことがない。

この四半世紀のあいだに他人と出会ったのは二回だけで、ほんの通りすがりだ。その二回分を合わせても、彼が発したのは「やあ」のたったひと言だった。この警察とのやりとりは、過去三〇年間に交わしたすべての会話より多かった。

文明を捨てて森のテントで生きる

でも、いったいどうやって?

そんなに長いあいだ、人と接触せずにどうやって生きてきたのか。どうやって原野で生き抜いてきたのか。メイン州の冬は、笑いごとでは済まない寒さだ。

クリスは、捜査関係者を自分の「キャンプ地」に案内した。森のなかに住んでいながら、彼の家はたぶんあなたの家よりきれいだ。警察も驚いた。もちろん、彼はテントに住んでいたが、金属製のベッドフレームとマットレスも備えられていた。食料は防鼠用のプラスチック容器に蓄えられ、ソープ・ディスペンサーまであった。

文明社会に戻る気はなさそうだ。なぜ社会から逃れたのかと、メイン州警察のダイアン・パーキンス・ヴァンスは尋ねた。クリスは答えなかった。しかし時とともに、彼がどのような経緯でその地に行き着いたのか、詳細が明らかになった。

クリストファー・トーマス・ナイトは高校で成績優秀だったが、いつも自分が変わり者のように感じられ、人と関わるのがストレスだった。早期に卒業できた彼は、警備会社に就職した。そしてある日、どういうわけか車でできるだけ遠くまで行ってみようと思い立った。ついに車がガス欠になると、ダッシュボードにキーを置き、そのまま森のなかへ入っていった。何の計画もなく、誰にも言わずに。正直なところ、話す相手がいなかった。

森で暮らすのは思ったより難しかった。それまでキャンプに行ったこともなかったのだ。初めのうちは庭に生えている物を食べていたが、最終的には、命をつなぐために盗みを働くようになった。警備会社で仕事をしていたので、難なく人家に侵入できたが、それを楽しむ気はなかった。二年間放浪したのち、クリスは、その後四半世紀のあいだ棲み家となる地に落ち着いた。

ここはカナダのウォールデンではないし、クリスはソローではない。ソローは荒野での孤独な暮らしを謳《うた》っていたが、マサチューセッツ州コンコードからわずか二マイルのところに住み、友人を夕食会に招いたり、母親が洗濯をしてくれたりしていた。後年クリスは、「ソローは素人愛好家《ディレッタント》だった」と述べている（ヘンリー・デイヴィッド・ソローは、ウォールデン湖のほとりに小屋を建て、一八四五年七月から約二年自給自足の生活を送り、後に回想録を出版した）。

クリスにとって、毎年の冬は生存の危機だった。夏の終わりにはもう冬支度に入る。つまり、備蓄を確保するために、さらなる盗みをするということだ。

それから、できるだけ太っておくことも意味した。冬眠に備えるクマさながら、酒や砂糖を腹いっぱい詰め込んでは体重を増やす。さらに、夜は七時半に寝て、午前二時に起きるスケジュールに変更した。メイン州で夜間、最も冷え込む時間帯に覚醒している必要があるからだ。「あんな酷寒のなか、朝まで眠ろうとしたら、二度と目覚めないかもしれない」とクリスは言った。

しかし、これほどの苦労がいっそう人の好奇心を掻きたてる。いったいなぜ？　何のためにここまでするのか？

クリスは、幼少期にトラウマを経験したわけではない。どうして社会から逃避するのか。良い人生に欠かせないとされるものを、なぜそれほどまでに放棄するのか？　彼はキャリアも配偶者も、子どもに恵まれる可能性も投げだした。デートをしたことさえなかった。

そして今、クリスはこれまでと真逆の状況に置かれている。ケネベック郡の矯正施設に収容されていた。屋内で眠るのはじつに数十年ぶりだ。もちろんここを出ることはできない。世捨て人には、今や同房者までいた。食べ物はふんだんにあったが、不安のあまり喉を通らなかった。

世捨て人の結論

クリスは取材にいっさい応じず、コメントも出さず、新聞各紙の報道後に寄せられた多くの支援の申し出もすべて断った。だがしばらくして、マイケル・フィンケルという一人のジャーナリストと話をしている。

最初は手紙でのやりとりだったが、やがてフィンケルが刑務所を訪問した。二人はアクリル板を隔てて向かい合わせに座り、電話で話した。フィンケルは、クリスの言葉をほとんど聞き取れなかった。しかし、それはクリスが受話器をちゃんと持っていなかったからだ。持ち方を忘れてしまっていた。なにしろ電話を使うのはほぼ三〇年ぶりだった。

刑務所での生活は耐えがたく、世捨て人は、精神が崩壊しつつあった。人に取り囲まれている。それも四六時中。

人との関わりの多さに圧倒された。眠るのもままならない。裁判を待ちながら六か月経つころには蕁麻疹《じんましん》が出て、手も震えていた。クリスはフィンケルに、「何か月もここに拘留されているほうが、森で何年、何十年と暮らすより精神にダメージがあると思う」ともらした。

しかし幸いなことに、クリスはまもなく出所できる見通しとなった。検察が彼を不憫《ふびん》に思ってのことだ。七か月の刑が言い渡されることになったが、すでに彼はそれに近い期間、刑務所に入っていたことが考慮された。

だが、刑務所の外での生活は、今より少しは良くなるのだろうか？　森へ戻ってはいけない、というのが仮釈放の条件だった。

「あなた方の世界は知らないんだ。知ってるのは自分の世界と、森へ入る前の世界の記憶だけだ……。どうやって生きていけばいいものか」

クリスは言った。

フィンケルは、誰もが知りたがっている答えを手に入れようとした。いったいなぜ？　どうして彼は社会を脱出したのか。

クリスは、何度となくこの質問をかわしてきた。フィンケルはもう一度同じ質問をした。するとクリスは、誰もが理解できる答えにいちばん近いものを返してきた――彼は、私たちの世界では幸せを感じられなかった。ほかの人たちとどうしてもうまくやれなかったからだ。ところが、思いきって森に足を踏み入れてみて、初めて人生が変わった。

「自分が満足できる場所を見つけた――ロマンチックな言い方をすれば、私は完全に自由だった」

誰もが、ときには逃避を夢見る。スマホを放り投げ、日々の些細な奮闘が山ほどのしかかる無意味な状況から逃げだすことを。休暇で遠出し、自然美溢れる場所を見ると、もう元の日常に戻らないという空想が頭をよぎる。でも結局私たちは戻る。クリスは戻らなかった。

マイケル・フィンケルはのちにクリスに関する著書、『ある世捨て人の物語：誰にも知られず森で二七年間暮らした男』（河出書房新社）を書き、同書はベストセラーとなった。フィンケルは、なぜクリスが世間から去ったのかを疑問に思わなくなり、今では、なぜもっと多くの人がそうしないのか不思議に思っているだろう。

聖書にすら「人が一人でいるのはよくない」とある

ジョン・ダンは、一六二四年に出版した『不意に発生する事態に関する瞑想』のなかで、「人は島嶼《とうしょ》にあらず（No man is an island.）」と書いている。しかし、ダンは詩人なので、裏づけとなる証拠を添えていない。つまり、彼はたった五つの単語からなる格言を書き、それにより数世紀にわたって高名になったのだが、おかげで私には骨の折れる仕事がすべて残された。嫌なやつだ。

ともあれ、古代の思想家の多くはダンと意見が一致している。アリストテレスは、「人間は本来、社会的動物である」と書き、一人で生きられる者は、「獣か神のどちらかだ」と考えていた。

また、創世記の第二章には、「神なる主は、人が一人でいるのはよくないと言われた」とある。そして歴史の大半において、追放は最も恐ろしい刑罰の一つで、時には死刑より酷だとされていた。古代の世界では、マグヌス・マクシムス（西ローマ帝国の皇帝）ならぬ「アルーファス・マクシムス（最も孤独なる者）」は良くないとされていた。そして、今もそれほど変わっていない。国連では、一五日以上の独房監禁を何と見なしているだろう？「拷問」だ。

歴史上例がないほど、一人暮らしが加速する現代

私はこの本で、世捨て人になることの正当性を主張するつもりはない（もし他者と完全に関わらないほうが本当にいいなら、この本はとても短くなるだろう）。

だが皮肉なのは、人びとがますます世捨て人のように行動するようになっていることだ。社会学者のベラ・デパウロは、「一人暮らしの人がこれほど多いことは、歴史上、かつてない」と述べている。

一九二〇年には、アメリカの人口の一％が一人暮らしだった。現在は七人に一人が一人暮らしで、これは全世帯の四分の一以上に相当する。そして、単身世帯の割合は、質問項目に初めて加えられた一九四〇年以降、国勢調査の度に上昇している。

しかもアメリカは一人暮らしの多さで独走しているわけではなく、一位でもない。イギリス、ドイツ、フランス、オーストラリア、カナダのほうが、単身世帯の割合が高い。さらに北欧諸国では、単身世帯の割合が四五％に近づいていて、その他の国ぐにでも上昇傾向が見られる。一九九六年から二〇〇六年のあいだに、独居者の人口は、世界全体で三分の一増加した。

しかし、独房監禁と異なり、私たちは意図的にこの状況を選んできた。第二次世界大戦以前には、一人暮らしは経済的に難しかった。豊かになるにつれ、当然、人びとはより多くの自由とコントロールを求めるようになった（私もそうだ。一人暮らしで、部屋にこもって本を書いていて、

この過程を「ワンステップで簡単に広場恐怖症になる方法」と呼んでいる）。

私たちは自律性が大好きだが、それによって孤独になっているという指摘もある。

世界の人びとは孤独化している

実際、人びとは孤独だ。二〇二〇年のパンデミック以前でさえ、イギリスの医師の七五％が、孤独が主な訴えである患者を毎日診ていると言っている。二〇一七年にはこの問題が深刻化し、孤独な国民が九〇〇万人以上に上ったため、イギリスでは孤独担当大臣のポストが新設された。

さらにある研究によれば、アメリカで孤独を訴える人が約六二〇〇万人に達し、これはイギリスの全人口に相当する。調査によって多少の開きはあるが、総じてアメリカ人の四分の一以上が定期的に孤独を感じると報告しているようだ。そして、この数字は過去二〇年間に三〜七％増加していると、孤独研究の第一人者、ジョン・カシオッポは指摘する。

持続する孤独感が健康や幸せにもたらす影響は、〝専門用語〟で言えば、「うんこをもらす」ほど怖ろしいものだ。私は思わず外へ飛びだし、最初に出会った人をハグしたくなるし、自分の職業を考え直したくなる。

カシオッポの研究によると、孤独感が心に及ぼすダメージは、物理的な攻撃に相当するという。ストレスホルモンの上昇は、誰かに殴られたときのそれに匹敵する。孤独によって、あなたの脳はつねに厳戒モードになる。実験では、孤独な人はそうでない人の二倍の速さ（一五〇ミリ秒対三〇〇ミリ秒）で危険性を察知するという。

私たちは通常、孤独が反応速度を上げるとは考えないが、進化論的には理にかなっている。つまり、人一倍用心したほうがいいぞ、何か起こっても誰も助けに来てくれないから、ということだ。こうした姿勢は、先祖たちの環境ではきわめて有用だったかもしれないが、幸福感につながらないことは確かだ。

人間関係の価値は年間一八〇〇万円

度重なる研究の結果、最も幸せな人びとに見られる共通点は、断然、良好な人間関係であることが明らかになった。「友人、親戚、隣人に値段をつける」という経済学の研究によると、より良い社会生活を送ることによって得られる幸福の価値は、年間一三万一二三二ドル（一八〇〇万円弱）に上るという。

一方で、孤独によってうつ病を発症することは、うつ病によって孤独になることよりはるかに多い。作家のヨハン・ハリは、孤独感が五〇パーセンタイルから六五パーセンタイルに変化すると、うつ病になる確率は少し上がるわけではなく、八倍になると指摘している。

しかも危うくなるのは幸福感だけではない。孤独は健康に深刻な影響を及ぼすので、保険会社が、この本を放りだして友人に会いに行くことを義務づけないのが不思議なくらいだ。

研究によると孤独は、心臓疾患、脳卒中、認知症、その他考えつくほぼすべての恐ろしい病気の発症率増加と関連している。カリフォルニア大学バークレー校での九〇〇〇人を対象とした研究では、良好な人間関係は寿命を一〇年延ばすことがわかり、二〇〇三年の同研究のレビューでは、こう述べられている。「良好な社会的関係は、人間の健康と寿命を予測するうえで、遺伝に次いで重要である」。

人間関係と健康に関する研究成果だけで、本が一冊書けそうだ。心臓発作の一年後にあなたが生きているかどうかを予測するものは何だろう？

それはほぼ二つに絞られる――友人の数と喫煙するかどうかである。オックスフォード大学のロビン・ダンバー教授は、「好きなだけ食べて、だらだら過ごし、好きなだけお酒を飲んでもいい。ほかの二つの要因に比べれば、影響は小さい」と言っている。

ダンバー教授の言葉は、ジョン・ダンとその格言の勝利を決定づけるスラム・ダンクのようだ。もし私が、世捨て人になるようにあなたを説得しようとしていたら、完敗してゲームオーバーというところだ。孤独はよくない。だがここから妙なことになる。

かつて「孤独」は存在していなかった

一八〇〇年代以前、孤独《ロンリネス》（loneliness）という概念は存在しなかったと言ったらどう思うだろうか？　稀だったのではなく、存在しなかったのだ。

やや誇張していることは認める。でもそれほどでもない。ヨーク大学の歴史学者、フェイ・

バウンド・アルベルティ博士はこう言っている。

「孤独は、比較的新しい現象である。言葉として、そして、さらに議論を呼ぶだろうが、経験としても」

そうとも、一八〇〇年以前の書物では、この言葉をほとんど見いだせない。見つけたとしても、それは単に「一人でいる」という意味で、否定的な意味合いはない。

ルカの福音書五章一六節には、イエスが「孤独な場所に退いて祈っておられた」と書かれているが、それはただ一人になるために人里離れたところへ行ったという意味で、そのことで心乱れていたわけではない。

サミュエル・ジョンソンの一七五五年出版の英語辞典でも、この形容詞（lonely）を同じように扱っている。ジョンソンが「孤独な岩（lonely rocks）」と書いているのは、その岩が地質的に哀愁を帯び、感情に訴えかけるという意味ではない。やはり、人けのない辺ぴな場所にあるという意味だ。

ところが一九世紀に入ると変化が見られる。バイロンのようなロマン派がこの言葉をもっと頻繁に使うようになり、明らかに否定的な意味を持つようになった。

最たる例は、『フランケンシュタイン』である。メアリー・シェリーが一八一八年に発表したこの作品の怪物は、西洋文化の大きな変化について多くのことを教えてくれる。怪物はこう言う。

「信じてくれ、フランケンシュタイン、おれは善良だった。魂は、愛と慈愛に燃えていた。だが、おれはひとり、みじめなくらいひとりぼっちじゃないか?」(『フランケンシュタイン』メアリー・シェリー著、森下弓子訳、東京創元社、一三四頁)

そして彼は自殺するために北へ向かう。ということで、おそらく歴史上初めて、孤独が非常にネガティブなものとして描かれている。

天才たちは孤独を愛す

では、数世紀前まで孤独に否定的な意味がなかったのはいったいなぜなのか? 人びとが一人でいるとき、何か感じるところはあっても、たいがい悪いことではなかった。

「一人でいること《ソリテュード》／孤独（solitude）」という言葉を知っているだろう。この言葉は一八〇〇年以前にも登場しているが、ほぼ例外なく、良い意味を表した。そして今日でもそうだ。

もし私が「叡智（wisdom）」という言葉を口にしたら、長い髭をたくわえた人物が山頂で一人泰然と座す姿を思い浮かべるのではないか。そして一人でいること《ソリテュード》とは、イエスやブッダ、ムハンマドの精神修養において重要な役割を果たした。ホームパーティーで深い精神的洞察に到達できるとは、誰も思わないだろう。

一人でいること《ソリテュード》とは、人びとが、「自分自身の時間が必要だ」とか、「すべてから離れたい」と言うときに求められるものだ。私たちには、充電したり、熟考したりするために一人の時間が必要だ。

そして当然、創造的な大躍進にも、一人でいること《ソリテュード》が欠かせない。ニュートンが万有引力の法則を発見したのは、一六六五年に故郷ウールズソープにこもっていたときだった。アインシュタインは、毎日森のなかを一人で散歩することの効果を強く信じていた。ピカソは「大いなる孤独《ソリテュード》なくして、本格的な仕事は成し遂げられない」と言った。ほかにもベートーベン、カフカ、ドストエフスキーなど数えきれない人びとが、一人で過ごすなかで最高の仕事をした。それ以外の方法では成し得なかっただろう。

歴史的に、人びとは総じて、人との交流と単独で過ごす時間のバランスを保ちながら生活していた。家ではたいがい多人数が動き回り、人と顔を合わせる時間が多かったが、屋外を歩き回ることも多く、一人になる時間も得られていた（二〇世紀初頭には、移動距離が一〇キロほどまでなら、移動手段の九〇%が徒歩だった）。

孤独とは、つながりの「質」の問題である

しかし、最近私たちは一人でいること《ソリテュード》に対して少々不信感を抱いている。今日この言葉を使うと、いささか変人のように響く。「一人でいる人（loner）」と言うと、なんだか連続爆弾犯、ユナボマーのイメージがある。そして今の世の中で「一人でいる寡黙な人」と聞けば、禅の達人というより、銃乱射事件でも起こしそうな人物に思える。

でも、一人で心地良く長時間過ごせる人と、一人でいるのが耐えられない人では、どちらが

成熟した大人だと思うだろうか？　それでいて、私たちはいろいろな意味で、一人でいることを病的なことと見なしてきた。先に挙げた統計から明らかなように、孤独の指標は無数にあるが、一人でいる《ソリテュード》ことを測る指標はない。

　そういえばこんな言葉もあった。「一人でいる《ソリテュード》ことは、逆説的に孤独《ロンリネス》から身を守る」。誰が言ったかというと、アメリカの軍医総監、ヴィヴェック・マーシーだ。

なるほど、これはややこしい。ここでの答えはいったい何なのか？　一人でいることは良いのか悪いのか？

　じつは、これが私たちの犯している過ちだ。質問自体が間違っているのだ。

孤独は、実際に一人でいるかどうかと関係がない。孤独とは主観的な感情だ。それは必ずしも物理的な孤立を意味するとは限らない。群衆のなかで孤独を感じたことは、誰でもあるだろう。カシオッポの二〇〇三年の研究によると、孤独な人は、平均すると、孤独でない人と同じくらいの時間を他の人と過ごしているという。

　つまり、一人暮らしは元凶ではない。それは一つの兆候であって、原因ではない。たしかに対面で人と接する機会の不足が問題になることはあるだろうが、孤独を大局的にとらえるうえで本質的な問題ではない。むしろ判断を惑わす情報だ。カシオッポはこう書いている。

「他者と過ごす時間量や交流の頻度は、孤独感の予測にあまり寄与しなかった。孤独を予測したのは、やはり質の問題だった。すなわち、他者との触れあいの意義、あるいは無意味さに対するその個人の評価である」

孤独とは、一人でいることではなく、意味のあるつながりを感じられないことなのだ。

社会を根底から変えた「個人主義」

それでは、孤独感の誕生という一大変化の原因は何なのか？　つながりの意味はどこへ消えたのか？　もっと言うと、一八〇〇年代にいったい何が起きたのだろう？

すべてをフランケンシュタインの怪物のせいにしてはいけない。彼もまた犠牲者なのだ。一九世紀に、私たち全体の文化的な物語が変わった。同時期に結婚が変化を遂げたように、新しい思想概念のモンスーンによって社会的なナラティブ（事実に基づく物語）が刷新されたのだ。

それは「個人主義」という一語に集約される。

歴史学者のアルベルティは、「個人主義という言葉が最初に使われた（蔑称として）のは一八三〇年代で、孤独の台頭と同時期であることは、けっして偶然ではない」と述べている。群像劇としてとらえられていた人びとの人生は、一人芝居に変わり、「誰かが気にかけてくれる」という初期設定《デフォルト》は、「誰も気にかけてくれない」に変わったのだ。

一九世紀にどれほど多くの深遠な思想や文化的——政治的、哲学的、宗教的、経済的——変革が起こり、個人の重要性が高まり、コミュニティが後ろへ追いやられたかを過小評価するのは難しい。

世俗主義、功利主義、ダーウィニズム、フロイト主義、資本主義。それから消費者主義。社会契約は自律性に道を譲り、人びとは共同体から競争社会へと移行した。そしてこうした変化は、二〇世紀に入り、実存主義やポストモダニズムなど、さらに多くの「〜主義」によってますます加速された。

私たちはこのような思想や考え方を当然のように受けとめているので、それら抜きで考えることが困難だ。これらの概念は、世界の現実として自分のなかに取り込まれている。こうした思想が必ずしも悪いわけではないが、もたらした変化は甚大で、私たちは引き換えに何かを失ってしまったのかもしれない。

かつては、自分を共同体の一部と見なすことがデフォルトだった。神の子。バーカー家の一員。カリフォルニア州ロサンゼルス部族《トライブ》の戦士。ところが、主要単位としての焦点が個人へと移った。その大きな利点は、あなたは自由だということだ——隠者、クリス・ナイトのように。

しかし、脳が感知しているのは、あなたは今、基本的に一人ぼっちだということだ。そのため、群衆のなかでも孤独を感じることがあるのだ。

私たちは、この社会的物語の変化から得られた素晴らしいものについては多くを考えるが、その一方で、失ったものを突きとめるのは苦手だ。ただ漠然とした違和感と、ざわざわとした不安感がたえずある。社会的義務に縛られず、自由で思い通りにコントロールしていると感じられるのは素晴らしい。だがそれは、他者もまた自由で、あなたを気遣う義務がないことを意味すると脳は理解している。

私たちは、何百万年もの進化の過程で、そうした状況が何を意味するかを生理的に教え込まれてきた。すなわち、「助けは来ない。独力で生きていくしかない」ということだ。

人類史上最もうつや体調不良のリスクが高い時代に生きる私たち

むろん、私は科学や近代思想が好きだ。だが一九世紀における諸々の変化は、私たちに大いなる自由とコントロールをあたえてくれる半面、感情的にはあまり満たされず、それほど意味を持たない世界を生みだした。古代人は明らかに、非常に多くのことで間違っていたが、その思想の多くは、たとえ事実として正確でなくとも、人びとを結びつけるといった本質的な目的を果していた。

私たちは、つながりやコミュニティが欠落した隙間を埋められていない。それどころか、超個人主義によって、それは劇的に拡大してしまった。

しかし、私たちは生理的には、それについていけない。何百万年も前に組み込まれた生物学的な配線が、いまだに意味のあるつながりを必要としている。だからこそ、一九世紀以降の新しい物語は、私たちの健康と幸福に著しい影響を及ぼすのだ。孤独は、個人的な苦悩というより、文化的な病理なのだ。

私はラッダイト運動（機械破壊運動）への呼びかけがしたいわけでも、反資本主義の綱領を作りたいわけでもない。現代社会や、個人の自由とコントロールのさらなる重視によって、私たちは計り知れない恩恵を受けている。もはや後戻りできないし、そうすべきでもない。

しかしだからといって、物語の変化のなかで、私たちが切実に必要とする何かが失われたことは否定できない。諸々の新しい思想は非常に合理的だが、人間のニーズはつねにそこまで合理的なわけではない。

何千年にもわたる物質的欠乏が、依存から逃れたいという強い願望を生みだしたが、私たちは度を超してしまい、完全なる独立のほうへ行ってしまったのかもしれない。しかし、私たちが本当に必要としていたのは、共同体的な相互依存、すなわち、自由でありながらも、いっしょにいると感じられることだったのだ。

西洋世界以外では、まだ多くの人が共同体の物語やその意味によって、周囲の人びととつながっている。しかし、私たちの新しい物語は、そのすべての客観的利点とともに、人びとに重い代償を課している。作家のセバスチャン・ユンガーはこう述べている。

「数多くの異文化間研究により、現代社会は——医学、科学、テクノロジーにおける奇跡的進歩にもかかわらず——人類史上最も高い割合で、うつ病、統合失調症、体調不良、不安感、そして慢性的な孤独感に苦しめられていることが明らかになった。社会で物質的豊かさや都市化が進むと、うつ病や自殺の発生率は下がるどころか、むしろ上がる傾向にある」

そして、私たちは誰も信頼できなくなった

現代の進歩により、COVID-19の医学的課題に対処するワクチンが手に入ったというの

に、文化の変化によって、ソーシャル・ディスタンスが数世紀前よりはるかに苦痛をともなうものになったであろうことは皮肉だ。

昔は必要に迫られていっしょにいることを余儀なくされていたが、人びとは経済的に豊かになり、生き延びるためにたがいにつながっている必要がなくなった。すると当然のことながら、人びとはより多くの自由とコントロールを求めた。核反応のように、人びとは結合を断ち、有益で莫大なエネルギーを世界に放出した。

しかし気をつけないと、チェルノブイリのような惨事を招きかねない。私たちには、いくらかの結合が必要なのだ。

ハーバード大学のロバート・パットナムによると、一九六四年には、七七％のアメリカ人が、「大半の人は信頼できる」という意見に同意していた。ところが二〇一二年には、二四％の人しか同意しなかった。

そして重要な疑問は、私たちが今、この問題にどう取り組んでいるかということだ。

2 オンラインのつながりはリアルのつながりより人を幸せにする？

それは、まさに旋風のようなロマンスだった。

三七歳の日本人である「兄さん」が初めて「音夢《ねむ》たん」と目を合わせたのは、東京で開催されたコミックの祭典（コミケ）でのことだった。まもなく、二人は海へ出かけた。そして週末には京都や大阪へ旅行し、微笑み合ったり、くすくす笑いながらカップルで写真を撮った。つき合いだして、瞬く間に三年経った。「兄さん」は『ニューヨーク・タイムズ』紙にこう語っている。

「彼女のおかげで素晴らしい経験がたくさんできました。本当に私の人生を変えてくれたんです」。

ちなみに、「音夢たん」とは枕のことだ。正確には、枕カバーにプリントされた2Dアニメのキャラクターだ。音夢たんは、恋愛アドベンチャーゲーム『D・C・〜ダ・カーポ〜』に登場する、ビキニ姿のセクシーなキャラクターなのだ。じつは「兄さん」は、彼女の枕カバーを七枚持っている。残業する晩に備えて、一枚は職場に置いてある。「オフィスの椅子で寝るときに最高」なんだそうだ。

この「兄さん」だけではない。二次元のキャラクターに恋をするのは、ある種トレンドになっている。

枕カバーだけの話でもない。日本で流行した『ラブプラス』というゲームは、男性が仮想のカノジョと交際する恋愛シミュレーションゲームだ。デジタル美女といちゃついたり、キスしたりする――実際には存在しない相手とだ。

恋愛ゲームは、日本で一大ビジネスになりつつあり、売上げトップの会社は、二〇一六年だけで一億ドル以上の利益を上げている。

そして、すべてが2Dというわけでもない。セックスロボットはすでに登場していて、じきにドラマ『ウエストワールド』（アンドロイドによる体験型テーマパークという設定のSFスリラー）のようになりそうだ。また、アビス・クリエーションズ社は、シリコン製のラブドールに声、AIソフトウェア、アニマトロニクスの顔を加えている。もちろん、その外観はコントロール自在で、髪の色、胸の大きさ、体型など、好みのものを選べる。

気味悪く感じるかもしれないが、セックスだけが目的というわけでもない。そう考えると、音夢たんの彼氏は、私よりいい彼氏かもしれない。金曜の夜には音夢たんをカラオケに連れだしたり、いっしょにプリクラを撮ってくれたりするのだから。

デート・シミュレーション・ゲームを多数制作している巨大企業のコナミでは、プレイヤーが一堂に会して、デジタルの恋人と週末を過ごせる夏のビーチ・コンベンションまで開催している。また、社会学者の山田昌弘氏によると、調査対象となった十代の若者の一二%が、ゲームなどの架空のキャラクターに真剣な恋愛感情を抱いた経験があると答えている。

そしてバーチャル恋愛の市場は、社会的に不器用な男性に限らず、「ステップフォード・ハズバンド」(家事・育児にも協力的な良き夫)に相当する人びとにも広がっている。

また、女性向けの乙女ゲームは、基本的に双方向型《インタラクティブ》の恋愛小説だ。マリオとデートするわけではなく、ジェーン・オースティンと映画『フィフティ・シェイズ・オブ・グレイ』を合わせたような、セクシーで支配的なイケメンたちのデジタル世界である。

これはけっして風変りな流行ではない。たとえばボルテージ社の恋愛ゲームは、二〇一四年に、二二〇〇万人以上の女性がプレイしている。

さらにこれは、「日本に限ったこと」でもない。二〇一五年一一月には、ボルテージ社の二つのゲームが、アメリカで最も収益を上げているアプリのトップ三〇に入った。このことは今、皆さんの頭に浮かんでいる最大の疑問につながる。

いったい何が起きているんだろう?

デジタル恋愛の目的は、平和に過ごせる相手と居場所

その名も「恋愛ビデオゲームに惹きつけられる要因は何か」と題された、二〇二〇年の学術研究によると、恋愛ゲームをしたいという欲求と関連する主な要因は「孤独」であることがわ

かった。面接調査に次ぐ面接調査のなかで、自らのデジタル恋愛について問われたゲーマーたちが語ったのは、美女やセクシーな体についてではなく、ただ、仲間が欲しい、受け入れられたいという願望をテーマとする内容だった。

二〇〇二年～二〇一五年のあいだに、二〇～二四歳の日本人女性で交際相手を持たない未婚者の割合は、三八・七％から五五・三％に上がった。同年代の男性では、四八・八％から六七・五％に増加している。また、同じ年齢層で性経験のない人の割合は、二〇一五年に男女ともに約四七％に達している。

じゃあ、もっと外へ出てデートすればいいのでは？　ところが、じつは問題はそこではないようだ。日本政府の調査によると、若者の三七・六％が、恋人を欲しいと望んでいない。

なぜだろう？　大半の人が、「面倒だから」と答えている。リアルな恋愛関係は大変すぎて、リスクも大きすぎるようだ。日本の男性は、人間関係が「面倒くさい」のが嫌だと言う。その点では女性も一致している。

乙女ゲームの魅力について、ある女性は、「理想的な恋愛ストーリーなんです。女性のライバルがいないし、悲しい結末もないから」と語っている。

彼らは、人間でない架空の相手とともに、テクノロジーならではの摩擦のないコントロールと利便性を求めているのだ。バーチャルな彼女（彼氏）は、過度な期待をしてこない。相手から拒絶されることや突然連絡を絶たれること、不安な気持ちにさせられることもない。何か問題があれば再スタートすればいいから、気まずい別れ話にもならない。面倒なことは何もなく、いくつかの利点があるわけだ。

まさか大半の人びとが、ホームセンターの枕売り場で将来のソウルメイトを見つけるようになるとは思わないが、こうした現象は、たまごっちゲームの無害な気晴らしとはかけ離れている。

私たちは、蔓延する孤独に対処しているが、それよりさらに気がかりなのは、問題に対処するために取り入れている新たな方法だ。それらがどうも長期的な生きがいや幸福につながるとは思えないからだ。

なぜ私たちは、お互いにではなく、テクノロジーにばかり手を伸ばしてしまうのだろうか？

成功につながる人気とつながらない人気

孤独は最悪だ。一方で、人気があるのは良い。本当に良いことだ。子どものころに人気者だったことは、その人の数十年後の人生に大きな違いをもたらす――それも驚くほどに。ノースカロライナ大学チャペルヒル校の心理学および神経科学教授のミッチ・プリンスタインの研究によると、人気者である子どもは学校で成績が良く、大人になればより強い絆で結ばれた結婚生活を送り、より良い人間関係を築き、より多くの収入を得る。そして、より幸せで長生きする傾向がある。

こうしたポジティブな結果の予測因子として、子どものころに人気があることは、ＩＱや家庭環境、心理的状況より有用だった。

では、人気がないとどうだろう？　もうお察しだろう、さまざまな疾患やうつ病、薬物乱用、自殺のリスクが高くなる。

体育会系とオタクのあいだで階級闘争が勃発する前に、大事なことを書いておきたい。人気には二種類ある。

一つ目は地位《ステータス》である。地位とは、すなわち権力や影響力だ。高校時代のクールな子たちを思い浮かべてほしい。彼らは、いじめのように道徳的に好ましくない手段で地位を得ることもある。「積極的な攻撃」は人から好かれないが、悲しいかな、地位を高めることはできる。

好むと好まざるとにかかわらず、私たちは皆、地位に対するある程度の願望を自然と持っている。心理学者が「外発的目標」と呼ぶところの権力、影響力、支配力などをもっと達成したいと誰もが望むものだ。脳の奥深くに組み込まれているからだ。

機能的磁気共鳴断層撮影装置（fMRI）を用いた研究では、被験者が地位の高い人のことを考えるだけで、脳の報酬中枢が明るくなる。そして、自分が高い地位にあると人びとから見られていると思うと、報酬中枢はさらに明るく輝くという。

これは理にかなっている。地位は、私たちが切望してやまない、世界に対するコントロールをあたえてくれる。人びとを調査すると、半数以上の人が、お金より地位のほうを選ぶ。皆が四ドル持っているときに三ドル持つより、皆が一ドル持っているときに二ドル持つほうがいいのだ。

地位の問題点は、あまり長期にわたって充実しないことだ（さあ、オタクの逆襲だ）。バージニア大学のジョー・アレンは、「クールな子たち」を中学卒業後の一〇年間追跡調査したところ、薬物乱用の問題や劣悪な人間関係、犯罪行為が多く見られることを発見した。しかも、こうした結果は、世界じゅうでくり返し確認されている。地位や権力、「外発的な目標」に注力することは、良い成果につながらなかったのだ。

有名になるほど孤独になる

これは一三歳にだけ当てはまることではない。究極の地位を手に入れるとはどういうことだろう？　有名になること？　さきほどの学術研究は、もう一つの格言を裏づけている。それは、トップに立つことは本当に孤独だということだ。

「著名人であること：名声の現象学」と題された研究では、大半の人は愛されるために有名になりたいと望むが、皮肉なことに、有名になればより孤独になるとされている。著名人は、注目に曝されることに対処するために、壁を作らなければならない。他の人はつねに何かを求めてくるので、誰も信用できなくなる。友だちからは嫉妬される。

そんなわけで、誰からも愛されることは、ときとして研究者たちが「感情的孤立」（家族や友人などの人間関係から切り離されている感覚）と呼ぶものを生みだすことになる。そしてこのことは、中学時代の「クールな子たち」に見られたのと同様の結果をもたらす。

有名人のアルコール依存症は、一般人の二倍近くで、また、自殺率は四倍以上だ。あなたが、ウォーホルの言葉とされる「一五分間の名声」を得ないことを祈る。

なぜ地位や外発的目標を重視すると、問題につながりやすいのだろう？　それは多くの場合、トレードオフの関係になるからだ。

高い地位にある人で、「好感が持てる」と見なされる人は三五％にとどまる。権力や支配力を得ることに時間を費やしていると、愛やつながりといった「内発的」な目標に心を注げなくなる。

また、地位を維持するには、時としてハラスメントのように、好ましい人間関係とまったく相反する行動を要することもある。好かれるということは、えてして権力を譲り渡すことを意味するのだ。

「好感を持たれる」は「名声を得る」よりプラス？

それでは、二つ目のタイプの人気について考えてみよう。「好感を持たれること」、つまり、内発的な目標を重視するほうだ。

好かれる人たちは、地位の高い人のような支配力は持たないかもしれないが、私たちが信頼でき、いっしょにいると温かい気持ちになれる人だ。彼らは協力的で親切だ。そして、このような人気こそが幸せにつながる。

ロチェスター大学のエドワード・デシ教授は、研究結果をこう要約している。

「私たちの文化では、富や名声を得ることがとても重視されているが、これらの目標の追求は、満足感の得られる人生を送る役には立たない。人生を幸福にするものは、個人としての成長、愛に満ちた人間関係、そしてコミュニティへの貢献である」

では、先に述べた、人気者の利点に関する研究データは何かというと、それらは地位による人気ではなく、好感を持たれる人気に由来するものだ。スウェーデンの子ども一万人以上を対象とした数十年にわたる研究でも、多くの場合、長期的な幸福と成功をもたらすのは好感度であることが明らかになった。

このことは、文化的なレベルですでに見てきた内容とよく似ている。個人主義的なコントロールへの欲求は、地位と同様に私たちに多大な力をあたえてくれた。しかし、その一方で断絶を生んだ。それに、力を手にしても、人から好感を持たれることや自分を愛してくれるコミュニティを持つことほど心満たされるものではなかった。

要するに私たちは、社会的レベルで、地位VS好感度のデスマッチに取り組んでいる。そしてどうなったか？　好感度と内発的目標は劣勢にある。

あなたは、自分の娘が大人になったら何になってほしいだろう？　企業のCEO？　上院議員？　イエール大学の学長？

これらは実際に、六五三人の中学生を対象とした調査の選択肢にあったものだ。そしていずれも、四三・三％の票を獲得した「超有名な歌手や映画スターの個人秘書」に負けてしまった。

若者たちは有名になりたい

今の若者は、何よりも有名になりたいと思っている。ピュー・リサーチ・センターによる、アメリカの青少年を対象とした二〇〇七年の調査によると、「この世代のいちばんの目標は、富と名声である」という結果が出た。

それはメディアを見てもわかる。一九八三〜二〇〇五年のあいだに、子どもたちが有名になることをテーマにしたテレビ番組はなかった。ところが二〇〇六年以降、ディズニーチャンネルの番組の五〇%近くがこのテーマを扱っている。

今日の個人主義的な文化では、地位《ステータス》は自己価値と同義語になりつつある。そして心理学者のミッチ・プリンスタインが指摘するように、これは幸福になるための優れたレシピではない。しかし、ナルシシズムへの最高のレシピではある。

一万四〇〇〇人以上の大学生を対象とした二〇一〇年の調査では、過去数十年のあいだに共感能力が四〇%低下したことが指摘された。そして、「時とともに膨らむエゴ」と題された別の研究では、同様の特性を有する集団《コホート》で、「ナルシシズム的人格指数（NPI）」のスコアが上昇していることが明らかになった。二一世紀に入り、ナルシシズムは、肥満に匹敵する速さで増加している。

人とのつながりが感じられるときには、助けが得られると想定できるので、状況をコントロールすることはそれほど重要ではない。しかし孤独なときには、私たちの脳は二倍の速さで脅威に目を走らせる。安全だと感じるために、環境をコントロールする必要があるからだ。

そして、かつてないほど個人主義的な今日の世界で、コントロールへの切実な必要性は、人びとの人間関係にも影響を及ぼしている。人間関係にどう対処するかだけでなく、どのような関係を選び、どのような形態を取るかにも影響をあたえている。

私たちは、自分でコントロールできる人間関係を求めているのだ。社会的な関係というより、心理学者が「パラソーシャルな関係」と呼ぶものを求めている。

画面の向こうの人間とは、完璧な人間関係が作れる

この概念は、人びとがテレビの登場人物と築く疑似的な関係を言い表すために、一九五六年に作られた。研究者のコーヘンとメッツガーは、「テレビは〝完璧な来客〟の象徴で、訪れるのも去るのも私たちの気まぐれ次第だ」と述べている。つまり、私たちが求める条件での関係だ。

笑いと温かみがある。それでいて、リアル社会の他者――各自ニーズを持っている――とつき合う際の面倒とはいっさい無縁だ。画面の向こうの彼らはあなたを失望させることもないし、お金を貸してくれと言ってくることもない。飽きたらいつでも消すことができる。MITのシェリー・タークル教授は、テレビのキャラクターは、「仲間のような錯覚をあたえてくれ

ながら、友情を要求してくることはない」と言う。

こうしたパラソーシャルな関係は、衝撃的なほどに強力だ。二〇〇七年にテレビの脚本家たちのストライキがあり、多くの番組が新エピソードの放映を見送った。架空の登場人物とパラソーシャルな強い絆を結んでいた視聴者たちに、どのような精神的影響があっただろうか？二〇一一年に行われた調査では、「まるで失恋したようだった」と端的に述べられている。もしあなたが、「現実の恋愛関係にとってのパラソーシャルな関係は、性的関係にとってのポルノと同じだ」と考えたなら、それは正しい。精神的なポルノである。

地位を得るために費やす時間が、好感を持たれることにつながる時間を奪うように、テレビを見る時間のために何が削られるだろう？　そう、現実の人びとと過ごす時間だ。

しかし、テレビは実際に人と交流する時間ほど充実したものではない。ヘビーな視聴者は幸福感が低く、不安感が強い傾向にある。豪華なディナーを、カロリーばかりで栄養価の低いジャンクフードと交換しているようなものだ。しかしこれは個人の問題というだけでなく、二〇世紀を通して社会全体の問題になっていた。

ハーバード大学のロバート・パットナム教授の著書、『孤独なボウリング――米国コミュニティの崩壊と再生』（柏書房）は、あなたにとって最高のディストピアSF小説になるだろう――ただし、これはフィクションではないという点を除けばだが。パットナムは、二〇世紀最後の四半世紀にアメリカのコミュニティが衰退したことをきわめて克明に詳述している。

一九八五～九四年には、コミュニティ組織への人びとの参画が四五％減少したという。もはやボウリング大会やボーイスカウトの活動に参加する時間はなくなった。家族との夕食に費やす時間は、四三％減少した。家に友人を招くことも三五％減ったという。パットナムは、「事実上あらゆる形の家族の団らんが、二〇世紀最後の四半世紀のあいだにあまり見られなくなった」と述べている。そしてパットナムが特定した元凶とは？　テレビである。

しかし今は二一世紀。人びとのパラソーシャルな関係への欲求は変わらないが、テクノロジーは変わった。言うまでもなく、スマホとオンラインの時代だ。

テレビの登場人物と会えなくなると、失恋した心境になるという研究結果があった。では、MRIに被験者を入れ、スマホの着信音や振動を聞かせるとどうなるだろう？　いやいや、依存症の恐ろしい兆候は見られない。薬物中毒のような渇望で脳が悲鳴を上げるわけではなく、その反応は愛なのだ。人びとはスマホに、まるで家族や大切な人に対するように反応するのだ。

ホームパーティもピクニックも半分以下に減った

テクノロジーは、一部で言われているほど本質的に悪ではない。本当の問題は、テレビと同様に、私たちが対面での交流やコミュニティ活動に使うべき時間をテクノロジーに費やしていることだ。

スタンフォード大学のノーマン・ニエは、「メールを一通、送受信する度に、家族と過ごす時間が約一分失われる。平均一三通のメールを送受信すると、一日に約一三分、または一週間に約一時間半、家族と過ごす時間が減少することになる」と述べている。

　これはたとえだが、チョコレート・ケーキがそこまで体に悪いわけではなくても、食事の五〇%がチョコレート・ケーキになったら、それは問題だ。

　テクノロジーを駆使して、オンライン・ミーティングを手配するのは純粋に良いことだ。しかし、対面の会議がすべてそれに差し替えられてしまったら、人びとのつながりは深まるどころか、ますます離れていくのではないか。そして今や私たちは、睡眠時間より多くの時間をデジタル機器に費やしているのだ。

　しかも、こうした電子スクリーンに集中する時間が、地位《ステータス》や外発的目標の重視に拍車をかける結果になっている。一九六七〜一九九七年に、名声やお金、功績に対する人びとの関心は増大したが、とりわけ一九九七年以降に爆発的に高まった。一九九七年に何が起こったかというと、インターネットの台頭だ。

　パットナムが、テレビに起因するコミュニティの衰退を指摘したように、作家のジェイク・ハルパーンは、外発的目標を重視する傾向は、デジタル技術の興隆とともに強まるばかりだと言う。

　一九八〇〜二〇〇五年に、アメリカ人が家に友人を招待する回数は半減した。サークル活動などへの参加は、一九七五年以降の三〇年間に三分の二減少した。それに私たちは、深刻なピクニック離れに陥っている。そう、ピクニックは同時期に六〇%も減っているのだ。

オンラインゲームの「友だち」は本当に友だちか

有名な生物学者であるE・O・ウィルソンはかつてこう言った。

「人びとは、部族《トライブ》に属さなければならない」

でも最近、世間の人たちは自分の部族をどこで見つけているのだろう？　オンラインゲームだ。インターネット依存症の人たちは、どんなゲームを好んでいるのだろう？

心理セラピストのヒラリー・キャッシュは、作家のヨハン・ハリにこう語っている。

「大人気なのはマルチプレイヤー・ゲームで、プレイヤーはギルド（チーム）の一員となり、そのなかで地位を獲得していきます——その根底にあるのは部族主義なのです」

しかし、オンライン・コミュニティは、本当のコミュニティに取って代われるものではない。デラウェア大学のポーラ・クレムとトーマス・ハーディがオンラインのがん患者支援グループを調査したところ、参加者の九二％が抑うつ状態であることがわかった。では、直接顔を合わせる支援グループはどうだっただろうか？　抑うつ状態の患者は一人もいなかった。クレムとハーディは次のように報告している。

「伝統的な支援グループは、人びとががんに対処するうえで力になっているが、オンラインの支援グループの有効性については——なお検証を要する」

対面での交流をオンラインに置き換えるのは至極簡単だ。しかし、同等のつながりを構築することはできない。心理学者のトーマス・ポレットも、「IM（インスタント・メッセージ）やSNSにより多くの時間を費やしても、人間関係における感情的な親密さは増さなかった」としている。

しかも、これは二重の打撃だ。充実感の低いデジタルでのつながりに多くの時間とエネルギーを費やすようになると、人とつながる能力が低下する。前述のように若者の共感能力が四〇％低下したという調査結果があったが、その原因は何だったのか？　研究チームの一員だったエドワード・オブライエンはこう述べている。

「オンラインでは簡単に〝友だち〟を作れることから、誰かの問題につき合う気になれないときは無視しがちになり、そうした行動がオフラインにも持ち込まれる可能性があります。そこに有名人の〝リアリティショー〟が生みだす、競争の激しい雰囲気や成功への思いあがった期待も加わり、少しばかり同情してほしい人の話にゆっくり耳を傾けにくい社会環境になっています」

「コンピュータが人間のようになる危険性は、人間がコンピュータのようになる危険性ほど大きくない」

あなたはおそらくこう思っているだろう。私たちは皆、この先もずっと壊れたままで、そうなると誰もがつながれるのはスマホの充電器くらいじゃないかと。いやいや、そんなことはない。MITのシェリー・タークルは、若者を対象とした別の研究を紹介し、こう述べている。

「携帯電話を持たずに、たった五日間キャンプで過ごすだけで、共感能力のレベルが回復します。どうしてそんなことが可能なのかって？　キャンプの参加者同士がたがいに話をするからです」

あなたはどうかわからないが、私は、人とつながる能力をこれ以上低下させるわけにいかない。なんせ社会的スキルのピークは、幼稚園のときだった。

テクノロジーは多大なプラス面をもたらしてくれたが、同時に、私たちがコミュニティの一員として他者と過ごせる時間を奪ってしまった。コンピュータの父とされるコンラート・ツーゼは、「コンピュータが人間のようになる危険性は、人間がコンピュータのようになる危険性ほど大きくない」と述べている。

私たちが最後に行き着くのは、コミュニティでも一人でいること《ソリテュード》でもなく、つねにつながってはいるがけっして心満たされない場所だ。テクノロジーもソーシャルメディアも悪ではないが、それらが本当のコミュニティの座を奪ってしまえば問題が生じる。

私たちが求める、意味のある絆が得られなくなるからだ。本当の意味で、「いっしょにいる」とか「何かに帰属している」と感じることができない。集団としてのアイデンティティを持つには、私たちのコントロールと自律性がいささか強すぎるのだ。

もし明日、電磁パルス攻撃を受けたら、スマホは破壊されるが、それでも私たちの文化的な問題は解決しないだろう。人びとは、絆やコミュニティが欠落した隙間をテクノロジーや地位、コントロールで埋めている。もっと良いものがないからだ。

心理学者のスコット・バリー・カウフマンは、「権力への渇望は、孤独から逃れようとする試みだ。しかしながら、権力はけっして愛ほど満たされるものではない」と述べている。

私たちは心の奥深くでは、サバンナにいたあのホモ・サピエンスのままなのだ。彼らは何を求めていたか？　そこに答えがある。

そしてあるもの――科学系ライターの私が取りあげるのは、狂気の沙汰だと思われる――を探っていくことで、きっとその答えにたどり着くだろう。そう、ヒーリングクリスタルとかオーラとか……本来、私が目を白黒させてしまうようなあらゆるものに視線を向ける必要がある。

もちろん疑似科学はまったくのナンセンスで効果はない。しかし、そのなかに、現代世界がなぜこれほど問題のあるものになってしまったのかを解くカギがあるはずだ。同時に、私たちに今必要な、未来に対して渇求される希望をどこで見つけられるかという手がかりにもなるかもしれない。

3 人間は、他人に必要とされないと生きていけない生き物

すべての始まりは、一枚のペルシャ絨毯《じゅうたん》だった。テッド・カプチャクが病気を「治してくれた」からと、患者の一人が彼に贈ったものだ。テッドはそれを丁重に受け取ったものの、彼女の言葉を信じていなかった。彼は外科医でもがんの専門医でもなく、さらに言うと医師でもなかったからだ。もっぱら薬草を調合し、鍼《はり》治療を施していた。

テッドは誠実で、合理的な男だった。自分の療法に、患者の気分を良くする何らかの効果があると信じていた。それがこの仕事をする理由だった。しかしその女性は、手術を要する卵巣の病気がテッドの治療で治ったと言っていた。テッドは、『ニューヨーカー』誌にこう語っている。

「その女性の卵巣に鍼や薬草が効くはずがなかった。ある種の偽薬効果に違いなかったが、私はそれまでプラセボ効果というものにあまり気を留めたことがなかった」

数年後、テッドはハーバード大学メディカルスクールに招かれた。代替医療に基づく新たな治療法の可能性を探っていた研究者たちが、彼に専門家としての知見を求めたのだ。

テッドはこのとき初めて、プラセボ効果に正式に触れることとなった。プラセボ効果はかなり強力で、当の治験薬より強く作用することが少なからずあった。すると医師たちは、臨床試験の邪魔になるとして憤慨した。テッドは混乱した。患者の苦痛を緩和することが目的で、プラセボはその目的を果している。それなのになぜ嫌うのか？

テッドが、その後のキャリアを何に費やすかを決したのはこのときだった。多くの人の苦痛を軽減するこの「邪魔者」を理解し、患者を助けたいと思った。「私たちは薬効を高めようと躍起になっていたが、プラセボ効果を高めようとは誰も考えなかった」とテッドはのちに述べている。医学における最も有力な手段の一つが無視されている、と彼は考えた。そこでテッドは、医師たちが犯してきた間違いを彼らに示すことに心血を注いだ。

しかし、それは容易なことではなかった。プラセボ効果を科学的に証明しなければならない。そうでないと、誰も彼の話に耳を傾けようとしないだろう。ところがテッドは、医師でもなければ、博士号も持っていない。臨床試験のやり方も、研究に必要な統計的手法も何も知らなかった。だから、一から学ぶ必要があった。

テッドは、ハーバード大学で第一線の医学統計学者たちに頼み込み、その下で指導を受けた。薬草治療や鍼治療から厳密な数学へ転じるのは困難を極めたが、彼はひたむきに勉強した。そしてとうとう研究を主導できるまでになり、とりわけ成果が表れだしたとき、ついに努力は報われた。

テッドの読みに狂いはなかった。プラセボ効果は、ウィルスを殺すことも、腫瘍《しゅよう》を切除することもできないが、「本物の」医療効果をさらに上げる驚異的な力を持っていた。
テッドは、偏頭痛の患者を三つのグループに分けた。そして最初のグループに、「マクサルト」（FDA承認の片頭痛薬）と書かれた封筒に入ったプラセボを渡した。二番目のグループには、「プラセボ」と書かれた封筒に入った本物のマクサルトを渡した。そして三番目のグループには、「マクサルト」と書かれた封筒でマクサルトを渡した。

その結果どうなったか？

マクサルトと表示されたプラセボを受け取った人の三〇％に気分の改善が見られた。そして、プラセボと表示された頭痛薬をもらった人の三八％に症状改善が見られた。

この二つの結果は、統計的に差がない。つまりプラセボには、痛みを和らげるうえで薬と遜色のない力があったのだ。しかし、最も重要な発見はそれ以外にあった。マクサルトと表示されたマクサルトをもらった人は、六二％の確率で症状が改善した。

つまり、同じ薬を別の表示でもらった場合に比べて、二四％も改善率が高い。最大限の医療効果を得るには、プラセボ効果も最大限にする必要があるということだった。

プラセボの不思議

さらにテッドは、自分の鍼治療が、どのような理由で患者の役に立っていたのかも知ることができた。彼は二つの患者グループの片方に本物の鍼治療を施し、もう一方には「見せかけ」

の鍼治療（患者には区別がつかないが、じつは鍼が刺さっていない）を施した。すると、どちらのグループも、同程度に症状が改善したと報告したのである。要するに、テッドの鍼治療は、「本当に」症状の緩和をもたらしたわけではなく、それをもたらしていたのは、プラセボ効果のほうだった。

もちろん、テッドの研究は抵抗に遭った。だが今や、厳密な調査によって反撃することができた。彼は、プラセボ効果でがんや骨折が治せると言っているわけではないことを明確にした。ただし今度は、痛みや不安を緩和し、「本来の」治療の成果をさらに高めるということに関して、プラセボ効果は患者に本物の生理学的効果をもたらすことを立証できた。

テッドは、プラセボが魔法やまやかしでないことを証明して見せた。ナロキソンという薬には、アヘン受容体を遮断する作用があり、ヘロイン過剰摂取の症状を治療するのによく用いられる。ところが、ナロキソンは、エンドルフィンなど、体内で作られる天然の鎮痛剤も遮断してしまう。そして、ナロキソンを人に投与すると起こることがほかにもある。じつはプラセボ効果がなくなるのだ。

つまりプラセボ効果は、多次元量子ヒーリングや水晶パワーとは異なり、現代医学がまだ解明していなかった何らかの方法で、体の天然の鎮静剤を活用する正常な過程なのだ。

しかもその効果は絶大。八ミリグラムのモルヒネと言えばかなりの量だが、それを実際に投与された患者と、「投与された」と言われただけの患者は、同等の鎮痛効果を得る。薬効がプラセボ効果を上回るためには、モルヒネの投与量を五〇％も増やさなければならない。

マカオの中医学課程で学位を取った、医師資格のない男が、NIH（国立衛生研究所）から研究助成費をもらえるようになるまで、さほど時間はかからなかった。今やテッドの頭を悩ますのは、プラセボ効果が本物で、有用だとわかっていても、それがなぜ、どのようにして作用するのかがはっきりしないことだった。そして、思った以上に〝迷宮〟が深いことを物語る奇妙な結果もデータから見つかっていた。

一日四錠のプラセボは、一日二錠のプラセボより効果がある。睡眠の改善には、青色のプラセボが優れており、不安の軽減には、緑色のプラセボの効果が高い。また、プラセボカプセル剤は、プラセボ錠剤より効き目があり、プラセボ注射はさらに効果が高かった。ああ、それに高価なブランド名のプラセボは、安価なジェネリック名のプラセボに効果で勝る。

あれ？　投与する物質（有効成分を含まない）は全部同じなのに、投与法によってなぜ効果に差が出るのだろう？　そして極めつけに奇妙だった調査結果といえば、なんと「オープンラベル」のプラセボでも効果があった。そう、偽薬が偽薬であることを人びとに伝えても、なお症状が改善したのだ。

「ビジネスライクな医者」の治療はなぜ効きにくいのか

テッドはそのとき腑に落ちた――代替医療の治療を施していたとき、どうして自分が優れたヒーラーだったのかを。プラセボ効果とは、儀式のことだった。そして、患者自身が良くなると信じることだったのだ。

注射は、錠剤より本格的に見えるのでプラセボ効果を高める。ブランド名や値段が高くつく場合も、正統性を印象づけるのでプラセボ効果が増す。とはいえ、見せかけばかりではない。医師が患者により共感し、より注意を払い、より気づかいを示すことでも同様の力が発揮された。

テッドのある研究によると、何も治療を受けなかった患者の二八％に、三週間後、症状の改善が見られた。自力で回復したのだ。しかし、「ビジネスライク」な医師のもとで偽の鍼治療を受けた患者では、四四％に症状の改善が見られた。〝儀式〟と医師の注意が得られたことが良い効果をもたらしたのだ。

では、偽の鍼治療と本当に患者への気づかいを示す医師の組み合わせではどうなっただろう？　医師は患者と四五分間会話をするように指示されていた。すると、六二％の患者の症状が改善した。気づかいには、用量依存的な効果があったのだ。

もう一度言うが、プラセボ効果は、エボラ出血熱のウィルスを殺すものでも、バイパス手術に取って代わるものでもない。しかし、私たちが医者に行くのは、深刻な事態のためというより、ただ不快感を軽減するためのほうが多いのではないだろうか？　そして、「本来の」薬物治療は、プラセボ効果が加わると一段と効果を発揮する。それが意味するところはつまり、誰かが私たちを気にかけていることを示してくれるとき、「本来の」医療は、一段とその効果が増すということなのだ。

私たちは、技術進歩のおかげでたしかに多大な恩恵を得てきたが、その過程で思いやりの力を無視することによって何かを失ってしまった。テッド・カプチャクはそのことを証明して見せた。

医師の慌ただしい診察はプラセボ効果を低下させ、患者の回復に弊害をもたらす。私たちは、医師の患者に対する思いやりのある態度にお世辞を言ったりするが、それは実際、患者に影響をあたえるものなのだ。

もちろん、私たちは「実質効果」のある本物の薬や本物の手術を望んでいる。しかし、そこに「偽」のプラセボ効果をもたらす人間的要素が加わると、本物の医療は、科学的にいっそう優れた効果を発揮するのだ。

テッド・カプチャクは、もう二〇年以上鍼治療を行なっていない。しかし、その当時に培《つちか》った知識を新たな職務で活用している。

二〇一三年、テッドはハーバード・メディカルスクールの正教授に任命された。いまだに医師の資格や博士号は持っていないが、ハーバード大学で、「プラセボ研究と治療法の遭遇(Placebo Studies and the Therapeutic Encounter)」プログラムを主導している。医学の人間的側面であるプラセボ効果に特化した、今日、世界で唯一のプログラムである。

「気にかけてもらう」――たったそれだけで

以上がテッドの物語である。

でも、まだ話は終わらない。なぜプラセボ効果が効くのかが説明できていない。たしかに、医者との関係が患者を癒すというのは素敵で、詩的で、本書にぴったりだ。しかしここでの目的は、気分が良くなる話だけをすることじゃない。

私たちの体が痛みを消せるのなら、なぜそうしないのか？　温かい気づかいが、時として「本来の」治療と同じくらい重要な意味を持つとしたら、その背景にはどのような進化的論理が働いているのだろう？

たとえば、痛みは怪我による直接的な影響というより、車のダッシュボードに表示される警告灯のようなものだと考えてみよう。何らかの不具合があり、整備を要すると知らせるものだ。あなたの体がこう訴えている――「今やっていることを止めて、こちらを何とかしろ」。気にかけろ。

すでに見てきたように、気づかいは、プラセボ効果の中心となるものだ。プラセボがプラセボだと知らされていても、効果があるのはそのためだ。誰かが私たちを気にかけてくれて、より注意を払ってくれるほど、より有能に見えるほど、より高度な道具を使ってくれるほど、そしてより多くの時間をかけてくれるほど、私たちの体はそのことに気づく。すると、体があなたに新しいストーリーを知らせてくれる。

「誰かが気にかけてくれている。もう痛みとともにあなたに叫びかける必要はない。私たちは安全だ」

そうして体は、「要整備」のランプを消すのだ。

孤独になると、否定的な感情にフォーカスするようになる。なぜならあなたは安全ではなく、見守っていてくれる人が誰もいないからだ。あなたの体は歴史的に、そうした状況がホモ・サピエンスにとって非常に悪いことだと知っている。

プラセボ効果はその逆だ。「誰かが私たちのことを気にかけてくれている。応援が来てくれた。私たちはもう安全だ」と体が言う。セラピーの患者の六六%は、初診を受ける前の問診だけで気分が良くなったと報告している。「もうすぐ助けが来る。警告灯を消して大丈夫だ」。

誰かの親身な気づかいが、あなたを癒す。いつもなら、こんなあやふやな言葉を聞くと、私は思わず白目をむいて天を仰いでしまうのだが、これは科学的に真実なのだ。

プラセボには、有効成分が含まれていることがわかった。それは、たがいを思いやる人間の気づかいである。

うつの最大の原因は「助けが得られないこと」

それでは、地位《ステータス》や外発的な目標を追い求め、気づかいや内発的なものをないがしろにする世界では、どんなことが起こるのだろう？　ズバリ、私たちの気分が落ち込む。

物質的には大成功をおさめているはずの欧米諸国では、過去五〇年間に幸福度が低下し、うつ病の発症率が上がっている。国立健康統計センターの二〇一一年の発表によると、アメリカの中年女性の四分の一近くが現在、抗うつ薬を服用しているという。

しかし、今日私たちは、うつ病の原因についてまったく思い違いをしている。うつ病は、化学物質の不均衡やその他の内因性の理由によるものとすぐに考えがちだ。たしかにそれは原因の一部だが、最大の原因とはとうてい言い難い。

心理学者のジョージ・ブラウンとティリル・ハリスが一連の研究を行なった結果、うつ病になったことのない女性の二〇％は、人生で大きな問題を抱えていた。うつ病を発症した女性の場合、大きな問題を抱えている割合は六八％だった。そう、この統計に驚くべきことは何もない。深刻な問題は人を悲しませる。

しかし、意外なのはここから先だ。うつ病発症の要因は、単に悪いことの総量ではなかった。人生における問題と安定化要因《スタビライザー》――周囲からどれだけ支援が得られるか――の比率に原因があったのだ。

深刻な問題があるのに、助けが得られないと、うつ病の発症率は七五％に達した。作家のヨハン・ハリは、同研究の結果を著書、『うつ病から逃れる本当の方法』（作品社）で取りあげ、「うつ病は単に脳の不調によって引き起こされる問題ではない。人生がうまくいかないことが要因となるのだ」と述べている。そして、同様の結果は世界各国でくり返し確認されている。

二〇一二年に行われたうつ病に関するある研究では、「近代化の一般的および特異的特性は、うつ病のより高いリスクと相関する」と結論づけている。

また、「うつ病と近代化：女性に関する異文化間研究」と題する別の研究では、うつ病の有病率は、物質的に劣悪な状況にあるナイジェリア農村部の女性で最も低く、アメリカ都市部の女性で最も高いとされている。

欧米諸国の人びとは、かつてないほど豊かになったが、同時にかつてないほど精神的に落ち込んでいる。人生において悪いことが起きるのは避けようがないものだから、明らかに、周囲から支援が得られるかどうかという問題なのだ。今日の私たちの生き方では、サポートが得られていない。

それに対しどんな手が打たれたか？　プラセボが投与された。というのはプロザックのような抗うつ剤は、じつはプラセボなのだ。二〇一四年のある論文は、こう結論づけている。「公表されたデータ、および製薬会社によって伏せられていた未公表のデータを分析した結果、得られた効果のほとんど（すべてではないにせよ）が、プラセボ効果によるものであることが明らかになった」

また、「プロザックに耳を傾け、プラセボを聞く」と題した別の研究は、二三〇〇人以上の被験者を対象に調査した結果、「薬に対する反応の約四分の一は活性薬の投与によるもの、二分の一はプラセボ効果、残りの四分の一はその他の非特異的要因によるもの」であることを発見した。

これらの論文は、科学界全体から猛反発を受けただろうか？　いや、そんなことはなかった。

私たちの脳は他者への中毒状態

誰もが薬をゴミ箱に捨てるべきだと言っているわけではない。薬はもちろん、人びとの役に立っている。しかし多くの人にとって、それは通常考えられている理由によってではない。薬効の最大の理由は、薬が、今日の社会に欠落している気づかいの代用品になるからだ。

では、患者がそうしたプラセボを得られなかったら、あるいは、プラセボ効果が十分でない場合にはどうするのだろう？　じつは、気づかいの欠如にもっと直接的に対処することになる——違法薬物によって。

実験用ラットが、薬物（モルヒネ）を欲して狂おしくレバーを押す話は、よく知られている。サイモンフレーザー大学の心理学教授、ブルース・アレクサンダーは、はたして中毒だけが原因なのかと疑問を抱いた。そうした実験のすべてにおいて、中毒ネズミが孤独なことに気づいたからだ。

では、ラットを仲間や遊具といっしょにケージに入れ、〝ラットピア〟を作ってやるとどうなるか？　なんとラットたちは薬物を欲しがらない。一匹でいるラットは、モルヒネを二五ミリグラム使用したが、〝ラットピア〟のラットの使用量は五ミリグラム以下だった。当然のことながら元々のラットたちは、薬物を使用した。〝独房〟に入れられていたからだ。

神経科学者のトーマス・インセルは、「社会的愛着は中毒性障害か?」と題した論文で、こう結論している――私たちの脳は、他者への中毒状態なのだ。そして薬物乱用は、同じドーパミン作動性経路を活用することにより、社会的愛着と類似した効果を灰白質で再現する。

アヘン遮断薬であるナロキソンという薬剤が、プラセボ効果を阻害したことを覚えているだろうか? ナロキソンはまた、宗教儀式による絆形成の効果も失わせる。私たちは、共同体に属していれば、自分たち自身でハイになれるが、共同体がなければ、どこかほかの場所で調達しなければならない。

一九八〇~二〇一一年のあいだに、人びとのモルヒネ使用量は三〇倍に増加した。しかし、世界じゅうで増えたわけではない。ジャーナリストのサム・キノネスは指摘する。「最も痛みが激しいとされる発展途上国では、使用量が増えていない。そのかわり、世界人口の二〇%に当たる最も裕福な国ぐにが、世界のモルヒネのほぼすべて(九〇%以上)を消費するようになった」

個人主義の国では、地位とコントロールが重視される一方で、気づかいは充分でないため、精神衛生上の問題や薬物依存が爆発的に増えているのだ。

では、その逆を考えてみよう。

個人主義が前面に出ていない世界ではどうなのか? 地位や外発的目標が二の次にされるどころか、当面、意味を持たないところでは? あるいは、さらに極端な状況を考えてみよう。戦禍や災害を経験した場合にはどうなるのか。客観的に見て、物事が限りなく悲惨な状況では？

私たちは人間の本質に立ち返る、というのがその答えだ。たぶんあなたは、それは良くないことだと思うかもしれない。とくに、私たちの現状の酷さについて説明してきた後では。人間の本質とは、進化論的な残酷さだと思うかもしれない。

公平に言えば、私は時どきダーウィンを悪者扱いしてきた。適者生存、情け容赦ない競争、近代個人主義、そしてジョージ・プライス。しかし、それらが私たちの進化の全容ではない。

ホモ・サピエンスがネアンデルタール人に勝った理由

そもそも、人類はなぜ地球上の生物種のボスになりえたのか？ いちばん賢かったから？ そうではない。

賢かったのはネアンデルタール人のほうだった。彼らの脳（頭蓋内容積）は、私たちより平均で一五％大きい。最近の発見によれば、ネアンデルタール人は火を使用し、音楽を奏で、文化を持ち、洞窟壁画を描いていた。なんと、初期のホモ・サピエンスは、道具の使い方など、いろいろなことを彼らから学んだようだ。じゃあ、なぜ私たちホモ・サピエンスが勝ったのだろう？

私たちが地球の生物界の王者となったのは、最も協力的だったからだ。これが、ホモ・サピエンスの成功物語である。歴史家でジャーナリストのルトガー・ブレグマンは、こう述べている。

「ネアンデルタール人がスーパーコンピュータだったとするならば、私たちは旧式のPCだった――WiFi搭載の。スピードは遅かったが、接続性が高かった」

第一章で述べたように、私たちは嘘を見抜くのがとても苦手だ。ところがこの弱点こそが、集団的な強みなのだ。私たちのデフォルトは、たがいを信頼し合うこと。力を合わせて働くことだ。

一人のネアンデルタール人が「クソくらえ、いち抜けた～」と言ったような状況で、ホモ・サピエンスは団結した。最悪の状況にあっても協力し、助け合える能力が、やがて私たちの勝利、彼らの敗北をもたらしたのだ。

ネアンデルタール人は、ホモ・サピエンスより脳が大きかったにもかかわらず、協働できるのは、せいぜい一〇～一五人規模の部族に限られた。しかし私たちは、協力し合う特殊能力《スーパーパワー》のおかげで、一〇〇人以上の規模まで仲間を増やすことができた。戦いの行方は想像できるだろう。

文献をよく読むと、ダーウィンもこの点に気づいている。

「最も共感力に優れるメンバーを最も多く擁する共同体は、最も繁栄し、最も多くの子孫を残すだろう」

災害時に人間は協力状態に戻る

戦争や災害など、客観的に見て最悪の事態のとき、人間は、「他人のことなどかまっていられない」と自己本位に行動すると考えがちだが、じつはそうではない。

社会学者のチャールズ・フリッツが一九五九年に、九〇〇〇人以上の災害生存者に聞き取り調査をしたところ、今日の社会が地獄の様相を呈すると、人間は本来の「協力」状態に戻ることが明らかになった。

地位は一時的に脇に置かれ、政治、階級、宗教をめぐる諍《いさか》いも無視される。そんなことにかかわっている暇はない、肝心なことに取り組もう、と。何が本当に重要なことなのか、日ごろの生活では見えなかった本質が明らかになる。人びとの生死にかかわるとき、何が意味のあることなのか、判然とするのだ。

あなたが問題を抱えるとき、それはあなた個人の問題だ。しかし津波の被害や敵の侵攻のように、皆が問題を抱える場合、それは私たちの問題になる。一丸となって取り組むのだ。フリッツはこう述べている。

「危険や喪失、困窮を広く共有することによって、生存者のあいだに親密で、主として集団的な連帯感が生まれる。こうした個人的ニーズと社会的ニーズの融合は、通常の状況下ではめったに醸成されない帰属意識や一体感をもたらす」

こうして私たちは、人間の本質を取り戻す。つながりへの欲求は、快適さへの欲求より奥深くに植えつけられている。だから物事が客観的に最悪の状態にあるときこそ、人間は最善の状態にあるのだ。

被災現場から逃げる人より、救助に向かう人のほうが多い

二〇〇五年に、ハリケーン・カトリーナがニューオーリンズを襲った。町の八割が浸水し、一八〇〇人以上が死亡した。そのとき、人びとはどう反応しただろう。報道は、町の無法地帯化の話題で埋めつくされた。殺人、レイプ、略奪、ギャングの横行などが見出しに踊った。

ところがそれは真実ではなかった。翌月、より詳細な分析が行われ、「軍や警察、医療機関、民間団体の主だった関係者によると、避難民による非道な行為――大量殺人、レイプ、暴行など――の大半は誤報か、または少なくとも根拠のないものであることが判明した」のだ。

作家で活動家のレベッカ・ソルニットが、当時被災地の真っただ中にいたメンタルヘルス専門家、デニス・ムーアに話を聞いたところ、こんな答えが返ってきた。

「私たちは動物のように閉じ込められていたけれど、およそ考えられないような場所で、これまでに見たこともない素晴らしい人間性を目撃したのです」

デラウェア大学の災害研究センターが、同様の事例に関する七〇〇以上の研究を見直した結果、こうした反応は一般的に見られる事実だとわかった。人びとは災害に乗じるのではなく、

結束するのだ。ブレグマンはある研究者の言葉を引用し、こう述べている。

「略奪行為の程度がどうであれ、物品やサービスの無償で大規模な提供や共有につながる、広く行き渡った利他主義に比べれば、その重大性はつねに色あせる」

自分の集団が脅かされるとき、人びとは進んで犠牲を払う。それは犠牲ではないからだ。私たちは必要とされ、貢献することに満足を覚える。災害が発生すると、現場から遠ざかる人より、むしろ向かって行く人のほうが多い。

フリッツはこう述べている。

「通常、被災地へ向かう移動のほうが、破壊現場からの脱出や避難より、量的にも質的にも顕著である」

それが普通なのだ。

九・一一の生存者であるアダム・メイブレムはレベッカ・ソルニットにこう語った。

「やつらは私たちを脅しつけるのに失敗した。私たちは冷静だった。私たちを殺したいなら、放っておけばいい。自分たちでそうするから。強くしたいなら、攻撃すればいい。私たちは団結するだろう」

人びとが一丸となるとき、もうプラセボは必要ない。私たちはたがいに気づかい、気づかわれるからだ。戦時中には、精神科の入院患者が減少する。この現象は、何度も立証されてきた。

一九六〇年代に北アイルランドの首都、ベルファストで暴動が起きたとき、暴力行為が最も多かった地区ではうつ病が激減し、何も起きなかった地区では増加した。心理学者のH・A・

ライオンズは、「精神衛生の向上を図る手段として暴力を示唆するのは論外だが、ベルファストでの調査結果は、人びとがコミュニティとの関わりを深めれば、精神的健康が改善することを示している」と述べている。

戦時に心が満たされる理由

さらに、おそらく最も衝撃的なのは、危機に瀕したとき、私たちはときに心が満たされるということだ。著名な人道主義者、ドロシー・デイは、一九〇六年のサンフランシスコ地震についてこう書いている。

「私が最もはっきり覚えているのは、震災後、誰もが人間らしい温かみと親切心に溢れていたことだ。難局が続くあいだ、人びとはたがいに心を寄せ合っていた」

そしていざ脅威がおさまると、皮肉にも、私たちはそれを懐かしむ。苦しみや悲惨さではなく、コミュニティを恋しく思うのだ。

作家のセバスチャン・ユンガーは、サラエボの戦争から二〇年後、ジャーナリストのニザラ・アフメタセビッチに、あのころのほうが幸せだったと思うかと尋ねた。

「いちばん満たされてました。それにもっと笑ってました」

そう答えた彼女は、さらに次のように続けた。

「戦争当時の私たちにあった何かを惜しむことはあります。そしてこうも思います。戦争していたころに誰かが思いを馳せるとしたら、私たちが生きるこの世界――そして手にしている平和――がひどくおかしくなっているのだと。そして現に多くの人が、あのころを思い、淋しさを感じています」

けっして戦争に行けとか、皆、草葺き小屋で電気のない生活をすればいいとか言っているわけではない。明らかに、現代社会には素晴らしい物がたくさん、たくさん、たくさんある。

〝憂鬱の錬金術師〟の体《てい》で、現代性は「冷暖房完備の悪夢」（ヘンリー・ミラー著のアメリカ文明批判の書のタイトル）だと思わせるつもりは毛頭ない。しかし、作家のジェームズ・ブランチ・キャベルはこう述べている。

「楽観主義者は、私たちが可能な限り最高の世界に生きていると信じている。悲観主義者は、それが真実ではないかと恐れている」

コミュニティや幸福に関して言えば、私たちはある意味、自分たちの成功の犠牲者であることにほぼ疑問の余地はない。現代生活の幾多の恩恵に気づくのは容易だが、人との関係の意味とコミュニティの喪失を理解するのははるかに難しい。

初期の人類の生活は、日常的に災難に見舞われ、助けがなければ生き延びられなかった。個人主義など、選択肢にもなかった。そんな状況を過去のものとしたい理由は数限りなくある。

私たちはもう太古のように依存し合う必要はない。だが脳の回路は、いまだに依存し合うようにできている。お互いを必要としないときでも、お互いを求めている。

わが子のニーズがすべて満たされていても、あなたはまだ何かしてあげたいと思うだろう。

子どもが安全でも守りたいと願い、食べ物がふんだんにあっても食べさせたいと望む。たとえ子どもが望みうるすべてのものを手に入れたとしても、あなたはまだ世話をするという過程を担いたいと願うはずだ。

文化として、私たちはすべての要求《ニーズ》を「解決」して、ゼロにすることができると信じているようだが、それでもなお、私たちは必要とされることを求めている。セバスチャン・ユンガーは言った。

「人間は苦難を厭わず、むしろそれを糧にする。彼らが嫌だと思うのは、自分が必要とされていないと感じることだ。ところが現代社会は、人びとに、お互いが必要でないと思わせる技を極めている」

世界的なパンデミックになってようやく、多くの人が、お互いのつながりがいかに重要であるかに気づいたのだ。

テクノロジーを否定する人たちに見習うべきこと

私たち人間は、頭は良くなったが、賢くはなくなった。これは単なる決まり文句ではなく、科学である。賢明さには、IQのみならず、他者への理解や配慮が含まれる。実際、所得層の異なるアメリカ人二〇〇〇人を調査したところ、裕福な層ほど賢くないことが判明した。

いや、お金が悪いわけではない。しかし、貧しい人ほど、過去の人類や災害時の私たちのようにたがいに依存し合わなければならない。研究者たちもこう述べている。「社会階級が賢い判断に及ぼす影響は、少なくとも部分的には、社会経済的地位がより低い被験者が示した、より強い相互依存感覚によって説明された」

友だちとは「もう一人の自分」だったことを覚えているだろうか？　コミュニティも同じだ。自己拡張理論の研究で、集団に関しても同じ効果があることがわかった。私たちは、帰属する集団を自己の一部として内包することができる。コミュニティはもう一人の自分であり、もう一人の友人なのだ。むしろ集団のほうが、ある意味、効果が強いと言える。

たとえば二〇二〇年の研究によると、友人からのサポートを最も強く感じられるのは、自分の友人同士がたがいにつながっている場合であることがわかった。個別の友人、五人から大事にされるときより、相互につながる五人の仲間から大事にされるほうが、友情を強く感じられる。友人は素晴らしい。そしてコミュニティは、もっと素晴らしいものになりえる。

移民当時の生活を守り、自給自足で暮らすアーミッシュの人びとを見て笑う人もいるかもしれないが、彼らはこうしたコミュニティの価値を私たちよりよく知っている。彼らがテクノロジーを遠ざけるのは、ラッダイト（機械化反対者）だからではない。実際、トラクターなど一部の技術は取り入れている。

認めるか否かをどうやって決めているのだろう？　それは、コミュニティの親密さに及ぼす影響によってである。トラクターは、作物を育てるのに役立つから「よい」。しかし自動車は、人びとをより遠くに住まわせることになるので「よくない」といった具合だ。

アーミッシュの若者は、成年に達するころ（多くは一七歳ごろ）、「ラムスプリンガ」という期間を経験する。アーミッシュの規則から解放され、しばらくのあいだ現代社会で暮らすことができる。外界を見る機会を得るのだ。

数年後、若者は俗世かアーミッシュのコミュニティのどちらかを選ばなければならない。じつに八〇％以上の若者が、アーミッシュの共同体に戻ることを選択するという。しかも、一九五〇年以降、アーミッシュの生活を選ぶ者の割合は増加の一途をたどっている。

コミュニティの「負担」や「義務」には効能がある

ただ顔を合わせて交流するだけでは不十分だ。私たちにはコミュニティが必要なのだ。人との触れあいがもたらす健康効果を覚えているだろうか？

心理学者のジュリアン・ホルト＝ランスタッドは一四八の長期的な研究を再調査した結果、コミュニティに属している人は、七年のあいだに死亡する確率が五〇％減ることを発見した。コミュニティという要素が最も重要で、雇用者としての関係やデジタルなつながりでは効果がなかった。本当によく知っていて、親しみを感じられる人びとと過ごしてこそ、長生きできるのだ。

コミュニティには義務がつきものだ。しかし、親であることに責任が必要なように、私たちには負担が必要だ。私たちは、自由の方向へ少しばかり行きすぎた。主体的コントロールの度合いが高すぎると心が満たされないので、双方向の道を望んでいるのだ。

私たちは他者を気づかう必要があるとともに、たがいに分かち合い、気づかわれる必要がある。最も幸せだとされる職業のリストを見ても、聖職者、消防士、理学療法士、教師など、他者を助ける仕事が上位を占めている（驚いたことに作家もリストに入っている）。

何もあなたをがっかりさせたくて、現代生活の憂鬱な点ばかり挙げているわけではない。もっと幸せになってほしいのだ。しかし、作家のヨハン・ハリは、もっと幸せになることを目指すと失敗する可能性が高いという研究結果を挙げている。なぜだろう？　欧米の幸福の定義は個人主義的だからだ。

カリフォルニア大学バークレー校のブレット・フォードが研究で明らかにしたように、個人主義的な幸福の追求はうまくいかない。幸せになろうとする努力が、すべて「私、私、私」と自分に向けられ、何百万年にわたる人間の本質にそぐわないからだ。そもそも目標が間違っているので、取り組み方も全部間違えていくことになる。より高い地位、より多くの富、より多くのコントロール、そしてより少ない義務、では幸福になれない。

ところであなたがアジアに住んでいるなら、今私が言ったことは無視してほしい。アジアでは、幸福の定義はもっと集団主義的だからだ。より幸せになるために、他の人を助けようとし、その試みもより成功するだろう。ブレット・フォードがヨハン・ハリに言ったように、「幸せとは社会的なものだと思えば思うほど、人は幸せになれる」。

そう、あなたはもっと幸せになれる。しかし自分を引きあげるには、まず、他者をどうやって引きあげるかを考えなければならない。

そろそろまとめに入らなければ。私たちは島なのか、そうではないのか、最終結論を出す必要がある。

しかしその前に、ある実在の島に目を向け、私たちの種の物語について教えてもらうことにする。

4 超個人主義に殺されないために

法的には、彼らはすでに死んでいた。所有物はすべて奪われた。婚姻関係も無効にされた。しかし、酷い処遇には慣れていた。彼らはハンセン病患者だった。

一八六六年、ハワイ準州はハンセン病という難題を「解決」しようとしていた。この病気を怖れた当局は、患者たちをモロカイ島へ追放することにした。患者は一六人いたが、比較的健康だったのは四人だけだった。二人は容体が重く、まもなく重篤になりそうな患者がさらに三人いた。

モロカイ島には病院もなければ、病人を世話する人員もいない。患者にはほとんど何も支給されていなかった。あったのは数枚の毛布と、使い方もわからない農具がいくつか。それに、数日分しかない食料だった。島にある小屋は荒れ果てていた。自力で生きるように置き去りにされた、などという甘いものではない。患者たちは死ぬがままに放置されたのだ。

しかも、彼らは家族でも友人でもなく、赤の他人同士だった。体調の良い者が、病状の重い者を助ける理由はまったくなかった。むしろその逆だ。元気な者だけがすべての食料を確保し、弱者の世話に時間を費やさなければ、生存の可能性が大幅に高まるだろう。いちばん元気な四人で塩漬けの豚肉と乾パンを山分けすれば、数週間はもつはずだ。

まだ元気な者にとって、トリアージのみが、活路を見いだす手段だった。弱者を見捨てるべきときがきた。彼らは足手まといなだけの他人で、ここにいる全員を死に至らしめる。見かぎるのが唯一の合理的な選択だった……。

二週間後、船が戻ってきた。救援物資を届けるためではなく、さらに多くのハンセン病患者を降ろすためだった。だが船員たちは、目の前の光景に唖然《あぜん》とした。

小屋は修繕されていた。作物の種も撒《ま》かれていた。病人たちを暖めるために、絶やすことなく火が焚《た》かれ、真水も見つかっていた。最も元気な者たちは、自分たちだけで食べ物を口へ運ぶことはせず、弱者の世話に明け暮れていた。ほかの者は料理をし、自分たちが築き始めた持続可能な暮らしのために力を尽くしていた。そして、最初の患者グループは、一人残らず生きていた。

強者は、「合理的な」行動や利己的な生存を選ばなかったのだ。彼らは本能の赴《おもむ》くまま、人間の本性のままに行動した。弱者を気づかうという、一見、不合理な選択をしたのだった。

この話は、ジャストソー・ストーリー（検証不能な物語的説明）の一つにすぎないのだろうか？　そうとは言い難い。ペンシルバニア大学のポール・ロビンソンとサラ・ロビンソンが著書、『海賊、囚人、ハンセン病患者：法の外の人生からの教訓（未邦訳、原題 Pirates, Prisoners, and Lepers: Lessons from Life Outside the Law）』で詳しく述べているように、こうした反応は歴史を通して世界じゅうの、最も悲惨な状況に置かれた集団において何度となく見られてきた。必ずというわけではないが、非常によくある現象だ。なぜなら、「不合理な」協力こそが、私たちを種としての成功へと導いたものだからだ。

この惑星での人類の優位性は、けっして運命づけられたものではなかったことを、私たちは忘れている。一二万五千世代の大半において、ホモ・サピエンスは絶滅の危機に瀕していたのだ。

究極の証明は、もし人類が大半の場合に協力せず、合理的な意味のない状況でも一か八かで他人を助ける選択をしてこなかったなら、至極単純に、今この本を読んでいるあなたは存在しえない、ということだ。

モロカイ島のハンセン病患者のコロニーは、実際に島だった。しかし、それが図らずも証明したのは、私たち人間は、〝島〟ではないということだった。

「一人では生きられない」と強く再認識せよ

さて、私たちは何を学んだだろう？

孤独は最悪だ。しかし私たちは今、かつてないほど孤独になっている。その原因は、人が足りないことではなく、コミュニティが失われたことにある。孤独は歴史上新しく、比較的最近、個人主義の物語から生まれた。

私たちは、もう少し意識的に孤独《ソリテュード》を活用して、より創造的になり、知恵を見いだし、自分自身と向き合うことができるだろう。ただし、隠者クリス・ナイトほどには一人の時間を必要としない（ハーバード大学の心理学者、ジル・フーリーは、ナイトが統合失調質パーソナリティ障害であると考えている。あなたがこの障害でなければ、クリスよりもっと人との時間を要するだろう）。

一九世紀以前の人びとがそうであったように、私たちには、コミュニティと孤独《ソリテュード》のバランスが必要だ。ところが今は、その両方が十分に得られていない。

人気はたしかに良いものだ。しかし、今日の文化として、人びとは間違ったタイプの人気、すなわち、好感を持たれることより、地位や権力、名声を選んでいる。それらはたいてい良い成果につながらない。だから、女子中学生たちはCEOではなく、有名人のアシスタントになりたがっているのだ。

コミュニティの欠如は、脳の灰白質に危険を感じさせ、生活や人間関係でさらなるコントロールを求める方向へと向かわせる。その結果、心が満たされないデジタルな手段でのパラソーシャルな関係を選ぶことになる。

ソーシャルメディアは悪ではない。しかし、私たちはとかくそれを本物の人間関係やコミュニティと置き換えてしまうので、しばしば弊害のほうが利点を上回ってしまう。

マキャベリは、もしどちらかを選ばなければならないなら、「愛されるより怖れられよ」と言った。しかし、失礼ながらあなたは君主ではない。私たち皆に、もう少し愛が必要なのだ。

ペパーダイン大学の心理学者、ルイス・コゾリノ教授はこう述べている。

「問題なのは、愛の代用品に依存しても、けっして満たされないことだ」

今日の超個人主義社会の結果、幸福度が下がり、うつ病が増えている。人びとは抗うつ剤のプラセボ効果や、モルヒネによる擬似的な抱擁によって対処してきたが、それではうまくいかない。

コミュニティに生きるのが人間

ズバリ、私たちに必要なのは、コミュニティともっと関わることだ。

それが人間本来の姿であり、災害時につかのま近代化の皮が引きはがされると、あるがままの人びとがいかに協力的であるかがわかる。

ハリケーン・カトリーナからモロカイ島まで、何度となく示されてきたように、最悪の状況でこそ、私たちは最善の状態にある。地位への要求が捨て置かれ、ともに集団的な問題に立ち向かい、「共同体」になるとき、私たちは、個人的な快適さなど大した問題でないことに気づく。強迫的にコントロールを求めることもなくなり、お互いのために犠牲を厭わなくなり、さらに驚くべきことに、気持ちまで満たされる。

しかし大災害や戦争を待つ必要はない。アーミッシュに倣って、コミュニティの優先順位を上げよう。プラセボの研究から明らかなように、私たちは皆、誰かが気にかけていてくれることに気づく必要がある。自分が一人ぼっちではないことを、また、どんなことがあろうと助けが来てくれることを知っている必要があるのだ。

では、この章の格言に対する最終評決はどうなるだろう？　言うまでもないと思うが、念のため。

「人は一人では生きていけない」＝真実である。

一八〇〇年代には、革新的な新思想が生まれ、多大なる良いことをもたらしたが、なかにはそれほど良くないこともあった。個人主義はいささか行きすぎたので、私たちはコミュニティ欠乏による栄養不足に陥り、その結果、心の壊血病になってしまった。

そこで、「物語」という素晴らしいテーマが戻ってくる。私たちが脳で織りなす物語は、コミュニティとどう関わっているのだろう？　俳優のリー・マービンはかつてこう言った。

「もしあなたが、物語は自分一人に関するものだと決め込んでいるなら、死は終わりでしかない」

しかし、物語の登場人物はあなただけではない。

私たちの物語は、「一人芝居」ではない。もしかしたらそれは一時間の連続ドラマ（散々な日にはシットコム）かもしれないが、この芝居に登場人物が揃っていなければ、悲劇になる。

もし子どもたちがいれば、あなたはもうメインキャラクターでさえなくなるかもしれない。でもその代わり、主役の今後の旅路を導く賢明な師になるかもしれない。

私たちは意識的には、つねに自律性とコントロールをもっと得ようと奮闘しているが、心の奥底では、「一人芝居」を求めるように作られていない。求めているのが本当に「一人芝居」

なら、プラセボ効果は効かないはずだ。あなたは、「大丈夫だよ」と言ってくれる誰かを求めているのだ。

物語の主人公は誰かを救う必要があるとともに、ときには自分も救われる必要があるのだ。

最終章を乗りきった。あなたと私で。「私たち」はやり遂げたんだ。

さあ、いよいよ最大の謎を解き明かすときだ。すなわち、人生の意味である。残りのページ数はもうわずか。そんなに難しいことではないはずだ。

では、最後の物語とともに、締めくくりに入ろう。

何やら結論めいたもの

ジョヴァンニ・ボロメオ博士は、何としても死をくい止めたかった。

一九四三年、致死的な新しい疫病が、ローマの彼のいる地区で急速に広がった。その病気は、医師たちのあいだで「シンドロームK」と呼ばれた。正体がまったく不明だったからだ。きわめて感染力が強かったので、患者は施錠された隔離病棟に収容されなければならなかった。

病気の初期段階は結核によく似ていたが、進行すると比べものにならないほど質が悪く、麻痺や痴呆などの神経症状を呈した。そして最終的には呼吸不全で死亡する。最も被害を被ったのは子どもたちだ。シンドロームKの病棟に近づけばすぐにそれとわかる。子どもたちの激しい咳が絶え間なく空《くう》をつんざき、廊下に響き渡っていたからだ。

こんな疫病は、誰も見たことがなかった。病原体も特定されず、治療法もなかった。疫学はまだ黎明期にあり、ヨーロッパはいぜん激しい戦闘の最中だったので、助けも得られなかった。ボロメオ博士が何より怖れたのは、この疫病が彼の大切な病院内にとどまらず、ローマのほかの地域へも蔓延することだった。わずか二五年前には、スペイン風邪が五億人に感染し、世界人口の五%近くが死亡した。

状況は思わしくなく、急激に悪化の一途をたどっていたが、少なくとも、博士は申し分ない場所にいた。テベレ川に浮かぶ小さな島に建てられたファーテベネフラテッリ病院には、急激に拡大する伝染病と戦ってきた伝統があった。一六五六年にはペスト、一八三二年にはコレラと戦った。ここは聖域であり、医師たちは、これまでもつねにそうしてきたように、どんな犠牲を払ってでも命を救おうと奮闘していた。

ところが、脅威は疫病だけではなかった。博士は、シンドロームKで命を落とさなくても、ナチスに殺される可能性があった。彼らは、病院にガサ入れをする際の博士の干渉を快く思っていなかった。

職員のなかには、「シンドロームK病棟を好きなだけ調べさせればいいのに」とつぶやく者もいた。しかし博士は、あくまでも命を救うことに専心していた。ナチスを嫌っていたとはいえ、みすみす死なせるつもりはなかった。それで彼らがシンドロームK病棟に入ることを、くり返し拒んでいた。

あるとき、ナチスと激しい応酬になり、博士は、自分の不遜な態度のために彼らに引きずりだされるのではないかと思った。しかし、子どもたちの激しい咳込みを聞くや、ナチスは考えを変えたのか、踵《きびす》を返して去って行った。

過酷な時代だった。ボロメオ博士はできる限りのことをした。ただひたすら人びとの死を止めたかったのだ。そしてようやく戦争が終わった。ナチスはついに博士を殺さなかった。また、彼も良き医師として、ナチスをシンドロームK病棟に入れ、その命を危険にさらすことはけっしてしなかった。もう一つの奇跡は、博士自身が感染を免れたことだった。

だが、もちろん、ユダヤ教は伝染しない。

「シンドロームK」に隠された秘密

読者の皆さん、もうおわかりだろうか。シンドロームKは存在しなかった。そう、作り話。嘘だったのだ。すでに言ったように、ジョヴァンニ・ボロメオは、ただただ死をくい止めたかった。すなわち、罪のないユダヤ人の死を。つまりファーテベネフラテッリ病院は、隠れ家だったのだ。

遡って一九四三年一〇月、ナチスは、ローマ市内のユダヤ人強制居住区《ゲットー》などで約一万人を一斉検挙し、収容所へ送り込んだ。そのゲットーはファーテベネフラテッリ病院の向かいにあり、ナチスによる手入れを免れた一部の人びとが病院に逃げ込んだ。

ボロメオ博士と同僚の医師たちは、彼らを受け入れた。しかし、匿《かくま》うには人数が多すぎた。しかも次から次へとやって来た。何の計画もなしでは、やがてナチスに感づかれ、全員が殺される。そこで彼らは「シンドロームK」の物語を作った。

やはり同病院の医師だったアドリアーノ・オシチーニは、後のインタビューでこう語っている。

「私たちはユダヤ人のために、彼らが一般患者であるかのような書類を作成した。そして、いざ病名をこしらえなければならなくなったとき、『ユダヤ人を入院させる』という意味で『シンドロームK』とした。まるでユダヤ人たちが病人であるように装ったが、じつは全員健康だった」

医師たちとて怯えていたが、それでも緊張をほぐすちょっとした遊び心を忘れなかった。「シンドロームK」の「K」とは？　じつは、当時のドイツ軍のイタリア戦線司令官、アルベルト・ケッセルリンクの名に因《ちな》んでいる。そしてその病気を恐ろしい奇病に見せかけ、「犠牲者」を隔離病棟に閉じ込めることによってナチスを怖がらせ、査察を阻止したのだった。

だがあるとき、緊迫の瞬間が訪れた。あわやナチスが博士を逮捕し、シンドロームK病棟に侵入して、偽装工作が明るみに出るかと思われた。だが幸運にも、職員の一人が病棟にいて、子どもたちにできるだけ大きく、恐ろしげな咳をするようにおどけて促した。それが見事に功を奏した。ナチスは、その恐ろしげな音の正体が何であれ、感染したいと思わなかったのだ。

一九六一年、ボロメオ博士は、自身が多くの命を救ったこの病院で息を引き取った。死因は、毒性が強いシンドロームKではなかった。この病気で命を落とした者は一人もいない。それどころか、一〇〇人を超える人びとが、この病気のおかげで生き永らえた。そして二〇〇四年、イスラエルのホロコースト記念館、「ヤド・ヴァシェム」は、ボロメオ博士を、「諸国民中の正義の人」として宣言した。英雄である。

奇病の話は嘘で、シンドロームKは実在しなかった。しかしはるかに重要なのは、それによって命を救われた人びとは実在したということだ。

「人生とは何か？」という問いは意外と新しい

本書の冒頭で、私は、人生の意味について答えることを約束した。そして今、締めくくりに近づき、そろそろ答えを出すときが来た。

そもそも意味とは、人生のあらゆるものを関連づけるものだ。それが人生の意味となると、深層心理で私たちの行ないの大半を動機づけるもの――それに沿って生きていれば幸せを感じ、そうでなければ不幸せに感じるようなものでなければならない。

さて、このくらいで本題に入ろう。

人生の真の意味とは何か？

そんなの知るか、というのが正直なところだ。実際に調べてみると、「人生の意味とは何か？」という問いかけは、じつはかなり新しい。まさかと思うだろうが、この問いが初めて英文に登場するのは一八四三年のことだ！

一九世紀と言えば……孤独が出現したのと同時期だ。

それ以前、人生の意味とは、パッケージ化された既製のものだった。人びとは、人生の意味への要求を満たしてくれる物語をあたえられていたので、わざわざ問いかけるまでもなかった。その後、個人主義的な諸々の新しい考え方が、旧来の物語に取って代わりだした。科学が興隆し、物質的世界への理解とコントロールが進み、それ自体は歓迎すべきことだった。しかし科学は、人生の意味の物語を失ったときに生じた私たちの心の隙間を埋めることができなかった――。

うーん、もしかしたら、答えがあるかもしれない。別の角度から見てみよう。こう問いかけるのはどうか。

「私たちが、人生に意味を感じる度合いを予測するものは何か？」

二〇一三年のある研究で、この質問に対するきわめて明確で確固たる答えが明らかになった。それは帰属意識である。

実際、「帰属することは重要である：帰属意識は人生の意味を高める」と題された論文は、人生の意味づけと帰属意識のあいだに強い相関関係を見いだしただけではなかった。帰属意識こそが、人生に意味を感じさせるものだった。

しかもこれは、単発の調査結果ではなく、同じ著者、フロリダ州立大学のロイ・バウマイスター教授による別の論文は、帰属欲求が人類の「主要な動機」であると結論づけている。そして、この研究は反発を受けるどころか、二万四〇〇〇回以上も引用されている。

帰属することが主な動機――だからこそ、人類の特殊能力は、協力し合うことなのだ。薬物によって、脳の社会的報酬回路が活性化されると中毒になるのもそのためだ。また、誰かが気にかけてくれていると体が気づくと、プラセボ効果によって病状が改善するのもそのためである。

光が見えてきた。人生の意味とは、帰属することである。

人生の意味とは、帰属すること

個人主義が台頭する一九世紀以前、人びとのイデオロギーはすべて帰属とつながりの物語だったので、私たちは一人ではない、物語の登場人物は自分一人ではない、とたえず気づかせられていた。人生の意味や共同体への帰属はつねに物語に包み込まれていて、私たちが生きるうえでの信条体系の形成に役立っていた。

「その物語のほとんどは、真実ではなかった」と言う人もいるだろう。私も否定しない。イギリスの作家、ニール・ゲイマンが言ったように、「物語は嘘かもしれないが、それらは真実を語る良い嘘である」。シンドロームKのように、物語は必ずしも真実ではないが、私たちの周囲の人びとは真実である。

科学は、世界を理解しようとモデルを構築し、けっして完璧ではないものの、私たちに知見をあたえてくれる。だから昔から、「すべてのモデルは間違っているが、一部のモデルは有用である」と言われてきた。

この言葉が、私たちの物語にもそのまま当てはまる。物語の主な目的は、私たちが知ってか知らずか、真実ではなく結束だったのだ。人びとの物語は、必ずしも事実を正しく理解していたわけではないが、人生の意味——帰属すること——を正しくとらえていた。

ちょうど、あなたの体がプラセボ効果で偽の物語を受け入れるように。鍼治療自体は効かないかもしれないが、そこで提供される気づかいは、紛れもなく帰属のシグナルだ。肝心なのはそのことなのだ。

私たちの物語の不正確さは、人類にとって最大の問題ではなかった。そうとも、本当に破滅的な事態を招くのは、グループAの物語がグループBの物語と一致しないときなのだ。

帰属意識の力はあまりに強力なので、自分たちの物語が脅かされると、人びとはブラスナックルを嵌《は》めて戦闘態勢に入ってしまう。物語をめぐる争いが、人類に多くの問題を引き起こしてきたことは、歴史学の博士号がなくてもよくわかる。

私は、戦時下に集団内で生まれる絆について得々と語ってきたが、そもそも何が戦争を引き起こしたかについては、都合よく触れなかった。人類のずば抜けた能力は、物語を共有する集団内で協力することだが、私たちは異なる物語を持つ集団のメンバーを殺すのは厭わないのだ。

物語を増やそう

では、どうすればいいのか?

物語が相容れない相手と帰属意識を維持するには、どのようにすればいいだろう?

解決策は明快で、物語を増やすことだ。

私たちはいつでも新たな方法で、自分たちを結束させる別の物語を創りだすことができる。

今からちょっとやってみよう。あなたは私の家族ではないが、友だちだ。宗教は異なるかもしれないが、同じ国家の一員だ。あるいは、どれも一致しないけれど、私たちはともにスター・ウォーズのファンかもしれない。古い物語ではだめでも、新しい物語が私たちを結びつけてくれる。

私たちはいつでも同じ部族《トライブ》の一員として、帰属の物語を共有できるのだ。やろうと思えば、つながる方法は無限にある。戦争や災害がなくても、協力に関する初期設定をリセットできるのだ。一九世紀に、それまで支配的だったメタ・ストーリー（高次の物語）が一変した。しかし、私たちが望めば、それを再び変えることもできる。

そろそろ科学をいく分減らして、物語をもう少し増やすべきときかもしれない。私の口からそれを言うのは皮肉な話だが……ここで、二〇二〇年のある研究を紹介したい。

「深刻な脅威や健康、自分自身に関わるなど、問題への感情的な関与が高い場合には、統計的な証拠より逸話的な証拠のほうがより説得力があることが明らかになった」

私が言うと自己否定するようだが、このことは、私たちが物語を必要としているという何よりの証拠なのだ。

もちろん、私が事実や統計を好むことは変わらない。きわめて有用で、私たちの生活を劇的に向上させてくれた。とはいえ、科学的理論に人生の意味を見いだすことはできない。私たちには、お互いを結びつけ、個人を超越する帰属意識を与えてくれる物語が必要なのだ。マーク・トウェインも書いている。

「幻想を手放してはいけない。それがなくてもあなたはまだ存在しているかもしれないが、生きることはもうやめてしまったのだ」

人は、帰属する必要がある。そして私たちは皆、自分たちを結束させる物語を必要としている。この本は、ゲームと違って読者の選択によって物語の異なる展開が用意されてはいないが、あなたの人生はそうだ。

だからこれは終わりではない。始まりなのだ。

私は今、あなた以上に自分自身がこの本を必要としていたのだと実感している。これまでの人生、物語に登場するのはつねに自分一人だった。バディもののコメディでもなく、恋愛ドラマでもなく、一人芝居だった。

しかし、私はフランケンシュタインの怪物の孤独から教訓を得た。このような本は、友人たちと多くの時間を過ごすなかでは形にならない。一人で過ごす時間から生まれるのだ。おそらくは、あまりにも多くの独りで過ごす時間から。

だからもう私は行かなくちゃ。友人たちと会わなければ。彼らをハグして、大好きだと伝える必要がある。私には、修復したり、埋め合わせしたりしなきゃならないことがたくさんある。

でも今なら、どうやって始めればいいのか、より良い考えがある。

アフリカの古い諺《ことわざ》に、こんな言葉がある。

「早く行きたければ一人で行け。遠くまで行きたければ皆で行け」

もう何年も、何年も、私はひたすら急いできた。だが道のりは、思っていたよりはるかに遠い。先を急ぐだけではうまくいかない。もっと遠くまで行く必要があるのだ。

どうだろう、いっしょに行けるかな？

おわりに

本書ではさまざまな人物やエピソードを見てきた。

エイリアンの正体だった電子レンジ、天才馬、泥棒稼業の隠者、完璧な記憶の呪い、カサノバ、ハンセン病コロニー、超人的な兵士、ペテン師サッカー選手、枕の恋人、プラセボ効果、牧師とポルノ制作者の友情、ミセス・シャーロック・ホームズ、エドガー・アラン・ポーの〝荒らし〟、人質交渉官、分娩室で手錠をはめた夫婦、世界で最もフレンドリーな人びと、バイアグラをめぐる攻防、そして、ナチスを欺いた偽の感染症など。

このクレイジーな旅につき合ってくださったことに感謝する。

何かを学んでいただけたなら幸いだ。私はたしかに学んだ。私へのメールは、どうぞご遠慮なく以下のアドレスまで。eb@bakadesuyo.com

そしてこの旅は、目下進行中の旅でもある。私は最新の調査結果を、無料ニュースレターで配信している。

https://www.bakadesuyo.com/newsletter

すでに話してきたように、孤独は深刻だ。もしあなたが悩んでいるなら、役立つ情報を私のウェブサイトに集めたので、ご覧いただきたい。

https://www.bakadesuyo.com/resources

支援を求めることは、けっして恥ずかしいことではない。SF小説を彷彿とさせる二〇二〇年からのコロナ禍で、あまりに多くの人びとが切り離されたように感じてきた——もちろん私も。ロックダウン下では感情が高ぶって爆発し、魂が焼け焦げてしまったように感じたものだ。

もしあなたが今、辛い思いをしているなら、右記のページを訪れてみてほしい。孤独の問題は、「利用規約」のページかと思うほど無視されている。自分自身を苦しませることは、存在の根幹に関わる怠慢である。そして、何よりも大切なことがある。どうか忘れないでほしい。

あなたは独りじゃないということを。

さよならを言う前に

「あなたがどんなに孤立していて、どんなに孤独を感じていても、真に誠実に仕事に取り組んでいれば、未知の友人たちがあなたを求めてやって来るだろう」

カール・ユング

すでに述べたように、これは終わりではなく、始まりだ。自分自身をより良く理解し、他者を理解し、そして「よりいっそう人間らしく」なるために、さらに多くの方法を学ぶ出発点なのだ。

参考文献　*URL は 2023 年 2 月 28 日現在のもの

はじめに

Gottman, John M. *The Marriage Clinic: A Scientifically Based Marital Therapy*. New York: W. W. Norton, 1999.

Hahlweg, K., et al. "The Munich Marital Therapy Study." In *Marital Interaction: Analysis and Modification*, edited by K. Hahlweg and N. S. Jacobson. New York:Guilford, 1984.

Lieberman, Matthew D., et al. "Putting Feelings into Words: Affect Labeling Disrupts Amygdala Activity in Response to Affective Stimuli." *Psychological Sciences* 18, no. 5 (2007): 421–28. https://pubmed.ncbi.nlm.nih.gov/17576282/.

Shenk, Joshua Wolf. "What Makes Us Happy?" *Atlantic*, June 2009. https://www.theat lant ic.com/magazine /archive /2009/06/what-makes-us-happy/307439/.

第 1 章　人の心は見た目が 2 割

1 犯罪プロファイリングは占いレベルの精度？

Alison, Laurence, ed. *The Forensic Psychologist's Casebook: Psychological Profiling and Criminal Investigation*. Milton Park, UK: Taylor and Francis, 2005.

Case Western Reserve University. "The Lost Life of a Woman Who Searched for the Missing." The Daily, January 26, 2017. https://thedaily.case.edu/lost-life- woman-searched-missing/.

Douglas, John E., et al. *Crime Classification Manual: A Standard System for Investigating and Classifying Violent Crime*, third edition. Hoboken, NJ: Wiley, 2013.

Dutton, Denis. "The Cold Reading Technique." *Experientia* 44 (1988): 326–32. http://www.denisdutton.com/cold_reading.htm.

Forer, Bertram. "The Fallacy of Personal Validation: A Classroom Demonstration of Gullibility." *Journal of Abnormal Psychology* 44, no. 1 (1949): 118–23.

Gilovich, Thomas. *How We Know What Isn't So: The Fallibility of Human Reason in Everyday Life*. New York: Free Press, 1993.

Gladwell, Malcolm. "Dangerous Minds: Criminal Profiling Made Easy." *New Yorker*, November 12, 2007. https://www.newyorker.com/magazine/2007/11/12/dangerous-minds.

Hunter, Colin. "Cold Reading: Confessions of a 'Psychic.' " Association for Science and Reason, August 8, 2007. http://www.scienceandreason.ca/skepticism/cold-reading-confessions-of-a-psychic/.

Hyman, Ray. "Cold Reading: How to Convince Strangers That You Know All About Them." *Skeptical Inquirer*, 1977. https://www.deceptionary.com/ftp/Hyman.pdf.

Konnikova, Maria. *The Confidence Game: Why We Fall for It . . . Every Time*. New York: Penguin, 2016.

Lilienfeld, Scott O., et al. *Fifty Great Myths of Popular Psychology: Shattering Widespread Misconceptions about Human Behavior*. Malden, MA: Wiley-Blackwell, 2010.

MacMillan, Thomas. "Can Criminal Profilers Really Get Inside the Head of a Killer?" Vulture, October 20, 2017. https://www.vulture.com/2017/10/mindhunter-criminal-profiling-really-work-like-this.html.

Matthews, Dylan. "Criminal Profiling Doesn't Work: TV Shows Should Maybe Stop Celebrating It." Vox, November 12, 2018. https://www.vox.com/future-perfect/2018/11/12/18044688/criminal-profilers-mindhunter-hannibal-criminal-minds.

McRaney, David. *You Are Not So Smart*. New York: Gotham, 2011.

Picker, Lenny. "Before There Was Harry Bosch, There Was Grace Humiston:PW Talks with Brad Ricca." *Publisher's Weekly*, November 11, 2016. https://www.publishersweekly.com/pw/by-topic/authors/

interviews/article/72002-before-there-was-harry-bosch-there-was-grace-humiston-pw-talks-with-brad-ricca.html.

Ricca, Brad. *Mrs. Sherlock Holmes: The True Story of New York City's Greatest Female Detective and the 1917 Missing Girl Case That Captivated a Nation*. New York: St. Martin's, 2017.

Ricca, Brad. "Searching for Grace Humiston: Mrs. Sherlock Holmes." The History Reader, January 13, 2012. http://www.thehistoryreader.com/modern-history/grace-humiston/.

Rowland, Ian. *The Full Facts Book of Cold Reading*. London: Ian Rowland Limited, Sixth edition, 2015.

Wikipedia. "Barnum Effect." https://en.wikipedia.org/wiki/Barnum_effect.

Wikipedia. "Confirmation Bias." https://en.wikipedia.org/wiki/Confirmation_bias.

Wikipedia. "Mary Grace Quackenbos." https://en.wikipedia.org/wiki/Mary_Grace_Quackenbos.

Wikipedia. "Offender Profiling." https://en.wikipedia.org/wiki/Offender_profiling.

Witkowski, Tomasz. "Are Criminal Profilers 'Any Better Than a Bartender?' Not Necessarily, Suggests Review of Forty Years of Relevant Research." *Research Digest* (blog), January 30, 2019. https://digest.bps.org.uk/2019/01/30/better-than-a-bartender-not-necessarily-suggests-review-of-40-years-of-research-on-criminal-profiling/.

2 人の心は実際どれだけ読み取れている？

Bellows, Alan. "Clever Hans the Math Horse." Damn Interesting, February 2007. https://www.damninteresting.com/clever-hans-the-math-horse/.

Brown, Erik. "Clever Hans—the Horse That Could Count." Medium, April 12, 2019. https://medium.com/lessons-from-history/clever-hans-the-horse-that-could-count-561cdd5a1eab.

Dare, Tim. "Clever Hans: Cueing and the Observer Effect." Future Learn, n.d. https ://www.futurelearn.com/courses /logical-and-critical-thinking/0/steps/9163.

Epley, Nicholas. *Mindwise: Why We Misunderstand What Others Think, Believe, Feel, and Want*. New York: Knopf Doubleday, 2014.

Eyal, Tal, and Nicholas Epley. "How to Seem Telepathic: Enabling Mind Reading by Matching Construal." *Psychological Science* 21, no. 5 (2010): 700–705. https://journals.sagepub.com/doi/pdf/10.1177/0956797610367754.

Eyal, T., M. Steffel, and N. Epley. "Perspective Mistaking: Accurately Understanding the Mind of Another Requires Getting Perspective, Not Taking Perspective." *Journal of Personality and Social Psychology* 114, no. 4 (2018): 547–71. http://psycnet.apa.org/record/2018-13651-004.

Galinsky, Adam D., Cynthia S. Wang, and Gillian Ku. "Perspective-Takers Behave More Stereotypically." *Journal of Personality and Social Psychology* 95, no. 2(2008): 404–19. https://pubmed.ncbi.nlm.nih.gov/18665710/.

Goman, Carol Kinsey. *The Silent Language of Leaders: How Body Language Can Help—or Hurt—How You Lead*. San Francisco: Jossey-Bass, 2011.

Hall, Judith A., Marianne Schmid Mast, and Tessa V. West. *The Social Psychology of Perceiving Others Accurately*. Cambridge: Cambridge University Press,2016.

Hooper, Rowan. *Superhuman: Life at the Extremes of Our Capacity*. New York: Simon & Schuster, 2018.

Knapp, Mark L., Judith Hall, and Terrence G. Horgan. *Nonverbal Communication in Human Interaction* eighth edition. Boston: Wadsworth, Cengage Textbook, 2014.

Konnikova, Maria. *The Confidence Game: Why We Fall for It . . . Every Time*. New York: Penguin, 2016.

Murphy, Heather. "Why It Seems as If Everyone Is Always Angry with You." *New York Times*, April 24, 2018. https://www.nytimes.com/2018/04/24/science/reading-neutral-faces.html.

New York Times. "Berlin's Wonderful Horse." September 5, 1904. https://timesmachine.nytimes.com/timesmachine/1904/09/04/101396572.pdf.

New York Times. " 'Clever Hans' Again." October 2, 1904. https://timesmachine.nytimes.com/timesmachine/1904/10/02/120289067.pdf.

New York Times. "Expert Commission Decides That the Horse Actually Reasons."1904.

New York Times. "A Horse—and the Wise Men." July 23, 1911. https://timesmachine.nytimes.com/timesmachine/1911/07/23/104872007.pdf.

Pfungst, Oskar. *Clever Hans (The Horse of Mr. Von Osten): A Contribution to Experimental Animal and Human Psychology*. Translated by Carl L. Rahn. 1911. https://www.gutenberg.org/files/33936/33936-h/33936-h.htm.

Samhita, Laasya, and Hans J. Gross. "The 'Clever Hans Phenomenon' Revisited." *Communicative and Integrative Biology* 6, no. 6 (2013). https://www.ncbi.nlm.nih.gov/pmc/articles/PMC3921203/.

Swann, William B., Jr., and Michael J. Gill. "Beliefs, Confidence, and the Widows Ademoski: On Knowing What We Know About Others." 107–25. https://labs.la.utexas.edu/swann/files/2017/05/Ademoski.pdf.

Swann, William B., Jr., and Michael J. Gill. "Confidence and Accuracy in Person Perception: Do We Know What We Think We Know About Our Relationship Partners?" *Journal of Personality and Social Psychology* 73, no. 4 (1997): 747–57. https://labs.la.utexas.edu/swann/files/2016/03/swann_gill97.pdf.

Todorov, Alexander. *Face Value: The Irresistible Influence of First Impressions*. Princeton, NJ: Princeton University Press, 2017.

Wikipedia. "Clever Hans." https://en.wikipedia.org/wiki/Clever_Hans.

Wikipedia. "Observer-Expectancy Effect." https://en.wikipedia.org/wiki/Observer-expectancy_effect.

3 第一印象は本当にすべてを決める？

l1gouveia. "Hyperthymesia: Gift or Curse?" Do Good, November 4, 2013. https://l1gouveia.wordpress.com/2013/11/04/hyperthymesia-gift-or-curse/.

American Association for the Advancement of Science. "First Impressions Count When Making Personality Judgments, New Research Shows." *EurekAlert!*, November 3, 2009. https://www.eurekalert.org/news-releases/759765.

American Association for the Advancement of Science. "Personalities Judged by Physical Appearance Alone." *EurekAlert!*, December 10, 2009. https://www.eurekalert.org/news-releases/678601.

Biesanz, Jeremy C., et al. "Do We Know When Our Impressions of Others Are Valid? Evidence for Realistic Accuracy Awareness in First Impressions of Personality." *Social Psychological and Personality Science* 2, no. 5 (2011): 452–59. https://journals.sagepub.com/doi/pdf/10.1177/1948550610397211.

"The Boy Who Can't Forget (Superhuman Genius Documentary)." Real Stories, October 12, 2016. https://www.youtube.com/watch?v=9Bnu0UrgxBg.

Brandon, A. Ally, Erin P. Hussey, and Manus J. Donahue. "A Case of Hyperthymesia: Rethinking the Role of the Amygdala in Autobiographical Memory." *Neurocase* 19, no. 2 (2012): 166–81. https://www.ncbi.nlm.nih.gov/pmc/articles/PMC3432421/.

Cooperman, Jeannette. "The Boy Who Can't Forget." *St. Louis*, August 22, 2014. https://www.stlmag.com/news/the-boy-who-can%27t-forget/.

"Endless Memory, Part 1." CBS News, December 19, 2010. https://www.youtube.com/watch?v=2zTkBgHNsWM.

"Endless Memory, Part 2." CBS News, June 19, 2011. https://www.youtube.com/watch?v=en23bCvp-Fw.

Epley, Nicholas. *Mindwise: Why We Misunderstand What Others Think, Believe, Feel, and Want.* New York: Knopf Doubleday, 2014.

"Extraordinary Variations of the Human Mind: James McGaugh: Highly Superior Autobiographical Memory." University of California Television, July 12, 2017. https://www.youtube.com/watch?v=YDbFSiMg_nQ.

Fetchenhauer, Detlef, Ton Groothuis, and Julia Pradel. "Not Only States but Traits—Humans Can Identify Permanent Altruistic Dispositions in 20's." *Evolution and Human Behavior* 31, no. 2 (2010): 80–86. https://psycnet.apa.org/record/2009-16070-001.

Fowler, Katherine A., Scott O. Lilienfeld, and Christopher J. Patrick. "Detecting Psychopathy from Thin Slices of Behavior." *Psychological Assessment* 21, no. 1(2009): 68–78. https://pubmed.ncbi.nlm.nih.gov/19290767/.

"The Gift of Endless Memory." *60 Minutes*, December 16, 2010. https://www.cbsnews.com/news/the-gift-of-endless-memory/.

Gilovich, Thomas. *How We Know What Isn't So: The Fallibility of Human Reason in Everyday Life.* New York: Free Press, 1993.

Gosling, Sam. *Snoop: What Your Stuff Says About You.* New York: Basic Books, 2009.

Gray, Keturah, and Katie Escherich. "Woman Who Can't Forget Amazes Doctors." *ABC News*, May 9, 2008. https://abcnews.go.com/Health/story?id=4813052&page=1.

Hall, Judith A., Marianne Schmid Mast, and Tessa V. West. *The Social Psychology of Perceiving Others Accurately.* Cambridge: Cambridge University Press, 2016.

Himmelfarb, Samuel. "Studies in the Perception of Ethnic Group Members: I. Accuracy, Response Bias, and Anti-Semitism." *Journal of Personality and Social Psychology* 4, no. 4 (1966): 347–55. https://psycnet.apa.org/record/1966-13126-001.

"Holding Grudges When You Remember Everything." *60 Minutes*, January 12, 2014. https://www.youtube.com/watch?v=HLotU3_taUc.

Hooper, Rowan. *Superhuman: Life at the Extremes of Our Capacity.* New York: Simon & Schuster, 2018.

"In Defense of Ignorance." *This American Life*, April 22, 2016. https://www.thisamericanlife.org/585/transcript.

Israel, David K. "Four People with Super Memory." *Mental Floss*, September 21, 2009. http://mentalfloss.com/article/30543/4-people-super-memory.

Knapp, Hall, and Horgan. *Nonverbal Communication in Human Interaction.*

Ko, Young Jin, and Jin Nam Choi. "Overtime Work as the Antecedent of Employee Satisfaction, Firm Productivity, and Innovation." *Journal of Organizational Behavior* 40, no. 3 (2019): 282–95. https://onlinelibrary.wiley.com/doi/full/10.1002/job.2328.

Konnikova, Maria. *The Confidence Game: Why We Fall for It . . . Every Time.* New York: Penguin, 2016.

Konnikova, Maria. *Mastermind: How to Think Like Sherlock Holmes.* New York: Penguin, 2013.

Kraus, Michael W., and Dracher Keltner. "Signs of Socioeconomic Status: A Thin-Slicing Approach." *Psychological Science* 20, no. 1 (2009): 99–106. https://pubmed.ncbi.nlm.nih.gov/19076316/.

LePort, Aurora K. R., Shauna M. Stark, and James L. Mcgaugh. "Highly Superior Autobiographical Memory: Quality and Quantity of Retention over Time." *Frontiers in Psychology* 6 (January 2016). https://www.researchgate.net/publication/291391487_Highly_Superior_Autobiographical_Memory_Quality_and_Quantity_of_Retention_Over_Time.

LePort, Aurora K. R., et al. "Behavioral and Neuroanatomical Investigation of Highly Superior Autobiographical Memory (HSAM)." *Neurobiology of Learning and Memory* 98, no. 1 (2012): 78–92.

https://www.sciencedirect.com/science/article/pii/S1074742712000706.

LePort, Aurora K. R., et al. "A Cognitive Assessment of Highly Superior Autobiographical Memory." *Memory* 25, no. 2 (2017). https://www.tandfonline.com/doi/abs/10.1080/09658211.2016.1160126?scroll=top&needAccess=true&journalCode=pmem20.

LePort, Aurora K. R., et al. "Highly Superior Autobiographical Memory: Quality and Quantity of Retention over Time." *Frontiers in Psychology*, January 21, 2016. https://www.frontiersin.org/articles/10.3389/fpsyg.2015.02017/full.

Little, Anthony C., and David I. Perrett. "Using Composite Images to Assess Accuracy in Personality Attribution to Faces." *British Journal of Psychology* 98, pt. 1 (February 2007): 111–26. https://pubmed.ncbi.nlm.nih.gov/17319053/.

Lorenzo, Genevieve L., Jeremy C. Biesanz, and Lauren J. Human. "What Is Beautiful Is Good and More Accurately Understood: Physical Attractiveness and Accuracy in First Impressions of Personality." *Psychological Science* 21, no.12 (2010): 1777–82. https://pubmed.ncbi.nlm.nih.gov/21051521/.

Lount, Robert B., Jr., et al. "Getting Off on the Wrong Foot: The Timing of a Breach and the Restoration of Trust." *Personality and Social Psychology Bulletin* 34, no. 12 (2008): 1601–12. https://journals.sagepub.com/doi/10.1177/0146167208324512.

Macmillan, Amanda. "The Downside of Having an Almost Perfect Memory." *Time*, December 8, 2017. http://time.com/5045521/highly-superior-autobiographical-memory-hsam/.

Marcus, Gary. "Total Recall: The Woman Who Can't Forget." *Wired*, March 23, 2009. https://www.wired.com/2009/03/ff-perfectmemory/?currentPage=all.

McRobbie, Linda Rodriquez. "Total Recall: The People Who Never Forget." *Guardian*, February 8, 2017. https://www.theguardian.com/science/2017/feb/08/total-recall-the-people-who-never-forget.

Naumann, Laura P., Simine Vazire, and Peter J. Rentfrow. "Personality Judgments Based on Physical Appearance." *Personality and Social Psychology Bulletin* 35, no. 12 (2009): 1661–71. https://journals.sagepub.com/doi/10.1177/0146167209346309.

Patihis, Lawrence. "Individual Differences and Correlates of Highly Superior Autobiographical Memory." *Memory* 24, no. 7 (2016): 961–78. https://www.tandfonline.com/doi/abs/10.1080/09658211.2015.1061011.

Pentland, Alex. *Honest Signals: How They Shape Our World*. Cambridge, MA: MIT Press, 2010.

Price, Jill. *The Woman Who Can't Forget: The Extraordinary Story of Living with the Most Remarkable Memory Known to Science—a Memoir*. New York: Free Press, 2008.

Roberts, Amber. "The People Who Can Remember Every Single Day of Their Life." Vice, July 28, 2015. https://www.vice.com/en_us/article/xd7wxk/we-spoke-to-a-guy-who-remembers-almost-everything-about-his-life.

"Scientific Reports on Highly Superior Autobiographical Memory." Center for the Neurobiology of Learning and Memory, UC Irvine. http://cnlm.uci.edu/hsa/scientific-reports/.

Shafy, Samiha. "An Infinite Loop in the Brain." Translated by Christopher Sultan. *Spiegel International*, November 21, 2008. http://www.spiegel.de/international/world/the-science-of-memory-an-infinite-loop-in-the-brain-a-591972.html.

Spiegel, Alix. "When Memories Never Fade, the Past Can Poison the Present." *All Things Considered*, NPR, December 27, 2013. https://www.npr.org/sections/health-shots/2013/12/18/255285479/when-memories-never-fade-the-past-can-poison-the-present.

Thomson, Helen. "People Who Never Forget Their Past Could Have a Unique Kind of OCD." *New Scientist*, April 1, 2016. https://www.newscientist.com/article/2082771-people-who-never-forget-their-

past-could-have-unique-kind-of-ocd/.

Thomson, Helen. *Unthinkable: An Extraordinary Journey Through the World's Strangest Brains*. New York: HarperCollins, 2019.

Thompson, Victoria. "He Never Forgets: Meet the Super-Memory Man." *ABC News*, March 13, 2009. https://abcnews.go.com/Nightline/story?id=7075443&page=1.

Todorov, Alexander. *Face Value: The Irresistible Influence of First Impressions*. Princeton, NJ: Princeton University Press, 2017.

Tsoulis-Reay, Alexa. "What It's Like to Remember Almost Everything That Has Ever Happened to You." *The Cut*, November 13, 2014. http://nymag.com/scienceofus/2014/11/what-its-like-to-remember-almost-everything.html.

Wheeler, Sarah, Angela Book, and Kimberly Costello. "Psychopathic Traits and Perceptions of Victim Vulnerability." *Criminal Justice and Behavior* 36, no. 6 (2009): 635–48. https://journals.sagepub.com/doi/10.1177/0093854809333958.

Wikipedia. "Confirmation Bias." https://en.wikipedia.org/wiki/Confirmation_bias.

Wikipedia. "Eidetic Memory." https://en.wikipedia.org/wiki/Eidetic_memory.

Wikipedia. "Hyperthymesia." https://en.wikipedia.org/wiki/Hyperthymesia.

Willis, Janine, and Alexander Todorov. "First Impressions: Making Up Your Mind After a 100-Ms Exposure to a Face." *Psychological Science* 17, no. 7(2006): 592–98. https://journals.sagepub.com/doi/10.1111/j.1467-9280.2006.01750.x.

Wyer, Natalie A. "You Never Get a Second Chance to Make a First (Implicit) Impression: The Role of Elaboration in the Formation and Revision of Implicit Impressions." *Social Cognition* 28, no. 1 (2010): 1–19. https://psycnet.apa.org/record/2010-04279-001.

Zander-Schellenberg, Thea, et al. "It Was Intuitive, and It Felt Good: A Daily Diary Study on How People Feel When Making Decisions." *Cognition and Emotion* 33, no. 7 (2019): 1505–13. https://www.tandfonline.com/doi/full/10.1080/02699931.2019.1570914.

4 限りなく正確な嘘の見抜き方

Alison, Laurence. ed. *The Forensic Psychologist's Casebook: Psychological Profiling and Criminal Investigation*. Milton Park, UK: Taylor and Francis, 2005.

"Beyond Good Cop / Bad Cop: A Look at Real-Life Interrogations." *Fresh Air*, NPR, December 5, 2013. https://www.npr.org/2013/12/05/248968150/beyond-good-cop-bad-cop-a-look-at-real-life-interrogations.

Bogira, Steve. *Courtroom 302: A Year Behind the Scenes in an American Criminal Courthouse*. New York: Knopf Doubleday, 2005.

Boon, Jon. "Carlos Kaiser: Fake Footballer Who Cheated a Living out of the Game but Never Played in a Professional Match." *Sun*, July 19, 2018. https://www.thesun.co.uk/sport/football/6798246/carlos-kaiser-farce-footballer-documentary-brazil/.

Cole, Tim. "Lying to the One You Love: The Use of Deception in Romantic Relationships." *Journal of Social and Personal Relationships* 18, no. 1 (2001): 107–29. https://journals.sagepub.com/doi/10.1177/0265407501181005.

DePaulo, B. M., and D. A. Kashy. "Everyday Lies in Close and Casual Relationships." *Journal of Personality and Social Psychology* 74, no. 1 (1998): 63–79. https://psycnet.apa.org/record/1997-38342-005.

Etcoff, Nancy, et al. "Lie Detection and Language Comprehension." *Nature*, June 2000. https://www.researchgate.net/publication/12497273_Lie_detection_and_language_comprehension.

Hall, Judith A., Marianne Schmid Mast, and Tessa V. West. *The Social Psychology of Perceiving Others Accurately*. Cambridge: Cambridge University Press, 2016.

High-Value Detainee Interrogation Group. *Interrogation Best Practices*. Washington, DC: FBI, August 26, 2016. https://www.fbi.gov/file-repository/hig-report-august-2016.pdf/view.

High-Value Detainee Interrogation Group. *Interrogation: A Review of the Science*. Washington, DC: FBI, September 2016. "https://www.fbi.gov/file-repository/hig-report-interrogation-a-review-of-the-science-september-2016.pdf/view.

Hirsch, Alan. "Going to the Source: The 'New' Reid Method and False Confessions." 2014. https://pdfs.semanticscholar.org/9f3f/d52ecc20cb9c988818403d66664278e97352.pdf.

Jordan, Sarah, et al. "A Test of the Micro-expressions Training Tool: Does It Improve Lie Detection?" *Journal of Investigative Psychology and Offender Profiling* 16, no. 3 (2019): 222–35. https://onlinelibrary.wiley.com/doi/10.1002/jip.1532.

Kassin, Saul M., et al. "Police-Induced Confessions: Risk Factors and Recommendations." *Law and Human Behavior*, July 15, 2009. https://papers.ssrn.com/sol3/papers.cfm?abstract_id=1483878.

Katwala, Amit. "The Race to Create a Perfect Lie Detector—and the Dangers of Succeeding." *Guardian*, September 5, 2019. https://www.theguardian.com/technology/2019/sep/05/the-race-to-create-a-perfect-lie-detector-and-the-dangers-of-succeeding.

Kolker, Robert. "Nothing but the Truth." Marshall Project, May 24, 2016. https://www.themarshallproject.org/2016/05/24/nothing-but-the-truth.

Lilienfeld, Scott O., et al. *Fifty Great Myths of Popular Psychology: Shattering Widespread Misconceptions about Human Behavior*. Malden, MA: Wiley-Blackwell, 2010.

Leighty-Phillips, Tucker. "Superstar Who Couldn't Play the Game." Atlas Obscura, August 19, 2016. https://www.atlasobscura.com/articles/soccers-ultimate-con-man-was-a-superstar-who-couldnt-play-the-game.

Meissner, C. A., et al. "Developing an Evidence-Based Perspective on Interrogation: A Review of the U.S. Government's High-Value Detainee Interrogation Group Research Program." *Psychology, Public Policy, and Law* 23, no. 4 (2017): 438–57. https://psycnet.apa.org/record/2017-49224-003.

Nuwer, Rachel. ""What If We Knew When People Were Lying?"" BBC, March 25, 2019. https://www.bbc.com/future/article/20190324-what-if-we-knew-when-people-were-lying.

Phillips, Dom. "Confessions of Carlos Kaiser: Football's Biggest Conman." Yahoo Sport, July 23, 2018. https://uk.sports.yahoo.com/news/confessions-carlos-kaiser-football-biggest-110947116.html?guccounter=1.

Rollings, Grant. "Brazilian Footballer Enjoyed a Twenty-Six Year Run of Sex, Money, and Fame—Without Kicking a Ball." *Sun*, July 31, 2018. https://www.thesun.co.uk/sport/6900946/brazil-carlos-henrique-raposo/.

Rollings, Grant. "Inside the Life of Football Con Artist Carlos Henrique Raposo." news.com.au, August 2, 2018. https://www.news.com.au/sport/sports-life/inside-the-life-of-football-con-artist-carlos-henrique-raposo/news-story/fc356e7613d66ee69fba482306f4f88c.

Roy, Ayush. "Carlos Henrique 'Kaiser': The Story of Football's Greatest Conman." Sportskeeda, October 7, 2021. http://www.sportskeeda.com/football/carlos-henrique-kaiser-the-story-of-footballs-greatest-conman.

Schollum, Mary. *Investigative Interviewing: The Literature*. Office of the Commissioner of Police, Wellington, NZ, 2005. https://books.google.com/books/about/Investigative_Interviewing.html?id=7pPcMgAACAAJ.

Shea, Christopher. "The Liar's 'Tell': Is Paul Ekman Stretching the Truth?" *Chronicle Review*, October 10, 2014. https://www.chronicle.com/article/The-Liars-Tell/149261.

Smyth, Rob. "The Forgotten Story of . . . Carlos Kaiser, Football's Greatest Conman." *Guardian*, April 25, 2019. https://www.theguardian.com/football/blog/2017/apr/26/the-forgotten-story-of-carlos-kaiser-footballs-greatest-conman.

Starr, Douglas. "Do Police Interrogation Techniques Produce False Confessions?" *New Yorker*, December 1, 2013. https://www.newyorker.com/magazine/2013/12/09/the-interview-7.

Starr, Douglas. "Police Interrogation Techniques Are Bogus and Inaccurate." *Aeon*, February 9, 2016. https://aeon.co/ideas/standard-interrogation-techniques-lead-to-false-confessions/.

"Toddlers Who Lie 'Will Do Better.' " BBC, May 17, 2010. https://www.bbc.co.uk/news/10119297.

Tyers, Alan. "Kaiser! The Greatest Footballer to Never Play Football: Meet the Legendary Brazilian Con-Man and Womanizer." *Telegraph*, July 25, 2018.https://www.telegraph.co.uk/football/2018/07/25/kaiser-greatest-footballer-never-play-football-meet-legendary/.

Vrij, Aldert. "Deception and Truth Detection When Analyzing Nonverbal and Verbal Cues." *Applied Cognitive Psychology* 33, no. 2 (2019): 160–67. https://onlinelibrary.wiley.com/doi/abs/10.1002/acp.3457.

Vrij, Aldert, P.r Anders Granhag, and Stephen Porter. "Pitfalls and Opportunities in Nonverbal and Verbal Lie Detection." *Psychological Science in the Public Interest* 11, no. 3 (2010): 89–121. https://www.psychologicalscience.org/journals/pspi/pspi_10_6.pdf.

Wikipedia. "Carlos Kaiser (Footballer)." Accessed . https://en.wikipedia.org/wiki/Carlos_Kaiser_(footballer).

Wikipedia. "William Mouton Marston." Accessed . https://en.wikipedia.org/wiki/William_Moulton_Marston.

Wray, Herbert. "When Thoughts Weigh Heavy: Outsmarting the Liars." April 4, 2011. Association for Psychological Science. https://www.psychologicalscience.org/news/full-frontal-psychology/when-thought-weigh-heavy-outsmarting-the-liars.html

5 人の心は読み取ってはいけない

BEC Crew. "Harvard Physicists Just Proposed That Mystery Radio Bursts Are Powering Alien Spaceships." *ScienceAlert*, May 11, 2017. https://www.sciencealert.com/harvard-physicists-just-proposed-that-mysterious-cosmic-radio-bursts-are-powering-alien-spaceships.

BEC Crew. "Scientists Are at a Loss to Explain This Mysterious Cosmic Radio Signal." *ScienceAlert*, May 11, 2017. https://www.sciencealert.com/scientists-are-at-a-complete-loss-to-explain-this-mysterious-cosmic-radio-signal.

Bushwick, Sophie. "Mysterious Radio Bursts Are Indeed Coming from a Galaxy Far, Far Away." *Popular Science*, April 22, 2015. https://www.popsci.com/cosmic-whodunnit-culprit-ismicrowave-ovens.

Butler, Jeffrey, Paola Giuliano, and Luigi Guiso. "The Right Amount of Trust." Discussion Paper No. 4416. Institute for the Study of Labor, September 2009. https://ftp.iza.org/dp4416.pdf.

Cole, Tim. "Lying to the One You Love: The Use of Deception in Romantic Relationships." *Journal of Social and Personal Relationships* 18, no. 1 (2001): 107–29. https://journals.sagepub.com/doi/10.1177/0265407501181005.

Drake, Nadia. "Rogue Microwave Ovens Are the Culprits Behind Mysterious Radio Signals." *National Geographic*, April 9, 2015. https://www.nationalgeographic.com/science/phenomena/2015/04/10/rogue-microwave-ovens-are-the-culprits-behind-mysterious-radio-signals/.

Gibney, Elizabeth. "Why Ultra-Powerful Radio Bursts Are the Most Perplexing Mystery in Astronomy." *Nature*, June 28, 2016, 610–12. https://www.nature.com/news/why-ultra-powerful-radio-bursts-are-the-most-perplexing-mystery-in-astronomy-1.20175.

Golub, Sarit A., Daniel T. Gilbert, and Timothy D. Wilson. "Anticipating One's Troubles: The Costs and Benefits of Negative Expectations." *Emotion* 9, no. 2(2009): 277–81. https://pubmed.ncbi.nlm.nih.gov/19348540/.

Hall, Judith A., Marianne Schmid Mast, and Tessa V. West. *The Social Psychology of Perceiving Others Accurately*. Cambridge: Cambridge University Press, 2016.

HEASARC. "GR/FRB?" Picture of the Week. Last modified December 5, 2016. https://heasarc.gsfc.nasa.gov/docs/objects/heapow/archive/transients/frbgrb_swift.html.

Kaplan, Sarah. "Stumped for Years, Astronomers Find Source of Mysterious Signals—in Their Kitchen." *Washington Post*, May 6, 2015. https://www.washingtonpost.com/news/morning-mix/wp/2015/05/06/stumped-for-years-astronomers-find-source-of-mysterious-signals-in-their-kitchen/.

Knapton, Sarah. "Mystery 'Alien' Radio Signal Picked Up in Space." *Telegraph*, January 20, 2015. https://www.telegraph.co.uk/news/science/space/11357176/Mystery-alien-radio-signal-picked-up-in-space.html.

Konnikova, Maria. *The Confidence Game: Why We Fall for It . . . Every Time*. New York: Penguin, 2016.

Li, Jamy, and Mark Chignell. "Birds of a Feather: How Personality Influences Blog Writing and Reading." *International Journal of Human-Computer Studies* 68, no. 9 (2010): 589–602. https://www.sciencedirect.com/science/article/abs/pii/S1071581910000522.

Lingam, Manasvi, and Abraham Loeb. "Fast Radio Bursts from Extragalactic Light Sails." Draft, February 28, 2017. https://arxiv.org/pdf/1701.01109.pdf.

MacDonald, Fiona. "NASA Researchers Are Working on a Laser Propulsion System That Could Get to Mars in Three Days." *ScienceAlert*, February 22, 2016. https://www.sciencealert.com/nasa-scientists-are-investigating-a-propulsion-system-that-could-reach-mars-in-3-days.

Mandelbaum, Ryan F. "Mysterious 'Alien' Radio Signal: Here's What You Need to Know." Gizmodo, August 9, 2018. https://www.gizmodo.com.au/2018/08/mysterious-alien-radio-signal-heres-what-you-need-to-know/.

"Mysterious Cosmic Radio Burst Caught in Real Time." IFLScience. https://www.iflscience.com/space/world-first-cosmic-radio-burst-caught-real-time/.

Nuwer, Rachel. "What If We Knew When People Were Lying?" BBC, March 25, 2019. https://www.bbc.com/future/article/20190324-what-if-we-knew-when-people-were-lying.

"Origins of Mysterious Radio Wave Bursts Discovered." IFLScience. https://www.iflscience.com/space/astronomical-quest-leads-ovens/.

Pennebaker, James W. *The Secret Life of Pronouns: What Our Words Say About Us*. New York: Bloomsbury, 2013.

Pennebaker, James W. "Your Use of Pronouns Reveals Your Personality." *Harvard Business Review*, December 2011. https://hbr.org/2011/12/your-use-of-pronouns-reveals-your-personality.

Pennebaker, James W., and Anna Graybeal. "Patterns of Natural Language Use: Disclosure, Personality, and Social Integration." *Current Directions in Psychological Science* 10, no. 3 (2001): 90–93. https://c3po.media.mit.edu/wp-content/uploads/sites/45/2016/01/Pennebaker-1999-Patterns-of-language-use-and-personality.pdf.

Petroff, Emily. "How We Found the Source of the Mystery Signals at The Dish." The Conversation, May 24, 2015. http://theconversation.com/how-we-found-the-source-of-the-mystery-signals-at-the-

dish-41523.
Petroff, E., et al. “Identifying the Source of Perytons at the Parkes Radio Telescope.” *Monthly Notices of the Royal Astronomical Society*, April 10, 2015. https://arxiv.org/pdf/1504.02165.pdf.
The Phrase Finder. “The Meaning and Origin of the Expression: A Friend in Need Is a Friend Indeed.” https://www.phrases.org.uk/meanings/a-friend-in-need.html.
Seaburn, Paul. “Lasers May Propel Craft to Mars in Three Days.” Mysterious Universe, February 25, 2016. https://mysteriousuniverse.org/2016/02/lasers-may-propel-craft-to-mars-in-three-days/.
Seaburn, Paul. “Scientists Say Fast Radio Bursts May Power Alien Spaceships.” Mysterious Universe, March 11, 2017. https://mysteriousuniverse.org/2017/03/scientists-say-fast-radio-bursts-may-power-alien-spaceships/.
Starr, Michelle. “Parkes Observatory: Extraterrestrial Messages or Microwave Noodles.” CNET, April 12, 2015. https://www.cnet.com/news/parkes-observatory-extraterrestrial-messages-or-microwave-noodles/.
Strom, Marcus. “PhD Student Emily Petroff Solves Astronomy Mystery.” Daily Life, May 5, 2015. http://www.dailylife.com.au/dl-people/dl-entertainment/phd-student-emily-petroff-solves-astronomy-mystery-20150504-ggu3mu.html.
Stromberg, Joseph. “Radio Signals Puzzled Astrophysicists for Seventeen Years: They Were Coming from a Microwave Oven.” Vox, May 5, 2015. https://www.vox.com/2015/5/5/8553609/microwave-oven-perytons.
Wikipedia. “Fast Radio Burst.” https://en.wikipedia.org/wiki/Fast_radio_burst.
Wikipedia. “Parkes Observatory.” https://en.wikipedia.org/wiki/Parkes_Observatory.
Wikipedia. “Solar Sail.” https://en.wikipedia.org/wiki/Solar_sail.
Wilson, David. “The Cosmic Microwave Oven Background.” Planetary Society, April 17, 2015. http://www.planetary.org/blogs/guest-blogs/2015/0417-the-cosmic-microwave-oven-background.html.

第2章「頼れる友だち」は実在するのか

1「友だちの定義」を科学する

Angier, Natalie. “Friendship's Dark Side: ‘We Need a Common Enemy.’ ” *New York Times*, April 16, 2018. https://www.nytimes.com/2018/04/16/science/friendship-discrimination.html.
Beck, Julie. “How Friends Become Closer.” *Atlantic*, August 29, 2017. https://www.theatlantic.com/health/archive/2017/08/how-friends-become-closer/538092/.
Beck, Julie. “How Friendships Change in Adulthood.” *Atlantic*, October 22, 2015. https://www.theatlantic.com/health/archive/2015/10/how-friendships-change-over-time-in-adulthood/411466/.
Christakis, Nicholas A. *Blueprint: The Evolutionary Origins of a Good Society*. New York: Little, Brown, 2019.
Clark, Taylor. *Nerve: Poise Under Pressure, Serenity Under Stress, and the Brave New Science of Fear and Cool*. New York: Little, Brown, 2011.
Collier, Peter. *Medal of Honor: Portraits of Valor Beyond the Call of Duty*. New York: Artisan, 2001.
Demır, Melıkşah, and Lesley A. Weitekamp. “I Am So Happy 'Cause Today I Found My Friend: Friendship and Personality as Predictors of Happiness.” *Journal of Happiness Studies* 8 (2007): 181–211. https://link.springer.com/article/10.1007/s10902-006-9012-7.
Denworth, Lydia. *Friendship: The Evolution, Biology, and Extraordinary Power of Life's Fundamental Bond*. New York: W. W. Norton, 2020.
Feeney, Brooke C., and Nancy L. Collins. “New Look at Social Support: A Theoretical Perspective on

Thriving Through Relationships." *Personality and Social Psychology Review* 19, no. 2 (2015): 113–47. https://www.ncbi.nlm.nih.gov/pmc/articles/PMC5480897/.

Flora, Carlin. *Friendfluence: The Surprising Ways Friends Make Us Who We Are*. New York: Knopf Doubleday, 2013.

Greif, Geoffrey L. *Buddy System: Understanding Male Friendships*. New York: Oxford University Press, 2008.

"Hector A. Cafferata, Eighty-Six, Dies; Given a Medal of Honor for Korean Heroics." *New York Times*, April 15, 2016. https://www.nytimes.com/2016/04/15/us/hector-a-cafferata-a-medal-of-honor-recipient-dies-at-86.html.

Holt-Lunstad, Julianne. "Fostering Social Connection in the Workplace." *American Journal of Health Promotion* 32, no. 5 (2018): 1307–12. https://journals.sagepub.com/doi/full/10.1177/0890117118776735a.

Hruschka, Daniel J. *Friendship: Development, Ecology, and Evolution of a Relationship*. Berkeley: University of California Press, 2010.

Lewis, C. S. *The Four Loves*. New York: HarperOne, 2017.

Mashek, Debra J., and Arthur Aron. *Handbook of Closeness and Intimacy*. Hove, UK: Psychology Press, 2004.

McKay, Brett. "Podcast #567: Understanding the Wonderful, Frustrating Dynamic of Friendship." *Art of Manliness*, last updated September 30, 2021. https://www.artofmanliness.com/articles/podcast-567-understanding-the-wonderful-frustrating-dynamic-of-friendship/.

Misurelli, Frank. "Marine Corps Medal of Honor Recipient Hector A. Cafferata Remembered as Humble Hero." U.S. Army, May 26, 2016. https://www.army.mil/article/168707/marine_corps_medal_of_honor_recipient_hector_a_cafferata_remembered_as_humble_hero.

Pahl, Ray. *On Friendship*. New York: Polity, 2000.

Pakaluk, Michael, ed. *Other Selves: Philosophers on Friendship*. Cambridge, MA: Hackett, 1991.

Parker-Pope, Tara. "How to Be a Better Friend." *New York Times*, n.d. https://www.nytimes.com/guides/smarterliving/how-to-be-a-better-friend.

Powdthavee, Nattavudh. "Putting a Price Tag on Friends, Relative, and Neighbours: Using Surveys of Life Satisfaction to Value Social Relationships." *Journal of Socio-Economics* 37, no. 4 (2008): 1459–80. https://www.sciencedirect.com/science/article/abs/pii/S1053535707001205.

Radiolab. "An Equation for Good." New York Public Radio, December 14, 2010. https://www.wnycstudios.org/podcasts/radiolab/segments/103983-equation-good.

Rath, Tom. *Vital Friends: The People You Can't Afford to Live Without*. New York: Gallup, 2006.

Rawlins, William K. *Friendship Matters: Communication, Dialectics, and the Life Course*. New York: Aldine de Gruyter, 1992.

Rawlins, William K. *The Compass of Friendship: Narratives, Identities, and Dialogues*. Los Angeles: Sage.

Ruiz, Rebecca. "World's Friendliest Countries." *Forbes*, December 1, 2009. https://www.forbes.com/2009/11/30/worlds-friendliest-countries-lifestyle-travel-canada-bahrain-hsbc-chart.html?sh=c35dff465730.

Russ, Martin. *Breakout: The Chosin Reservoir Campaign, Korea 1950*. New York: Penguin, 2001.

Schudel, Matt. "Hector Cafferata, Medal of Honor Recipient in Korean War, Dies at Eighty-Six." *Washington Post*, April 14, 2016. https://www.washingtonpost.com/national/hector-cafferata-medal-of-honor-recipient-in-korean-war-dies-at-86/2016/04/14/9c7711a6-0259-11e6-b823-707c79ce3504_story.html.

Smith, Larry. *Beyond Glory: Medal of Honor Heroes in Their Own Words*. New York: W. W. Norton, 2004.
Tashiro, Ty. *Awkward: The Science of Why We're Socially Awkward and Why That's Awesome*. New York: HarperCollins, 2018.
Vernon, Mark. *The Meaning of Friendship*. London: Palgrave Macmillan, 2010.
Wikipedia. "Audie Murphy." https://en.wikipedia.org/wiki/Audie_Murphy#Decorations.
Wikipedia. "Hector A. Cafferata Jr." https://en.wikipedia.org/wiki/Hector_A._Cafferata_Jr.
Wikipedia. "List of Medal of Honor Recipients." https://en.wikipedia.org/wiki/List_of_Medal_of_Honor_recipients.

2 利己主義と利他主義は結局どちらが正しい？

Aron, Arthur, and Barbara Fraley. "Relationship Closeness as Including Other in the Self: Cognitive Underpinnings and Measures." *Social Cognition* 17, no. 2(1999): 140–60. https://psycnet.apa.org/record/1999-03814-003.
Aron, Arthur, Elaine N. Aron, and Danny Smollan. "Inclusion of Other in the Self Scale and the Structure of Interpersonal Closeness." *Journal of Personality and Social Psychology* 63, no. 4 (1992): 596–612. https://psycnet.apa.org/record/1993-03996-001.
Aron, Arthur, et al. "The Self-Expansion Model of Motivation and Cognition in Close Relationships." In *The Oxford Handbook of Close Relationships*, edited by Jeffry Simpson and Lorne Campbell. Oxford: Oxford University Press, 2013. https://www.oxfordhandbooks.com/view/10.1093/oxfordhb/9780195398694.001.0001/oxfordhb-9780195398694-e-005.
Christakis, Nicholas A. *Blueprint: The Evolutionary Origins of a Good Society*. New York: Little, Brown, 2019.
Denworth, Lydia. *Friendship: The Evolution, Biology, and Extraordinary Power of Life's Fundamental Bond*. New York: W. W. Norton, 2020.
Harman, Oren. *The Price of Altruism: George Price and the Search for the Origins of Kindness*. New York: W. W. Norton, 2011.
Hruschka, Daniel J. *Friendship: Development, Ecology, and Evolution of a Relationship*. Berkeley: University of California Press, 2010.
Jarrett, Christian. "Close Friends Become Absorbed into Our Self-Concept, Affecting Our Ability to Distinguish Their Faces from Our Own." *Research Digest* (blog), August 8, 2018. https://digest.bps.org.uk/2018/08/08/close-friends-become-absorbed-into-our-self-concept-affecting-our-ability-to-distinguish-their-faces-from-our-own/.
Mashek, Debra J., and Arthur Aron. *Handbook of Closeness and Intimacy*. Hove,UK: Psychology Press, 2004.
Mashek, Debra J., Arthur Aron, and Maria Boncimino. "Confusions of Self with Close Others." *Personality and Social Psychology Bulletin* 29, no. 3 (2003): 382–92. https://pubmed.ncbi.nlm.nih.gov/15273015/.
Nehamas, Alexander. *On Friendship*. New York: Basic Books, 2016.
Pahl, Ray. *On Friendship*. New York: Polity, 2000.
Pakaluk, Michael, ed. *Other Selves: Philosophers on Friendship*. Cambridge, MA: Hackett, 1991.
Radiolab. "An Equation for Good." New York Public Radio, December 14, 2010. https://www.wnycstudios.org/podcasts/radiolab/segments/103983-equation-good.
Vernon, Mark. *The Meaning of Friendship*. London: Palgrave Macmillan, 2010.
Wikipedia. "Altruism." https://en.wikipedia.org/wiki/Altruism.
Wikipedia. "George R. Price." https://en.wikipedia.org/wiki/George_R._Price.

Wikipedia. "Self-Expansion Model." https://en.wikipedia.org/wiki/Self-expansion_model.

3 友だちをつくりたければ、この「二つのシグナル」を出しなさい

American Associates. "New Study Debunks Dale Carnegie Advice to 'Put Yourself in Their Shoes.' " ScienceDaily, June 21, 2018. https://www.sciencedaily.com/releases/2018/06/180621000339.htm.

Anwar, Yasmin. "Easily Embarrassed? Study Finds People Will Trust You More." *Berkeley News*, September 28, 2011. https://news.berkeley.edu/2011/09/28/easily-embarrassed/.

Arnold, Carrie. "Why Are Dogs So Friendly? Science Finally Has an Answer." *National Geographic*, July 19, 2017. https://news.nationalgeographic.com/2017/07/dogs-breeds-pets-wolves-evolution/.

Beck, Julie. "How Friends Become Closer." *Atlantic*, August 29, 2017. https://www.theatlantic.com/health/archive/2017/08/how-friends-become-closer/538092/.

Beck, Julie. "How Friendships Change in Adulthood." *Atlantic*, October 22, 2015. https://www.theatlantic.com/health/archive/2015/10/how-friendships-change-over-time-in-adulthood/411466/.

Biography. "Dale Carnegie." https://www.biography.com/writer/dale-carnegie.

Brafman, Ori. *Click: The Forces Behind How We Fully Engage with People, Work, and Everything We Do.* New York: Currency, 2011.

Bruk, Anna, Sabine G. Scholl, and Herbert Bless. "Beautiful Mess Effect: Self-Other Differences in Evaluation of Showing Vulnerability." *Journal of Personality and Social Psychology* 115, no. 2 (2018): 192–205. https://psycnet.apa.org/record/2018-34832-002.

Carnegie, Dale. *How to Win Friends and Influence People*. New York: Simon & Schuster, 2009.

Crespi, Bernard J., and Peter L. Hurd. "Cognitive-Behavioral Phenotypes of Williams Syndrome Are Associated with Genetic Variation in the GTF21 Gene, in a Healthy Population." *BMC Neuroscience* 15, no. 127 (2014). https://bmcneurosci.biomedcentral.com/articles/10.1186/s12868-014-0127-1.

Denworth, Lydia. *Friendship: The Evolution, Biology, and Extraordinary Power of Life's Fundamental Bond.* New York: W. W. Norton, 2020.

Dobbs, David. "The Gregarious Brian." *New York Times*, July 8, 2007. https://www.nytimes.com/2007/07/08/magazine/08sociability-t.html.

Egg, Easter. You found another Golden Ticket, Charlie. Go here: https://www.bakadesuyo.com/easteregg.

Epley, Nicholas. *Mindwise: Why We Misunderstand What Others Think, Believe, Feel, and Want.* New York: Knopf Doubleday, 2015.

Feinberg, Matthew, Robb Willer, and Dacher Keltner. "Flustered and Faithful: Embarrassment as a Signal of Prosociality." *Journal of Personality and Social Psychology* 102, no. 1 (2012): 81–97. https://pdfs.semanticscholar.org/a75f/af6748be54be79a667ca803e23fe3c67b2a2.pdf.

Flora, Carlin. *Friendfluence: The Surprising Ways Friends Make Us Who We Are*. New York: Knopf Doubleday, 2013.

Frank, Robert H. *Under the Influence: Putting Peer Pressure to Work*. Princeton, NJ: Princeton University Press, 2020.

Gambetta, Diego. "Can We Trust Trust?" In *Trust: Making and Breaking Cooperative Relations*, 213–37. New York: Blackwell, 1988. https://philpapers.org/rec/GAMCWT.

Garfield, Robert. *Breaking the Male Code: Unlocking the Power of Friendship*. New York: Avery, 2016.

Gosling, Sam. *Snoop: What Your Stuff Says About You*. New York: Basic Books, 2009.

Greif, Geoffrey L. *Buddy System: Understanding Male Friendships*. New York: Oxford University Press, 2008.

Hall, Jeffrey A. "How Many Hours Does It Take to Make a Friend?" *Journal of Social and Personal Relationships* 36, no. 4 (2018): 1278–96. https://journals.sagepub.com/doi/full/10.1177/0265407518761225.

Hruschka, Daniel J. *Friendship: Development, Ecology, and Evolution of a Relationship*. Berkeley: University of California Press, 2010.

Huang, Karen, et al. "Mitigating Malicious Envy: Why Successful Individuals Should Reveal Their Failures." Working Paper 18-080. Harvard Business School, 2018. https://www.hbs.edu/faculty/Publication%20Files/18-080_56688b05-34cd-47ef-adeb-aa7050b93452.pdf.

Jarrett, Christian. "The 'Beautiful Mess' Effect: Other People View Our Vulnerability More Positively Than We Do." *Research Digest* (blog), August 2, 2018. https://digest.bps.org.uk/2018/08/02/the-beautiful-mess-effect-other-people-view-our-vulnerability-more-positively-than-we-do/.

Latson, Jennifer. *The Boy Who Loved Too Much: A True Story of Pathological Friendliness*. New York: Simon & Schuster, 2017.

Latson, Jennifer. "How a Real Genetic Disorder Could Have Inspired Fairy Tales." *Time*, June 20, 2017. https://time.com/4823574/mythology-williams-syndrome/.

Latson, Jennifer. "The Secret to Small Talk." *The Cut*, June 20, 2017. https://www.thecut.com/2017/06/the-secret-to-small-talk.html.

Levine, Emma, and Taya R. Cohen. "You Can Handle the Truth: Mispredicting the Consequences of Honest Communication." *Journal of Experimental Psychology General* 147, no. 9 (2018): 1400–1429. https://www.researchgate.net/publication/327371514_You_can_handle_the_truth_Mispredicting_the_consequences_of_honest_communication.

Lukianoff, Greg, and Jonathan Haidt. *The Coddling of the American Mind: How Good Intentions and Bad Ideas Are Setting Up a Generation for Failure*. New York: Penguin, 2018.

Mashek, Debra J., and Arthur Aron. *Handbook of Closeness and Intimacy*. Hove, UK: Psychology Press, 2004.

McKay, Brett. "Podcast #567: Understanding the Wonderful, Frustrating Dynamic of Friendship." *Art of Manliness*, last updated September 30, 2021. https://www.artofmanliness.com/articles/podcast-567-understanding-the-wonderful-frustrating-dynamic-of-friendship/.

MedLine Plus. "Williams Syndrome." https://ghr.nlm.nih.gov/condition/williams-syndrome.

Morris, Colleen A. "Introduction: Williams Syndrome." *American Journal of Medical Genetics: Part C, Seminars in Medical Genetics* 154C, no. 2 (2010): 203–8. https://www.ncbi.nlm.nih.gov/pmc/articles/PMC2946897/.

Moseley, Tolly. "What Happens When You Trust Too Much." *Atlantic*, May 12, 2014. https://www.theatlantic.com/health/archive/2014/05/going-to-work-with-williams-syndrome/361374/.

Nizza, Mike. "A Simple B.F.F. Strategy, Confirmed by Scientists." *New York Times*, April 22, 2008. https://thelede.blogs.nytimes.com/2008/04/22/a-simple-bff-strategy-confirmed-by-scientists/.

"Oliver Sacks: The Mind Traveller—" 'Don't Be Shy, Mr Sacks.' " YouTube, September 19, 2016. https://www.youtube.com/watch?v=2J8YNyHIT64.

Pahl, Ray. *On Friendship*. New York: Polity, 2000.

Pakaluk, Michael, ed. *Other Selves: Philosophers on Friendship*. Cambridge, MA: Hackett, 1991.

Pattee, Emma. "How to Have Closer Friendships (and Why You Need Them)." *New York Times*, November 20, 2019. https://www.nytimes.com/2019/11/20/smarter-living/how-to-have-closer-friendships.html.

Pennebaker, James W., and Joshua M. Smyth. *Opening Up by Writing It Down: How Expressive Writing Improves Health and Eases Emotional Pain*, 3rd ed. NewYork: Guilford, 2016.

Riby, Deborah. “What Is Williams Syndrome?” The Conversation, May 13, 2014. https://theconversation.com/explainer-what-is-williams-syndrome-26142.

Robson, David. “What the World's Most Sociable People Reveal About Friendliness.” *Atlantic*, June 3, 2019. https://www.theatlantic.com/health/archive/2019/06/williams-syndrome-and-human-evolution/590797/.

Rogers, Nala. “Rare Human Syndrome May Explain Why Dogs Are So Friendly.” Inside Science, July 19, 2017. https://www.insidescience.org/news/rare-human-syndrome-may-explain-why-dogs-are-so-friendly.

Rouillard, Teresa. “Why My Daughter's Dreams Make My Heart Ache.” The Mighty, April 22, 2015. https://themighty.com/2015/04/the-dreams-of-my-child-with-williams-syndrome/.

Santos, Andreia, Andreas Meyer-Lindenberg, and Christine Deruelle. “Absence of Racial, but Not Gender, Stereotyping in Williams Syndrome Children.” *Current Biology* 20, no. 7 (2010): PR307–8. https://www.cell.com/current-biology/supplemental/S0960-9822(10)00144-2.

Smith, Emily Esfahani. “Your Flaws Are Probably More Attractive Than You Think They Are.” *Atlantic*, January 9, 2019. https://www.theatlantic.com/health/archive/2019/01/beautiful-mess-vulnerability/579892/.

Society for Personality and Social Psychology. “Forget the Bling: High Status-Signaling Deters New Friendships.” ScienceDaily, August 15, 2018. https://www.sciencedaily.com/releases/2018/08/180815105259.htm.

Spiegel, Alix. “A Genetic Drive to Love, yet Distanced by Differences.” *Morning Edition*, May 3, 2010. https://www.npr.org/templates/story/story.php?storyId=126396171.

Spiegel, Alix. “A Life Without Fear.” *Morning Edition*, April 26, 2010. https://www.npr.org/templates/story/story.php?storyId=126224885.

Spiegel, Alix. “When the ‘Trust Hormone’ Is out of Balance.” *All Things Considered*, April 22, 2010. https://www.npr.org/templates/story/story.php?storyId=126141922.

Srivastava, Sanjay, et al. “The Social Costs of Emotional Suppression: A Prospective Study of the Author.” *Journal of Personality and Social Psychology* 96, no. 4 (2009): 883–97. https://pdfs.semanticscholar.org/dea0/93ae5ebc11baff7e4ccff83939f2034b25c0.pdf.

University of California, San Diego. “Neurodevelopmental Model of Williams Syndrome Offers Insight into Human Social Brain.” ScienceDaily, August 10, 2016. https://www.sciencedaily.com/releases/2016/08/160810141922.htm.

Wikipedia. “How to Win Friends and Influence People.” Accessed . https://en.wikipedia.org/wiki/How_to_Win_Friends_and_Influence_People.

Wikipedia. “Williams Syndrome.” https://en.wikipedia.org/wiki/Williams_syndrome.

Williams Syndrome Association. “What Is Williams Syndrome?” https://williams-syndrome.org/what-is-williams-syndrome.

Worrall, Simon. “This Rare Medical Condition Makes You Love Everyone.” *National Geographic*, July 15, 2017. https://www.nationalgeographic.com/news/2017/07/williams-health-love-genetics-books/.

Wikipedia. “Pratfall Effect.” https://en.wikipedia.org/wiki/Pratfall_effect.

Wikipedia. “Signalling Theory.” https://en.wikipedia.org/wiki/Signalling_theory.

Yale University. “Robots That Admit Mistakes Foster Better Conversation in Humans.” ScienceDaily, March 9, 2020. https://www.sciencedaily.com/releases/2020/03/200309152047.htm.

Young, Emma. “The ‘Liking Gap’—We Tend to Underestimate the Positive First Impression We Make on Strangers.” *Research Digest* (blog), September 24, 2018. https://digest.bps.org.uk/2018/09/24/the-

liking-gap-we-tend-to-underestimate-the-positive-first-impression-we-make-on-strangers/.

4 ナルシシストに人生を破壊されない（あわよくば利用する）ために知っておくべきこと

Barker, Eric. "Are Ethical People Happier?" *Barking Up the Wrong Tree* (blog), November 2011. https://www.bakadesuyo.com/2011/11/are-ethical-people-happier/.

Bernstein, Albert J. *Am I The Only Sane One Working Here? 101 Solutions for Surviving Office Insanity.* New York: McGraw-Hill Education, 2009.

Bernstein, Albert J. *Emotional Vampires: Dealing with People Who Drain You Dry.* New York: McGraw-Hill Education, 2012.

Brunell, Amy B., and Mark S. Davis. "Grandiose Narcissism and Fairness in Social Exchanges." *Current Psychology* 35 (2016): 220–33. https://link.springer.com/article/10.1007/s12144-016-9415-5.

Bushman, Briahna Bigelow, and Julianne Holt-Lunstad. "Understanding Social Relationship Maintenance Among Friends: Why Don't We End Those Frustrating Friendships." *Journal of Social and Clinical Psychology* 28, no. 6 (2009): 749–78. https://psycnet.apa.org/record/2009-10225-005.

BYU University Communications. "BYU Study Shows Why 'Frenemies' Make Blood Pressure Rise." News, June 18, 2007. https://news.byu.edu/news/byu-study-shows-why-frenemies-make-blood-pressure-rise.

Caligor, Eve, Kenneth N. Levy, and Frank E. Yeomans. "Narcissistic Personality Disorder: Diagnostic and Clinical Challenges." *American Journal of Psychiatry*, April 30, 2015. https://ajp.psychiatryonline.org/doi/10.1176/appi.ajp.2014.14060723.

Chester, David S., C. Nathan DeWall, and Brian Enjaian. "Sadism and Aggressive Behavior: Inflicting Pain to Feel Pleasure." *Personality and Social Psychology Bulletin*, November 5, 2018. https://psyarxiv.com/cvgkb/.

Chopik, William J., and Kevin J. Grimm. "Longitudinal Changes and Historic Differences in Narcissism from Adolescence to Older Adulthood." *Psychology and Aging* 34, no. 8 (2019): 1109–23. https://psyarxiv.com/bf7qv/.

Christakis, Nicholas A. *Blueprint: The Evolutionary Origins of a Good Society.* New York: Little, Brown, 2019.

Christina L. Patton, Sarah Francis Smith, and Scott O. Lilienfeld. "Psychopathy and Heroism in First Responders: Traits Cut from the Same Cloth?" *Personality Disorders: Theory, Research, and Treatment* 9, no. 4 (2018): 354–68. https://psycnet.apa.org/record/2017-50493-001.

"Daniel Kahneman: Biographical." The Nobel Prize. Accessed . https://www.nobelprize.org/prizes/economic-sciences/2002/kahneman/biographical/.

Dobbs, David. "The Gregarious Brain." *New York Times*, July 8, 2007. https://www.nytimes.com/2007/07/08/magazine/08sociability-t.html.

Finkel, Eli J., et al. "The Metamorphosis of Narcissus: Communal Activation Promotes Relationship Commitment Among Narcissists." *Personality and SocialPsychology Bulletin* 35, no. 10 (2009): 1271–84. https://journals.sagepub.com/doi/10.1177/0146167209340904.

Flora, Carlin. *Friendfluence: The Surprising Ways Friends Make Us Who We Are.* New York: Knopf Doubleday, 2013.

Forbes, Steve. "Kahneman: Lessons from Hitler's SS and the Danger in Trusting Your Gut." *Forbes*, June 24, 2013. https://www.forbes.com/sites/steveforbes/2013/01/24/nobel-prize-winner-daniel-kahneman-lessons-from-hitlers-ss-and-the-danger-in-trusting-your-gut/#8bf03cc156e7.

Garrett, Neil, et al. "The Brain Adapts to Dishonesty." *Nature Neuroscience* 19(2016). https://www.nature.com/articles/nn.4426.

Gerven A. Van Kleef, and Paul A. M. Van Lange. "What Other's Disappointment May Do to Selfish People: Emotion and Social Value Orientation in a Negotiation Context." *Personality and Social Psychology Bulletin* 34, no. 8 (2008):1084–95. https://psycnet.apa.org/record/2008-09895-006.

Giacomin, Miranda, and Christian H. Jordan. "Down-Regulating Narcissistic Tendencies: Communal Focus Reduces State Narcissism." *Personality and Social Psychology Bulletin* 40, no. 4 (2014): 488–500. https://journals.sagepub.com/doi/10.1177/0146167213516635.

Glass, Ira. "389: Frenemies." *This American Life*, September 11, 2009. https://www.thisamericanlife.org/389/transcript.

Hepper, Erica G., Claire M. Hart, and Constantine Sedikides. "Moving Narcissus: Can Narcissists Be Empathic?" *Personality and Social Psychology Bulletin* 40, no. 9 (2014): 1079–91. https://journals.sagepub.com/doi/abs/10.1177/0146167214535812.

Hill, Patrick L., and Brent W. Roberts. "Narcissism, Well-Being, and Observer-Rated Personality Across the Lifespan." *Social Psychological and Personality Science* 3, no. 2 (2012): 216–23. https://journals.sagepub.com/doi/10.1177/1948550611415867.

Holt-Lunstad, Julianne, et al. "On the Importance of Relationship Quality: The Impact of Ambivalence in Friendships on Cardiovascular Functioning." *Annals of Behavioral Medicine* 33, no. 3 (2007): 278–90. https://www.ncbi.nlm.nih.gov/pubmed/17600455.

Kajonius, Petri J., and Therese Bj.rkman. "Individuals with Dark Traits Have the Ability but Not the Disposition to Empathize." *Personality and Individual Differences* 155 (2020). https://www.sciencedirect.com/science/article/abs/pii/S0191886919306567.

Kalemi, Georgia, et al. "Narcissism but Not Criminality Is Associated with Aggression in Women: A Study Among Female Prisoners and Women Without a Criminal Record." *Frontiers in Psychiatry* 10 (February 2019). https://www.ncbi.nlm.nih.gov/pmc/articles/PMC6375288/.

Kaufman, Scott Barry. "Do Narcissists Know They Are Narcissists?" *HuffPost*, April 3, 2011. https://www.huffpost.com/entry/do-narcissists-know-they-b_840894.

Konrath, Sara, Brad J. Bushman, and W. Keith Campbell. "Attenuating the Link Between Threatened Egotism and Aggression." *Psychological Science* 17, no. 11(2006): 995–1001. https://pubmed.ncbi.nlm.nih.gov/17176433/.

Kupferschmidt, Kai. "She's the World's Top Empathy Researcher: But Colleagues Say She Bullied and Intimidated Them." *Science*, August 8, 2018. https://www.sciencemag.org/news/2018/08/she-s-world-s-top-empathy-researcher-colleagues-say-she-bullied-and-intimidated-them.

Lewis, Michael. *The Undoing Project: A Friendship That Changed Our Minds*. New York: W. W. Norton, 2016.

Malkin, Craig. *Rethinking Narcissism: The Secret to Recognizing and Coping with Narcissists*. New York: Harper Perennial, 2016.

McLean, Jamie. "Psychotherapy with a Narcissistic Patient Using Kohut's Self Psychology Model." *Psychiatry (Edgmont)* 4, no. 10 (2007): 40–47. https://www.ncbi.nlm.nih.gov/pmc/articles/PMC2860525/.

Michigan State University. "Me, Me, Me! How Narcissism Changes Throughout Life." ScienceDaily, December 10, 2019. https://www.sciencedaily.com/releases/2019/12/191210111655.htm.

Murphy, Ryan. "Psychopathy by U.S. State." SSRN, May 26, 2018. https://papers.ssrn.com/sol3/papers.cfm?abstract_id=3185182.

Ronningstam, Elsa. "Internal Processing in Patients with Pathological Narcissism or Narcissistic Personality Disorder: Implications for Alliance Building and Therapeutic Strategies." *Journal of*

Personality Disorders 34 (suppl.) (March 2020): 80–103. https://pubmed.ncbi.nlm.nih.gov/32186980/.

Ronningstam, Elsa. "Narcissistic Personality Disorder: A Current Review." *Current Psychiatry Reports* 12, no. 1 (2010): 68–75. https://pubmed.ncbi.nlm.nih.gov/20425313/.

Ronningstam, Elsa. "Pathological Narcissism and Narcissistic Personality Disorder: Recent Research and Clinical Implications." *Current Behavioral Neuroscience Reports* 3 (2016): 34–42. https://link.springer.com/article/10.1007/s40473-016-0060-y.

Ronningstam, Elsa, and Igor Weinberg. "Narcissistic Personality Disorder: Progress in Recognition and Treatment." *Focus: The Journal of Lifelong Learning in Psychiatry* 11, no. 2 (2013): 167–77. https://focus.psychiatryonline.org/doi/10.1176/appi.focus.11.2.167.

Rubens, Jim. *OverSuccess: Healing the American Obsession with Wealth, Fame, Power, and Perfection.* Austin, TX: Greenleaf Book Group, 2008.

Takru, Radhika. "Friends with Negatives." BrainBlogger, September 28, 2011. https://brainblogger.com/2011/09/28/friends-with-negatives/.

Tortoriello, Gregory K. William Hart, and Christopher J. Breeden. "Of Malevolence and Morality: Psychopathy Dimensions Are Conducive to Helping in Highly-Distressing Moral Dilemmas." *Personality and Individual Differences* 155 (2020). https://www.sciencedirect.com/science/article/abs/pii/S0191886919306981.

University of Colorado Denver. "Top Reasons for Facebook Unfriending." ScienceDaily, October 5, 2010. https://www.sciencedaily.com/releases/2010/10/101005121822.htm.

University of Copenhagen. "Psychologists Define the 'Dark Core of Personality.' " ScienceDaily, September 26, 2018. https://www.sciencedaily.com/releases/2018/09/180926110841.htm.

Vedantam, Shankar. "Daniel Kahneman on Misery, Memory, and Our Understanding of the Mind." *Hidden Brain*, March 12, 2018. https://www.npr.org/transcripts/592986190.

Weaver, Jonathan, and Jennifer K. Bosson. "I Feel Like I Know You: Sharing Negative Attitudes of Others Promotes Feelings of Familiarity." *Personality and Social Psychology Bulletin* 37, no. 4 (2011): 481–91. https://pubmed.ncbi.nlm.nih.gov/21296970/.

Weinberg, Igor, and Elsa Ronningstam. "Dos and Don'ts in Treatments of Patients with Narcissistic Personality Disorder." *Journal of Personality Disorders* 34(suppl.) (March 2020): 122–42. https://pubmed.ncbi.nlm.nih.gov/32186986/.

Weir, Kirsten. "Fickle Friends: How to Deal with Frenemies." *Scientific American*, May 1, 2011. https://www.scientificamerican.com/article/fickle-friends/.

Wikipedia. "Frenemy." https://en.wikipedia.org/wiki/Frenemy.

5 友情とは、何かしてあげること？それとも、そばにいること？

"About the Supreme Court." United States Courts. Accessed . https://www.uscourts.gov/about-federal-courts/educational-resources/about-educational-outreach/activity-resources/about.

Adams, Mason. "The Thirty-Fifth Anniversary of Falwell v. Flynt." *Roanoker*, October 29, 2019. https://theroanoker.com/magazine/features/the-35th-anniversary-of-falwell-v-flynt/.

Applebome, Peter. "Jerry Falwell, Moral Majority Founder, Dies at 73." *New York Times*, May 16, 2016. https://www.nytimes.com/2007/05/16/obituaries/16falwell.html.

Denworth, Lydia. *Friendship: The Evolution, Biology, and Extraordinary Power of Life's Fundamental Bond.* New York: W. W. Norton, 2020.

"Excerpts from the Testimony of Jerry Falwell." Famous Trials, December 4, 1984. https://famous-trials.com/falwell/1770-falwelltestimony.

"Falwell v. Flynt: 1984." https://law.jrank.org/pages/3390/Falwell-v-Flynt-1984.html.
Flora, Carlin. *Friendfluence: The Surprising Ways Friends Make Us Who We Are*. New York: Knopf Doubleday, 2013.
Flynt, Larry. "The Porn King and the Preacher." *Los Angeles Times*, May 20, 2007. https://www.latimes.com/archives/la-xpm-2007-may-20-op-flynt20-story.html.
Flynt, Larry. *An Unseemly Man: My Life as a Pornographer, Pundit, and Social Outcast*. Beverly Hills, CA: Phoenix Books, 1996.
Forgas, Joseph P., and Roy F. Baumeister, eds. *The Social Psychology of Living Well*. New York: Taylor and Francis, 2018.
Forman, Milos, dir. *The People vs. Larry Flynt*. Columbia Pictures, 1997.
"A Friend in Need Is a Friend Indeed." The Phrase Finder. Accessed . https://www.phrases.org.uk/meanings/a-friend-in-need.html.
Galloway, Stephen. "Larry Flynt's Wild Life: Porn, Politics, and Penile Implants." *Hollywood Reporter*, February 27, 2013. https://www.hollywoodreporter.com/news/larry-flynts-wild-life-porn-424687.
Hoglund, Andy. "Flashback: Hustler Magazine Score First Amendment Victory Against Jerry Falwell." *Rolling Stone*, November 2017. https://www.rollingstone.com/culture/culture-news/f lashback-hustler-magazine-scores-first-amendment-victory-against-jerry-falwell-128956/.
Horn, Dan. "How 1968 Helped Larry Flynt Build a Pornography Empire." *USA Today*, July 13, 2018. https://www.usatoday.com/story/news/nation-now/1968-project/2018/07/13/larry-flynt-and-1968-making-pornography-empire/771604002/.
Hudson Union. "Larry Flynt & U.S. Supreme Court, & the Resignation of the Speaker of the House." YouTube, May 5, 2011. https://www.youtube.com/watch?v=payPtEiACF8.
Hustler Casino. "Larry Flynt on Jerry Falwell (Larry King 05/16/07) Part 2." YouTube. https://www.youtube.com/watch?v=WgC12NzGiu4.
Hustler Magazine and Larry C. Flynt, Petitioners v. Jerry Falwell. Legal Information Institute. Accessed . https://www.law.cornell.edu/supremecourt/text/485/46.
Khadjavi, Menusch, and Andreas Lange. "Prisoners and Their Dilemma." *Journal of Economic Behavior and Organization* 92 (August 2013): 163–75. https://www.sciencedirect.com/science/article/abs/pii/S0167268113001522.
"Larry Flynt and Jerry Falwell." *Larry King Live*, CNN, January 10, 1997. https://web.archive.org/web/20160817103157/http://www.cnn.com/SHOWBIZ/9701/11/falwell.v.flynt/lkl.00.html.
Linder, Douglas O. "Ad Appearing in the November 1983 Issue of Hustler." Famous Trials. Accessed . https://famous-trials.com/falwell/1775-parodyad.
Linder, Douglas O. "Excerpts from the Deposition Testimony of Larry Flynt." Famous Trials, December 5–6, 1984. https://famous-trials.com/falwell/1771-flyntdeposition.
Linder, Douglas O. "Excerpts from the Testimony of Larry Flynt." Famous Trials, December 6, 1984. https://famous-trials.com/falwell/1772-flynttestimony.
Linder, Douglas O. "The Falwell vs. Flynt Trial: A Chronology." Famous Trials, October 31, 1983. https://famous-trials.com/falwell/1768-falwellchronology.
Linder, Douglas O. "The Jerry Falwell v Larry Flynt Trial: An Account." Famous Trials. https://famous-trials.com/falwell/1779-account.
Millard, Drew. "The Pervert Who Changed America: How Larry Flynt Fought the Law and Won." Vice, December 11, 2016. https://www.vice.com/en_us/article/qkbzjx/larry-flynt-profile-2016.
Perry Como. "Larry Flynt vs Jerry Falwell Funny Deposition Footage from 06-15-1984." YouTube. https://

www.youtube.com/watch?v=-bi6CycM3mE.
Smolla, Rodney. *Jerry Falwell v. Larry Flynt: The First Amendment on Trial*. New York: St. Martin's, 1988.
Thomas Jefferson Center for the Protection of Free Expression. "1997 Larry Flynt & Jerry Falwell Debate." https://www.youtube.com/watch?v=tLAOzn9x9Go.
United Press International. "Flynt Cleared of Libel but Must Pay $200,000." *New York Times*, December 9, 1984. https://www.nytimes.com/1984/12/09/us/flynt-cleared-of-libel-but-must-pay-200000.html.
Wikipedia. "Hustler Magazine v. Falwell." https://en.wikipedia.org/wiki/Hustler_Magazine_v._Falwell.
Wikipedia. "Jerry Falwell Sr." https://en.wikipedia.org/wiki/Jerry_Falwell_Sr.
Wikipedia. "Larry Flynt." https://en.wikipedia.org/wiki/Larry_Flynt.
Wikipedia. "The People vs. Larry Flynt." https://en.wikipedia.org/wiki/The_People_vs._Larry_Flynt.
Wiktionary. "A Friend in Need Is a Friend Indeed." https://en.wiktionary.org/wiki/a_friend_in_need_is_a_friend_indeed.

第３章 愛こそすべて？

１バイアグラは２時間続く。 では、結婚の幸福はどのぐらい続くのか？

Ansari, Aziz. *Modern Romance: An Investigation*. New York: Penguin, 2016.
Baumeister, Roy, Jessica A. Maxwell, and Geoffrey P. Thomas. "The Mask of Love and Sexual Gullibility." http://www.sydneysymposium.unsw.edu.au/2018/chapters/BaumeisterSSSP2018.pdf.
Botton, Alain de. "Why You Will Marry the Wrong Person." *New York Times*, May 28, 2016. https://www.nytimes.com/2016/05/29/opinion/sunday/why-you-will-marry-the-wrong-person.html.
Brooks, David. "The Nuclear Family Was a Mistake." *Atlantic*, March 2020. https://www.theatlantic.com/magazine/archive/2020/03/the-nuclear-family-was-a-mistake/605536/.
Brooks, David. *The Second Mountain: The Quest for a Moral Life*. New York: Random House, 2019.
Buss, David M. *The Dangerous Passion: Why Jealousy Is as Necessary as Love and Sex*. New York: Free Press, 2000.
Buss, David M. *The Evolution of Desire*. New York: Basic Books, 2016.
Chapman, Bruce, and Cahit Guven. "Marital Status Is Misunderstood in Happiness Models." Deakin University Australia, Faculty of Business and Law, School Working Paper, January 2010. https://www.researchgate.net/publication/46459850_Marital_Status_is_Misunderstood_in_Happiness_Models.
Christakis, Nicholas A. *Connected: The Surprising Power of Our Social Networks and How They Shape Our Lives*. New York: Little, Brown, 2011.
Coontz, Stephanie. *Marriage, a History: How Love Conquered Marriage*. New York: Penguin, 2006.
Denworth, Lydia. *Friendship: The Evolution, Biology, and Extraordinary Power of Life's Fundamental Bond*. New York: W. W. Norton, 2020.
DePaulo, Bella. *Singled Out: How Singles Are Stereotyped, Stigmatized, and Ignored, and Still Live Happily Ever After*. New York: St. Martin's, 2007.
Druckerman, Pamela. *Lust in Translation: Infidelity from Tokyo to Tennessee*. New York: Penguin, 2008.
Finkel, Eli J. *The All-or-Nothing Marriage: How the Best Marriages Work*. New York: Penguin 2017.
Fisher, Helen. *Anatomy of Love: A Natural History of Mating, Marriage, and Why We Stray*. New York: W. W. Norton, 2016.
Fromm, Erich. *The Art of Loving*. New York: Open Road Media, 2013.
Gottman, John, *The Marriage Clinic: A Scientifically Based Marital Therapy*. New York: W. W. Norton, 1999.
Gottman, John, and Nan Silver. *The Seven Principles for Making Marriage Work*. New York: Harmony, 2015.

Gross-Loh, Christine. "The First Lesson of Marriage 101: There Are No Soul Mates." Pocket Worthy. https://getpocket.com/explore/item/the-first-lesson-of-marriage-101-there-are-no-soul-mates.

Hruschka, Daniel J. *Friendship: Development, Ecology, and Evolution of a Relationship*. Berkeley: University of California Press, 2010.

Human Relations Area Files. "Romantic or Disgusting? Passionate Kissing Is Not a Human Universal." https://hraf.yale.edu/romantic-or-disgusting-passionate-kissing-is-not-a-human-universal/.

Jones, Daniel. *Love Illuminated: Exploring Life's Most Mystifying Subject (with the Help of Fifty Thousand Strangers)*. New York: HarperCollins, 2014.

Kushner, David. "How Viagra Went from a Medical Mistake to a $3-Billion-Dollar-a-YearIndustry." *Esquire*, August 21, 2018. https://www.esquire.com/lifestyle/health/a22627822/viagra-erectile-dysfunction-pills-history/.

Lawrence, Elizabeth M., et al. "Marital Happiness, Marital Status, Health, and Longevity." *Journal of Happiness Studies* 20 (2019): 1539–61. https://link.springer.com/article/10.1007/s10902-018-0009-9.

Lucas, Richard E. "Time Does Not Heal All Wounds: A Longitudinal Study of Reaction and Adaptation to Divorce." *Psychological Science* 16, no. 12 (2005): 945–50. https://journals.sagepub.com/doi/abs/10.1111/j.1467-9280.2005.01642.x.

Michigan State University. "Health and Marriage: The Times They Are A Changin'." ScienceDaily, August 11, 2008. https://www.sciencedaily.com/releases/2008/08/080811070626.htm.

Niven, David. *One Hundred Simple Secrets of Great Relationships: What Scientists Have Learned and How You Can Use It*. New York: HarperCollins, 2009.

Ogas, Ogi, and Sai Gaddam. *A Billion Wicked Thoughts: What the Internet Tells Us About Sexual Relationships*. New York: Penguin, 2012.

Parker-Pope, Tara. *For Better: How the Surprising Science of Happy Couples Can Help Your Marriage Succeed*. New York: Penguin, 2011.

Perel, Esther. *The State of Affairs: Rethinking Infidelity*. New York: Harper, 2017.

Pinsker, Joe. "The Not-So-Great-Reason Divorce Rates Are Decreasing." *Atlantic*, September 2018. https://www.theatlantic.com/family/archive/2018/09/millennials-divorce-baby-boomers/571282/.

Rusting, Ricki. "Can Marriage Make You Sick?" *Washington Post*, April 15, 2018. https://www.washingtonpost.com/national/health-science/can-marriage-make-you-sick/2018/04/13/df3599e6-1bdd-11e8-9de1-147dd2df3829_story.html.

Sample, Ian. "The Price of Love? Losing Two of Your Close Friends." *Guardian*, September 15, 2010. https://www.theguardian.com/science/2010/sep/15/price-love-close-friends-relationship.

Sternberg, Robert, and Karin Sternberg, eds. *The New Psychology of Love*, 2nd ed. Cambridge: Cambridge University Press, 2019.

Stutzer, Alois, and Bruno S. Frey. *Journal of Socio-Economics* 35, no. 2 (2006): 326–47. https://www.sciencedirect.com/science/article/abs/pii/S1053535705001745.

Tallis, Frank. *The Incurable Romantic and Other Tales of Madness and Desire*. New York: Basic Books, 2018.

Tallis, Frank. *Love Sick: Love as a Mental Illness*. New York: Da Capo Lifelong Books, 2005.

Tashiro, Ty. *The Science of Happily Ever After: What Really Matters in the Quest for Enduring Love*. New York: Harlequin Nonfiction, 2014.

Tennov, Dorothy. *Love and Limerence: The Experience of Being in Love*. Lanham, MD: Scarborough House, 1999.

Waite, Linda J., et al. "Does Divorce Make People Happy? Findings from a Study of Unhappy Marriages."

Institute for American Values, January 2002. https://www.researchgate.net/publication/237233376_Does_Divorce_Make_People_Happy_Findings_From_a_Study_of_Unhappy_Marriages.
Wargo, Eric. "Life's Ups and Downs May Stick." *Observer*, May 1, 2007. https://www.psychologicalscience.org/observer/lifes-ups-and-downs-may-stick.
Wikipedia. "Chinese Ghost Marriage." https://en.wikipedia.org/wiki/Chinese_ghost_marriage.
Wikipedia. "Sildenafil." https://en.wikipedia.org/wiki/Sildenafil.

2「恋は病」は文字通り正しい。そして、それには理由がある

Apostolou, Menelaos, and Yan Wang. "The Challenges of Keeping an Intimate Relationship: An Evolutionary Examination." *Evolutionary Psychology*, July 2020. https://journals.sagepub.com/doi/full/10.1177/1474704920953526.
Barelds, Dick P. H., and Pieternel Dijkstra. "Positive Illusions About a Partner's Physical Attractiveness and Relationship Quality." *Personal Relationships*, June 5, 2009. https://onlinelibrary.wiley.com/doi/abs/10.1111/j.1475-6811.2009.01222.x.
Barker, Eric. "How to Have a Great Relationship—Five New Secrets from Research." *Barking Up the Wrong Tree* (blog), October 2014. https://www.bakadesuyo.com/2014/10/how-to-have-a-great-relationship-2/.
Bergreen, Laurence. *Casanova: The World of a Seductive Genius*. New York: Simon & Schuster, 2016.
Buss, David M. *The Dangerous Passion: Why Jealousy Is as Necessary as Love and Sex*. New York: Free Press, 2000.
Buss, David M. *The Evolution of Desire*. New York: Basic Books, 2016.
Childs, J. Rives. *Casanova: A New Perspective*. London: Constable, 1989.
Coontz, Stephanie. *Marriage, a History: How Love Conquered Marriage*. New York: Penguin, 2006.
Crockett, Zachary. "What Death Row Inmates Say in Their Last Words." Priceonomics, March 4, 2016. https://priceonomics.com/what-death-row-inmates-say-in-their-last-words/.
Diener, Ed. *Happiness: Unlocking the Mysteries of Psychological Wealth*. Malden, MA: Wiley-Blackwell, 2008.
Eisenberg, Michael L., et al. "Socioeconomic, Anthropomorphic, and Demographic Predictors of Adult Sexual Activity in the United States: Data from the National Survey of Family Growth." *Journal of Sexual Medicine* 7, no. 1, pt. 1(2010): 50–58. https://www.ncbi.nlm.nih.gov/pmc/articles/PMC4081028/.
Felmlee, Diane. "From Appealing to Appalling: Disenchantment with a Romantic Partner." *Sociological Perspectives* 44, no. 3 (2001): 263–80. https://www.researchgate.net/publication/240760673_From_Appealing_to_Appalling_Disenchantment_with_a_Romantic_Partner.
Finkel, Eli J. *The All-or-Nothing Marriage: How the Best Marriages Work*. New York: Penguin, 2017.
Fisher, Helen. *Anatomy of Love: A Natural History of Mating, Marriage, and Why We Stray*. New York: W. W. Norton, 2016.
Fisher, Helen E. *Why We Love*. New York: Henry Holt, 2004.
Fisher, Helen E., et al. "Intense, Passionate, Romantic Love: A Natural Addiction? How the Fields That Investigate Romance and Substance Abuse Can Inform Each Other." *Frontiers in Psychology* 10, no. 7 (2016). https://pubmed.ncbi.nlm.nih.gov/27242601/.
Fisher, Helen, Arthur Aron, and Lucy L. Brown. "Romantic Love: An fMRI Study of a Neural Mechanism for Mate Choice." *Journal of Comparative Neurology 493*, no. 1 (2005): 58–62. https://pubmed.ncbi.nlm.nih.gov/16255001/.
Fradera, Alex. "While Your Deliberate 'Monogamy Maintenance Strategies' Probably Won't Keep You

Faithful, Your Automatic Psychological Biases Just Might." *Research Digest* (blog), August 31, 2018. https://digest.bps.org.uk/2018/08/31/while-your-deliberate-monogamy-maintenance-strategies-probably-wont-keep-you-faithful-your-automatic-psychological-biases-just-might/.

Gottman, John M. *The Marriage Clinic: A Scientifically Based Marital Therapy*. New York: W. W. Norton, 1999.

Gottman, John, and Nan Silver. *The Seven Principles for Making Marriage Work*. New York: Harmony, 2015.

Gottman, John Mordechai, with Nan Silver. *Why Marriages Succeed or Fail: And How You Can Make Yours Last*. New York: Simon & Schuster, 1994.

Hruschka, Daniel J. *Friendship: Development, Ecology, and Evolution of a Relationship*. Berkeley: University of California Press, 2010.

Jones, Daniel. *Love Illuminated: Exploring Life's Most Mystifying Subject (with the Help of Fifty Thousand Strangers)*. New York: HarperCollins, 2014.

Lewis, Thomas H., Fari Amini, and Richard Lannon. *A General Theory of Love*. New York: Vintage, 2001.

Maner, Jon K., David Aaron Rouby, and Gian C. Gonzaga. "Automatic Inattention to Attractive Alternatives: The Evolved Psychology of Relationship Maintenance." *Evolution and Human Behavior* 29, no. 5 (2008): 343–49.

Murray, Sandra L., and John G. Holmes. "A Leap of Faith? Positive Illusions in Romantic Relationships." *Personality and Social Psychology Bulletin* 23, no. 6(1997): 586–604. https://journals.sagepub.com/doi/10.1177/0146167297236003.

Murray, Sandra L., et al. "Tempting Fate or Inviting Happiness? Unrealistic Idealization Prevents the Decline of Marital Satisfaction." *Psychological Sciences* 22, no.5 (2011): 619–26. https://www.ncbi.nlm.nih.gov/pmc/articles/PMC4094166/.

Niven, David. *One Hundred Simple Secrets of Great Relationships: What Scientists Have Learned and How You Can Use It*. New York: HarperCollins, 2009.

O'Leary, K. Daniel, et al. "Is Long-Term Love More Than a Rare Phenomenon? If So, What Are Its Correlates?" *Social and Psychological and Personality Science* 3, no. 2 (2012): 241–49. https://journals.sagepub.com/doi/abs/10.1177/1948550611417015.

O'Neill, Tracy. "Podcast #152: Casanova: Seduction and Genius in Venice." New York Public Library, February 21, 2017. https://www.nypl.org/blog/2017/02/20/podcast-152-casanova-seduction-and-genius-venice.

Parker-Pope, Tara. *For Better: How the Surprising Science of Happy Couples Can Help Your Marriage Succeed*. New York: Penguin, 2011.

Perel, Esther. *The State of Affairs: Rethinking Infidelity*. New York: Harper, 2017.

Regan, Pamela C. *The Mating Game: A Primer on Love, Sex, and Marriage*. Los Angeles: Sage, 2017.

Song, Hongwen, et al. "Improving Relationships by Elevating Positive Illusion and the Underlying Psychological and Neural Mechanisms." *Frontiers in Human Neuroscience* 12, no. 526 (2019). https://www.ncbi.nlm.nih.gov/pmc/articles/PMC6336892/.

Sternberg, Robert. *Cupid's Arrow: The Course of Love Through Time*. Cambridge: Cambridge University Press, 1998.

Sternberg, Robert, and Karin Sternberg, eds. *The New Psychology of Love*, 2nd ed. Cambridge: Cambridge University Press, 2019.

Tallis, Frank. *The Incurable Romantic and Other Tales of Madness and Desire*. New York: Basic Books, 2018.

Tallis, Frank. *Love Sick: Love as a Mental Illness*. New York: Da Capo Lifelong Books, 2005.

Tennov, Dorothy. *Love and Limerence: The Experience of Being in Love*. Lanham, MD: Scarborough House.
University of California–Los Angeles. "Should I Marry Him? If You're Having Doubts, Don't Ignore Them, Psychology Study Suggests." ScienceDaily, September 13, 2012. https://www.sciencedaily.com/releases/2012/09/120913173324.htm.
Wikipedia. "Giacomo Casanova." https://en.wikipedia.org/wiki/Giacomo_Casanova.
Wikipedia. "Lovesickness." https://en.wikipedia.org/wiki/Lovesickness.
Wikipedia. "Lovestruck." https://en.wikipedia.org/wiki/Lovestruck.
Wikipedia. "Sense and Sensibility." https://en.wikipedia.org/wiki/Sense_and_Sensibility#Title.
Yamada, Junko, Mie Kito, and Masaki Yuki. "Passion, Relational Mobility, and Proof of Commitment: A Comparative Socio-Ecological Analysis of an Adaptive Emotion in a Sexual Market." *Evolutionary Psychology*, October 2017. https://journals.sagepub.com/doi/full/10.1177/1474704917746056.

3 大切なのは情熱？それとも論理的なアプローチ？

Athitakis, Mark. "Edgar Allan Poe's Hatchet Jobs." *Humanities* 38, no. 4 (2017). https://www.neh.gov/humanities/2017/fall/feature/edgar-allan-poe%E2%80%99s-hatchet-jobs.
Baker, Levi, and James K. McNulty. "Shyness and Marriage: Does Shyness Shape Even Established Relationships?" *Personality and Social Psychology Bulletin* 36, no. 5 (2010): 665–76. https://www.ncbi.nlm.nih.gov/pmc/articles/PMC4112747/.
Barker, Eric. "What Determines Whether a Marriage Succeeds or Fails?" *Barking Up the Wrong Tree* (blog), December 2011. https://www.bakadesuyo.com/2011/12/what-determines-whether-a-marriage-succeeds-o/.
Beck, Aaron T. *Love Is Never Enough: How Couples Can Overcome Misunderstandings, Resolve Conflicts, and Solve Relationship Problems Through Cognitive Therapy*. New York: HarperCollins, 1989.
Bernstein, Elizabeth. "Divorc.'s Guide to Marriage: Study Reveals Five Common Themes Underlie Most Divorces." *Wall Street Journal*, July 24, 2012. https://www.wsj.com/articles/SB10000872396390444025204577544951717564114.
Brooks, David. *The Second Mountain: The Quest for a Moral Life*. New York: Random House, 2019.
Botton, Alain de. *The Course of Love: A Novel*. New York: Simon & Schuster, 2017.
Botton, Alain de. *On Love: A Novel*. New York: Grove/Atlantic, 2006.
Botton, Alain de. "Why You Will Marry the Wrong Person." *New York Times*, May 28, 2016. https://www.nytimes.com/2016/05/29/opinion/sunday/why-you-will-marry-the-wrong-person.html.
Collins, Paul S. "Seven Things You Probably Didn't Know About Edgar Allan Poe." *HuffPost*, October 26, 2014. https://www.huffpost.com/entry/edgar-allan-poe-facts_b_5698360.
Diener, Ed. *Happiness: Unlocking the Mysteries of Psychological Wealth*. Malden, MA: Wiley-Blackwell, 2009.
Encyclopedia Virginia. "Poe, Edgar Allan (1809–1849)." https://www.encyclopediavirginia.org/poe_edgar_allan_1809-1849#start_entry.
Epstein, Robert. "Fall in Love and Stay That Way." *Scientific American*, January 2010. https://www.scientificamerican.com/article/how-science-can-help-love/.
Finkel, Eli J. *The All-or-Nothing Marriage: How the Best Marriages Work*. New York: Penguin, 2017.
Fromm, Erich. *The Art of Loving*. New York: Open Road Media, 2013.
Gilbert, Susan. "Married with Problems? Therapy May Not Help." *New York Times*, April 19, 2005. https://www.nytimes.com/2005/04/19/health/psychology/married-with-problems-therapy-may-not-help.html.
Gilovich, Thomas. *How We Know What Isn't So: The Fallibility of Human Reason inEveryday Life*. New

York: Free Press, 1993.
Gottman, John. *The Man's Guide to Women: Scientifically Proven Secrets from the Love Lab About What Women Really Want*. New York: Rodale, 2016.
Gottman, John M. *The Marriage Clinic: A Scientifically Based Marital Therapy*. New York: W. W. Norton, 1999.
Gottman, John M. *The Science of Trust: Emotional Attunement for Couples*. New York: W. W. Norton, 2011.
Gottman, John, and Joan DeClaire. *The Relationship Cure: A Five Step Guide to Strengthening Your Marriage, Family, and Friendships*. New York: Harmony, 2002.
Gottman, John, and Nan Silver. *The Seven Principles for Making Marriage Work*. New York: Harmony, 2015.
Gottman, John M., and Nan Silver. *What Makes Love Last? How to Build Trust and Avoid Betrayal*. New York: Simon & Schuster, 2013.
Gottman, John Mordechai, with Nan Silver. *Why Marriages Succeed or Fail: And How You Can Make Yours Last*. New York: Simon & Schuster, 1994.
Gottman, John M., Julie Schwartz Gottman, and Joan DeClaire. *Ten Lessons to Transform Your Marriage: America's Love Lab Experts Share Their Strategies for Strengthening Your Relationship*. New York: Harmony, 2007.
Iyengar, Sheena. *The Art of Choosing*. New York: Twelve, 2011.
Jackson, Kevin. "The Great Bad Writer." *Prospect*, February 22, 2012. https://www.prospectmagazine.co.uk/magazine/the-great-bad-writer-edgar-allan-poe-raven-cusack.
Jones, Daniel. *Love Illuminated: Exploring Life's Most Mystifying Subject (with the Help of Fifty Thousand Strangers)*. New York: HarperCollins, 2014.
Lehrer, Jonah. *A Book About Love*. New York: Simon & Schuster, 2017.
Markman, Howard, Scott Stanley, and Susan L. Blumberg. *Fighting for Your Marriage: A Deluxe Revised Edition of the Classic Best-seller for Enhancing Marriage and Preventing Divorce*. San Francisco: Jossey-Bass, 2010.
Maxwell, Jessica A., and Andrea L. Meltzer. "Kiss and Make Up? Examining the Co-occurrence of Conflict and Sex." *Archives of Sexual Behavior* 49 (2020): 2883–92. https://rd.springer.com/article/10.1007/s10508-020-01779-8.
Mitchell, Stephen A. *Can Love Last? The Fate of Romance over Time*. New York: W. W. Norton, 2003.
Myers, Jane E., Jayamala Madathil, and Lynne R. Tingle. "Marriage Satisfaction and Wellness in India and the United States: A Preliminary Comparison of Arranged Marriages and Marriages of Choice." *Journal of Counseling & Development* 83, no. 2 (2005): 183–90. https://onlinelibrary.wiley.com/doi/abs/10.1002/j.1556-6678.2005.tb00595.x.
Niven, David. *The Simple Secrets for Becoming Healthy, Wealthy, and Wise: What Scientists Have Learned and How You Can Use It*. New York: HarperOne, 2009.
Niven, David. *One Hundred Simple Secrets of Great Relationships: What Scientists Have Learned and How You Can Use It*. New York: HarperCollins, 2009.
Ohio State University. "Conflict Levels Don't Change Much over Course of Marriage." ScienceDaily, August 15, 2011. https://www.sciencedaily.com/releases/2011/08/110815101538.htm.
Parker-Pope, Tara. *For Better: How the Surprising Science of Happy Couples Can Help Your Marriage Succeed*. New York: Penguin, 2011.
Parker-Pope, Tara. "The Happy Marriage Is the 'Me' Marriage." *New York Times*, December 31, 2020. https://www.nytimes.com/2011/01/02/weekinreview/02parkerpope.html.
Perel, Esther. *Mating in Captivity: Unlocking Erotic Intelligence*. New York: HarperCollins e-books,2009.

Perel, Esther. *The State of Affairs: Rethinking Infidelity*. New York: Harper, 2017.
Poe, Edgar Allan. "The Philosophy of Composition." Last updated September 5, 2011. https://www.eapoe.org/works/essays/philcomp.htm.
Poe, Edgar Allan. "The Philosophy of Composition." *Graham's Magazine* 28, no. 4(April 1846): 163–67.
Poe, Edgar Allan. "The Raven." Poetry Foundation. Accessed . https://www.poetryfoundation.org/poems/48860/the-raven.
Pruette, Lorine. "A Psycho-Analytical Study of Edgar Allan Poe." *American Journal of Psychology* 31, no. 4 (1920): 370–402. https://www.jstor.org/stable/1413669?seq=1#metadata_info_tab_contents.
Regan, Pamela C. *The Mating Game: A Primer on Love, Sex, and Marriage*. Los Angeles: Sage, 2017.
Scheibehenne, Benjamin, Jutta Mata, and Peter M. Todd. "Older but Not Wiser—Predicting a Partner's Preference Gets Worse with Age." *Journal of Consumer Psychology* 21, no. 2 (2011): 184–91. https://psycnet.apa.org/record/2011-17293-011.
Seligman, Martin E. P. *Flourish: A Visionary New Understanding of Happiness and Well-Being*. New York: Atria Books, 2012.
Simonton, Dean Keith. *Greatness: Who Makes History and Why*. New York: Guilford, 1994.
Sternberg, Robert. *Cupid's Arrow: The Course of Love Through Time*. Cambridge: Cambridge University Press, 1998.
Tallis, Frank. *The Incurable Romantic and Other Tales of Madness and Desire*. New York: Basic Books, 2018.
Tallis, Frank. *Love Sick: Love as a Mental Illness*. New York: Da Capo Lifelong Books, 2005.
Tierney, John. *The Power of Bad*. New York: Penguin, 2019.
University of Rochester. "Do Open Relationships Really Work?" Science- Daily, October 29, 2019. https://www.sciencedaily.com/releases/2019/10/191029182513.htm.
University of Tennessee at Knoxville. "How Happy Couples Argue: Focus on Solvable Issues First." ScienceDaily, September 16, 2016. https://www.sciencedaily.com/releases/2019/09/190916114014.htm.
Velella, Rob. "The Many Names of Poe." *American Literary Blog*, January 7, 2010. https://americanliteraryblog.blogspot.com/2010/01/many-names-of-poe.html.
Waite, Linda J., et al. "Does Divorce Make People Happy? Findings from a Study of Unhappy Marriages." Institute for American Values, January 2002. https://www.researchgate.net/publication/237233376_Does_Divorce_Make_People_Happy_Findings_From_a_Study_of_Unhappy_Marriages.
"War over Being Nice." *Seph* (blog), September 19, 2018. https://josephg.com/blog/war-over-being-nice/.
Wikipedia. "Age of Enlightenment." https://en.wikipedia.org/wiki/Age_of_Enlightenment.
Wikipedia. "Couples Therapy." https://en.wikipedia.org/wiki/Couples_therapy#History.
Wikipedia. "Edgar Allan Poe." https://en.wikipedia.org/wiki/Edgar_Allan_Poe.
Wikipedia. "The Philosophy of Composition." https://en.wikipedia.org/wiki/The_Philosophy_of_Composition.
Wikipedia. "The Raven." https://en.wikipedia.org/wiki/The_Raven.
Wikipedia. "Romanticism." https://en.wikipedia.org/wiki/Romanticism.

4 愛は工夫しなければ続かない。ならば工夫するしかない

Acevedo, Bianca P., et al. "Neural Correlates of Long-Term Intense Romantic Love." *Social Cognitive and Affective Neuroscience* 7, no. 2 (2012): 145–59. https://pubmed.ncbi.nlm.nih.gov/21208991/.
Aron, Arthur, and Elaine Aron. *The Heart of Social Psychology: A Backstage View of a Passionate Science*.

Lexington, MA: Lexington Books, 1986.

Aron, Arthur, et al. "The Self-Expansion Model of Motivation and Cognition in Close Relationships." In *The Oxford Handbook of Close Relationships*, edited by Jeffry Simpson and Lorne Campbell. Oxford: Oxford University Press, 2013. https://www.oxfordhandbooks.com/view/10.1093/oxfordhb/9780195398694.001.0001/oxfordhb-9780195398694-e-005.

Barker, Eric. "Does Discussing Abortions and STD's Make for a Better First Date?" *Barking Up the Wrong Tree* (blog), February 2012. https://www.bakadesuyo.com/2012/02/does-discussing-abortions-and-stds-make-for-a/.

Barker, Eric. "How to Have a Great Relationship—Five New Secrets from Research." *Barking Up the Wrong Tree* (blog), October 2014. https://www.bakadesuyo.com/2014/10/how-to-have-a-great-relationship-2/.

Baumeister, Roy, and Sara R. Wotman. *Breaking Hearts: The Two Sides of Unrequited Love*. New York: Guilford, 1992.

Baumeister, Roy F., et al. "The Mask of Love and Sexual Gullibility." In *The Social Psychology of Gullibility*, edited by Joseph P. Forgas and Roy F. Baumeister. New York: Routledge, 2019. https://www.taylorfrancis.com/chapters/edit/10.4324/9780429203787-2/mask-love-sexual-gullibility-roy-baumeister-jessica-maxwell-geoffrey-thomas-kathleen-vohs.

Beck, Aaron. *Love Is Never Enough: How Couples Can Overcome Misunderstandings, Resolve Conflicts, and Solve Relationship Problems Through Cognitive Therapy*. New York: Harper Perennial, 1989.

Botton, Alain de. *The Course of Love: A Novel*. New York: Simon & Schuster, 2017.

Brooks, David. *The Second Mountain: The Quest for a Moral Life*. New York: Random House, 2019.

Buhler, Janina Larissa, et al. "Does Michelangelo Care About Age? An Adult Life-Span Perspective on the Michelangelo Phenomenon." *Journal of Social and Personal Relationships* 36, no. 4 (2019): 1392–1412. https://journals.sagepub.com/doi/full/10.1177/0265407518766698.

Busby, Dean M., Veronica Hanna-Walker, and Chelom E. Leavitt. "A Kiss Is Not a Kiss: Kissing Frequency, Sexual Quality, Attachment, and Sexual and Relationship Satisfaction." *Sexual and Relationship Therapy*, January 31, 2020. https://www.tandfonline.com/doi/abs/10.1080/14681994.2020.1717460.

Buss, David M. *The Dangerous Passion: Why Jealousy Is as Necessary as Love and Sex*. New York: Free Press, 2000.

Cao, Chao, et al. "Trends in Sexual Activity and Associations with All-Cause and Cause-Specific Mortality Among US Adults." *Journal of Sexual Medicine* 17, no. 10 (2020): 1903–13. https://www.sciencedirect.com/science/article/abs/pii/S174360952030669X.

Carrere, S., et al. "Predicting Marital Stability and Divorce in Newlywed Couples." *Journal of Family Psychology* 14, no. 1 (2000): 42–58. https://pubmed.ncbi.nlm.nih.gov/10740681/.

Coontz, Stephanie. "For a Better Marriage, Act Like a Single Person." *New York Times*, February 10, 2018. https://www.nytimes.com/2018/02/10/opinion/sunday/for-a-better-marriage-act-like-a-single-person.html.

Drigotas, S. M., et al. "Close Partner as Sculptor of the Ideal Self: Behavioral Affirmation and the Michelangelo Phenomenon." *Journal of Personal and Social Psychology* 77, no. 2 (1999): 293–323. https://pubmed.ncbi.nlm.nih.gov/10474210/.

Druckerman, Pamela. *Lust in Translation: Infidelity from Tokyo to Tennessee*. New York: Penguin, 2008.

Dunn, Elizabeth W., et al. "Misunderstanding the Affective Consequences of Everyday Social Interactions: The Hidden Benefits of Putting One's Best Face Forward." *Journal of Personality and Social Psychology* 92, no. 6 (2007): 990–1005. https://pubmed.ncbi.nlm.nih.gov/17547484/.

Finkel, Eli J. *The All-or-Nothing Marriage: How the Best Marriages Work*. New York: Penguin, 2017.

Fisher, Helen E. *Why We Love*. New York: Henry Holt, 2004.

Forgas, Joseph P., and Roy F. Baumeister, eds. *The Social Psychology of Living Well*. New York: Taylor and Francis, 2018.

Gottman, John M. *The Marriage Clinic: A Scientifically Based Marital Therapy*. New York: W. W. Norton, 1999.

Gottman, John M. *The Science of Trust: Emotional Attunement for Couples*. New York: W. W. Norton, 2011.

Gottman, John, and Joan DeClaire. *The Relationship Cure: A Five Step Guide to Strengthening Your Marriage, Family, and Friendships*. New York: Harmony, 2002.

Gottman, John, and Nan Silver. *The Seven Principles for Making Marriage Work*. New York: Harmony, 2015.

Gottman, John, and Nan Silver. *What Makes Love Last? How to Build Trust and Avoid Betrayal*. New York: Simon & Schuster, 2013.

Gottman, John Mordechai, with Nan Silver. *Why Marriages Succeed or Fail: And How You Can Make Yours Last*. New York: Simon & Schuster, 1994.

Gottman, John M., Julie Schwartz Gottman, and Joan DeClaire. *Ten Lessons to Transform Your Marriage: America's Love Lab Experts Share Their Strategies for Strengthening Your Relationship*. New York: Harmony, 2007.

Hagspiel, Stefan. "The Man with a Thirty Second Memory." YouTube, December 29, 2006. https://www.youtube.com/watch?v=WmzU47i2xgw.

Harris, Sam. *Lying*. Four Elephants, 2013.

Harvey-Jenner, Catriona. "The Woman with Amnesia Whose True Story May Have Inspired Fifty First Dates." *Cosmopolitan*, January 19, 2017. https://www.cosmopolitan.com/uk/reports/news/a48933/michelle-philpots-amnesia-true-story-50-first-dates/.

Hazell, Ward. "Ten People with Amnesia Who Literally Lost Their Minds." Listverse, January 17, 2019. https://listverse.com/2019/01/17/10-people-with-amnesia-who-literally-lost-their-minds/.

Hicks, Angela M., and Lisa M. Diamond. "How Was Your Day? Couples' Affect When Telling and Hearing Daily Events." *Personal Relationships* 15, no. 2 (2008): 205–28. https://onlinelibrary.wiley.com/doi/abs/10.1111/j.1475-6811.2008.00194.x.

Hira, Shreena N., and Nickola C. Overall. "Improving Intimate Relationships: Targeting the Partner Versus Changing the Self." *Journal of Social and Personal Relationships* 28, no. 5 (2011): 610–33. https://journals.sagepub.com/doi/10.1177/0265407510388586.

Inbar, Michael. " 'Groundhog Day' for Real: Woman Is Stuck in 1994." Today, August 16, 2010. https://www.today.com/news/groundhog-day-real-woman-stuck-1994-1C9017393.

Jarrett, Christian. "Try Something New Together—Research Shows Engaging in 'Self-Expanding Activities' Rekindles the Sexual Desire of Long-Term Couples." *Research Digest* (blog), February 14, 2019. https://digest.bps.org.uk/2019/02/14/try-something-new-together-research-shows-engaging-in-self-expanding-activities-rekindles-the-sexual-desire-of-long-term-couples/.

Johnson, Matthew D., and Franz J. Neyer. "(Eventual) Stability and Change Across Partnerships." *Journal of Family Psychology* 33, no. 6 (2019): 711–21. https://psycnet.apa.org/record/2019-10172-001.

Jones, Daniel. *Love Illuminated: Exploring Life's Most Mystifying Subject (with the Help of Fifty Thousand Strangers)*. New York: HarperCollins, 2014.

Kirshenbaum, Sheril. *The Science of Kissing: What Our Lips Are Telling Us*. New York: Grand Central, 2011.

Levy, Andrew. "The Woman Who Wakes Up Thinking Its 1994 Every Morning and Then Forgets Everything the Next Day Due to a Car Crash Injury." *Daily Mail*, June 10, 2010. https://www.dailymail.

co.uk/health/article-1285535/Two-car-crashes-leave-Michelle-Philpots-24-hour-memory.html.
Lewis, Thomas H., Fari Amini, and Richard Lannon. *A General Theory of Love*. New York: Vintage, 2001.
Mashek, Debra J., and Arthur Aron. *Handbook of Closeness and Intimacy*. Hove, UK: Psychology Press, 2004.
McRaney, David. "Misattribution of Arousal." You Are Not So Smart, July 7, 2011. https://youarenotsosmart.com/2011/07/07/misattribution-of-arousal/.
Mitchell, Stephen A. *Can Love Last? The Fate of Romance over Time*. New York: W. W. Norton, 2003.
Murray, Samuel, and Peter Finocchiaro. "These Confabulations Are Guaranteed to Improve Your Marriage! Toward a Teleological Theory of Confabulation." PsyArXiv Preprints, May 25, 2020. https://psyarxiv.com/huywk/.
Niven, David. *One Hundred Simple Secrets of Great Relationships: What Scientists Have Learned and How You Can Use It*. New York: HarperCollins, 2009.
Parker-Pope, Tara. *For Better: How the Surprising Science of Happy Couples Can Help Your Marriage Succeed*. New York: Penguin, 2011.
Parker-Pope, Tara. "The Happy Marriage Is the 'Me' Marriage." *New York Times*, December 31, 2020. https://www.nytimes.com/2011/01/02/weekinreview/02parkerpope.html.
Pennebaker, James. *The Secret Life of Pronouns: What Our Words Say About Us*. New York: Bloomsbury, 2013.
Perel, Esther. *Mating in Captivity: Unlocking Erotic Intelligence*. New York: HarperCollins e-books, 2009.
Perel, Esther. *The State of Affairs: Rethinking Infidelity*. New York: Harper, 2017.
Roper, Matt. "The Real Groundhog Day: Rare Disorder Wipes Women's Memory Clean Every Twenty-Four Hours." *Mirror*, January 27, 2012. https://www.mirror.co.uk/news/weird-news/the-real-groundhog-day-rare-disorder-227866.
Rusbult, Caryl, Eli J. Finkel, and Madoka Kumashiro. "The Michelangelo Phenomenon." *Current Directions in Psychological Science* 18, no. 6 (2009): 305–9.
Sacks, Oliver. "The Abyss: Music and Amnesia." *New Yorker*, September 24, 2007. https://www.newyorker.com/magazine/2007/09/24/the-abyss.
Sagarin, Brad J., et al. "Hormonal Changes and Couple Bonding in Consensual Sadomasochistic Activity." *Archives of Sexual Behavior* 38, no. 2 (2009): 186–200. https://pubmed.ncbi.nlm.nih.gov/18563549/.
Seider, Benjamin, et al. "We Can Work It Out: Age Differences in Relational Pronouns, Physiology, and Behavior in Marital Conflict." *Psychology and Aging* 24, no. 3 (2009): 604–13. https://pubmed.ncbi.nlm.nih.gov/19739916/.
Sexton, James. *If You're in My Office, It's Already Too Late: A Divorce Lawyer's Guide to Staying Together*. New York: Macmillan, 2018.
Smith, Anthony, et al. "Sexual and Relationship Satisfaction Among Heterosexual Men and Women: The Importance of Desired Frequency of Sex." *Journal of Sex and Marital Therapy* 37, no. 2 (2011): 104–15. https://www.tandfonline.com/doi/abs/10.1080/0092623X.2011.560531.
Sternberg, Robert. *Cupid's Arrow: The Course of Love Through Time*. Cambridge: Cambridge University Press, 1999.
Sternberg, Robert. *Love Is a Story: A New Theory of Relationships*. Chosen Books, Oxford: Oxford University Press, 1998.
Sternberg, Robert, and Karin Sternberg, eds. *The New Psychology of Love*, 2nd ed. Cambridge: Cambridge University Press, 2019.
Tallis, Frank. *Love Sick: Love as a Mental Illness*. New York: Da Capo Lifelong Books, 2005.

Tierney, John. *The Power of Bad*. New York: Penguin, 2019.
Tsapelas, Irene, Arthur Aron, and Terri Orbuch. "Marital Boredom Now Predicts Less Satisfaction Nine Years Later." *Psychological Science* 20, no. 5 (2009): 543–45. https://psycnet.apa.org/record/2009-06873-004.
u/BlueOrange. "TIL I learned of Michelle Philpots, the real life inspiration behind the movie 50 first dates. Her memory is wiped clean everyday, and she has been stuck in 1994 for 25 years." Reddit, August 16, 2019, 2:02:22. https://www.reddit.com/r/todayilearned/comments/crcfsj/til_i_learned_of_michelle_philpots_the_real_life/.
University of Alberta. "Changing Partners Doesn't Change Relationship Dynamics." ScienceDaily, August 27, 2019. https://www.sciencedaily.com/releases/2019/08/190827123518.htm.
University of California–Riverside. "Research Affirms the Power of 'We.' " ScienceDaily, October 5, 2018. https://www.sciencedaily.com/releases/2018/10/181005111455.htm.
Wikipedia. "Amnesia." https://en.wikipedia.org/wiki/Amnesia.
Wikipedia. "Anterograde Amnesia." https://en.wikipedia.org/wiki/Anterograde_amnesia.
Wikipedia. "Clive Wearing." https://en.wikipedia.org/wiki/Clive_Wearing.
Wikipedia. "*Memento* (film)—Scientific Response." https://en.wikipedia.org/wiki/Memento_(film)#Scientific_response.
Wikipedia. "Michelangelo Phenomenon." https://en.wikipedia.org/wiki/Michelangelo_phenomenon.
Wikipedia. "Procedural Memory." https://en.wikipedia.org/wiki/Procedural_memory.
Wikipedia. "Transient Global Amnesia." https://en.wikipedia.org/wiki/Transient_global_amnesia.
Wright, Robert. *The Moral Animal: Why We Are the Way We Are: The New Science of Evolutionary Psychology*. New York: Knopf Doubleday, Vintage Books,1995.
Zachary. "This Woman's Rare Form of Amnesia Makes Her Forget Everything Before 1994." Shared, December 22, 2017. https://www.shared.com/woman-with-rare-form-of-amnesia/.

5（ロマン主義ではなく科学的に見て）充実した人生を送るには、愛が必要

Bradley, Robert. *Husband-Coached Childbirth: The Bradley Method of Natural Childbirth*, 5th ed. New York: Bantam, 2008.
Gottman, John. *The Man's Guide to Women: Scientifically Proven Secrets from the Love Lab About What Women Really Want*. New York: Rodale, 2016.
Rome News-Tribune. "50 Years Ago in Rome News-Tribune." September 18, 2010.

第4章 人はひとりでは生きていけない？

1 森の中で幸せに生きた男と、社会に生きていても孤独な人たち

Achor, Shawn. *The Happiness Advantage: The Seven Principles of Positive Psychology That Fuel Success and Performance at Work*. New York: Currency, 2010.
Alberti, Fay Bound. *A Biography of Loneliness: The History of an Emotion*. Oxford: Oxford University Press, 2019.
Alberti, Fay Bound. "One Is the Loneliest Number: The History of a Western Problem." *Aeon*, September 12, 2018. https://aeon.co/ideas/one-is-the-loneliest-number-the-history-of-a-western-problem.
Baumeister, Roy F. *The Cultural Animal: Human Nature, Meaning, and Social Life*. New York: Oxford University Press, 2005.
Cacioppo, John T., and William Patrick. *Loneliness: Human Nature and the Need for Social Connection*. New York: Norton, 2009.

Cacioppo, John T., Louise C. Hawkley, and Gary G. Berntson. "The Anatomy of Loneliness." *Current Directions in Psychological Science* 12, no. 3 (2003): 71–74. https://www.jstor.org/stable/20182842?seq=1.

Chen, Zhansheng, et al. "When Hurt Will Not Heal: Exploring the Capacity to Relive Social and Physical Pain." *Psychological Science* 19, no. 8 (2008): 789–95. https://pubmed.ncbi.nlm.nih.gov/18816286/.

Csikszentmihalyi, Mihaly. *Finding Flow: The Psychology of Engagement with Everyday Life*. New York: Basic Books,1998.

DePaulo, Bella. *Singled Out: How Singles Are Stereotyped, Stigmatized, and Ignored, and Still Live Happily Ever After*. New York: St. Martin's, 2007.

Diamond, Jared. *The World Until Yesterday: What Can We Learn from Traditional Societies?* New York: Penguin, 2013.

Finkel, Michael. "The Strange and Curious Tale of the Last True Hermit." *GQ*, August 4, 2014. https://www.gq.com/story/the-last-true-hermit.

Finkel, Michael. *The Stranger in the Woods: The Extraordinary Story of the Last True Hermit*. New York: Knopf Doubleday, 2017.

Forgas, Joseph P., and Roy F. Baumeister, eds. *The Social Psychology of Living Well*. New York: Taylor and Francis, 2018.

Friedrich, Lena. "The Hermit—the True Legend of the North Pond Hermit." Vimeo, April 10, 2020. https://vimeo.com/406217619.

Gawande, Atul. "Hellhole." *New Yorker*, March 23, 2009. https://www.newyorker.com/magazine/2009/03/30/hellhole.

Gottman, John, and Nan Silver. *What Makes Love Last? How to Build Trust and Avoid Betrayal*. New York: Simon & Schuster, 2013.

Haney, Craig. "Mental Health Issues in Long-Term Solitary and 'Supermax' Confinement." *Crime and Delinquency* 49, no. 1 (2003): 124–56. https://www.researchgate.net/publication/249718605_Mental_Health_Issues_in_Long-Term_Solitary_and_Supermax_Confinement.

Hari, Johann. *Lost Connections: Uncovering the Real Causes of Depression—and the Unexpected Solutions*. New York: Bloomsbury, 2018.

Harris, Michael. *Solitude: In Pursuit of a Singular Life in a Crowded World*. New York: St. Martin's, 2017.

Holt-Lunstad, Julianne. "Why Social Relationships Are Important for Physical Health: A Systems Approach to Understanding and Modifying Risk and Protection." *Annual Review of Psychology* 69 (January 2018): 437–58. https://pubmed.ncbi.nlm.nih.gov/29035688/.

Insel, Thomas R. "Is Social Attachment an Addictive Disorder? *Physiology and Behavior* 79 (August 2003): 351–57. https://pubmed.ncbi.nlm.nih.gov/12954430/.

Junger, Sebastian. *Tribe: On Homecoming and Belonging*. New York: Grand Central, 2016.

Kemp, Andrew Haddon, Juan A. Arias, and Zoe Fisher. "Social Ties, Health, and Wellbeing: A Literature Review and Model." In *Neuroscience and Social Science: The Missing Link*, edited by August.n Ib..ez, Luca Sede.o, and Adolfo M. Garcia. Cham, Switzerland: Springer International, 2018. https://www.researchgate.net/publication/317616735_Social_Ties_Health_and_Wellbeing_A_Literature_Review_and_Model.

Khazan, Olga. "How Loneliness Begets Loneliness." *Atlantic,* April 2017. https://www.theatlantic.com/health/archive/2017/04/how-loneliness-begets-loneliness/521841/.

Klinenberg, Eric. *Going Solo: The Extraordinary Rise and Surprising Appeal of Living Alone*. New York: Penguin, 2013.

Latson, Jennifer. *The Boy Who Loved Too Much: A True Story of Pathological Friendliness*. New York: Simon & Schuster, 2017.

Lilienfeld, Scott O., et al. *Fifty Great Myths of Popular Psychology: Shattering Widespread Misconceptions about Human Behavior*. Malden, MA: Wiley-Blackwell, 2010.

Massachusetts General Hospital. "Social Connection Is the Strongest Protective Factor for Depression." ScienceDaily, August 14, 2020. https://www.sciencedaily.com/releases/2020/08/200814131007.htm.

Massachusetts Institute of Technology. "A Hunger for Social Contact." Science-Daily, November 23, 2020. https://www.sciencedaily.com/releases/2020/11/201123120724.htm.

Murthy, Vivek H. *Together: The Healing Power of Human Connection in a Sometimes Lonely World*. New York: Harper Wave, 2020.

Olds, Jacqueline, and Richard S. Schwartz. *The Lonely American: Drifting Apart in the Twenty-First Century*. Boston: Beacon, 2010.

Pinker, Susan. *The Village Effect: How Face-to-Face Contact Can Make Us Healthier and Happier*. Toronto: Random House of Canada, 2014.

Powdthavee, Nattavudh. "Putting a Price Tag on Friends, Relatives, and Neighbours: Using Surveys of Life Satisfaction to Value Social Relationships." *Journal of Socio-Economics* 37, no. 4 (2008): 1459–80. https://www.sciencedirect.com/science/article/abs/pii/S1053535707001205.

Seelye, Katharine Q. " 'Boo Radley' of the Woods? Not to All Maine Neighbors." *New York Times*, June 12, 2013. https://www.nytimes.com/2013/06/12/us/hermit-in-maine-is-legend-to-some-thief-to-others.html.

Self, Will, et al. " 'Would That All Journeys Were on Foot': Writers on the Joys of Walking." *Guardian*, September 18, 2018. https://www.theguardian.com/cities/2018/sep/18/would-that-all-journeys-were-on-foot-writers-on-the-joy-of-walking.

Shenk, Joshua Wolf. "What Makes Us Happy?" *Atlantic*, June 2009. https://www.theatlantic.com/magazine/archive/2009/06/what-makes-us-happy/307439/.

Simonton, Dean Keith. *The Wiley Handbook of Genius*. Chichester, UK: Wiley Blackwell, 2014.

Stevens, Jenny. "The Friend Effect: Why the Secret of Health and Happiness Is Surprisingly Simple." *Guardian*, May 23, 2018. https://www.theguardian.com/society/2018/may/23/the-friend-effect-why-the-secret-of-health-and-happiness-is-surprisingly-simple.

Stockholm University. "Trust in Others Predicts Mortality in the United States." ScienceDaily, October 25, 2018. https://www.sciencedaily.com/releases/2018/10/181025103318.htm.

Storr, Will. *Selfie: How We Became So Self-Obsessed and What It's Doing to Us*. New York: Harry N. Abrams, 2019.

Storr, Anthony. *Solitude: A Return to the Self*. New York: Free Press, 2005.

Vincent, David. *A History of Solitude*. Cambridge, UK: Polity, 2020.

Walton, Gregory M., et al. "Mere Belonging: The Power of Social Connections." *Journal of Personality and Social Psychology* 102, no. 3 (2012): 513–32. https://pubmed.ncbi.nlm.nih.gov/22023711/.

Whitehead, Nadia. "People Would Rather Be Electrically Shocked Than Left Alone with Their Thoughts." *Science*, July 3, 2014. https://www.sciencemag.org/news/2014/07/people-would-rather-be-electrically-shocked-left-alone-their-thoughts.

Wikipedia. "Christopher Thomas Knight." https://en.wikipedia.org/wiki/Christopher_Thomas_Knight.

Wikipedia. "Solitary Confinement." https://en.wikipedia.org/wiki/Solitary_confinement.

Worrall, Simon. "Why the North Pond Hermit Hid from People for Twenty-Seven Years." *National Geographic*, April 8, 2017. https://www.nationalgeographic.com/news/2017/04/north-pond-hermit-

maine-knight-stranger-woods-finkel/.
Yeginsu, Ceylan. "U.K. Appoints a Minister for Loneliness." *New York Times*, January 17, 2018. https://www.nytimes.com/2018/01/17/world/europe/uk-britain-loneliness.html.

2 オンラインのつながりはリアルのつながりより人を幸せにする？

Alberti, Fay Bound. *A Biography of Loneliness: The History of an Emotion*. Oxford: Oxford University Press, 2019.
Alter, Adam. *Irresistible: The Rise of Addictive Technology and the Business of Keeping Us Hooked*. New York: Penguin, 2017.
American Association for the Advancement of Science. "Empathy: College Students Don't Have as Much as They Used To." *EurekAlert!*, May 28, 2010. https://www.eurekalert.org/pub_releases/2010-05/uom-ecs052610.php.
Beck, Julie. "Married to a Doll: Why One Man Advocates Synthetic Love." *Atlantic*, September 6, 2013. https://www.theatlantic.com/health/archive/2013/09/married-to-a-doll-why-one-man-advocates-synthetic-love/279361/.
Beusman, Callie. "My Sensual Journey into Japan's $90 Million Fake Anime Boyfriend Market." Vice, March 18, 2016. https://www.vice.com/en_us/article/qkg74b/my-sensual-journey-into-japans-90-million-fake-anime-boyfriend-market.
Bruni, Luigino, and Luca Stanca. "Watching Alone: Relational Goods, Television, and Happiness." *Journal of Economic Behavior and Organization* 65, nos. 3–4 (2008): 506–28. https://www.sciencedirect.com/science/article/abs/pii/S0167268106002095.
Cortez, C. A. "Mediated Interpersonal Communication: The Role of Attraction and Perceived Homophily in the Development of Parasocial Relationships." PhD diss., University of Iowa, 1993. https://elibrary.ru/item.asp?id=5801038.
Crist, Ry. "Dawn of the Sexbots." CNET, August 10, 2017. https://www.cnet.com/news/abyss-creations-ai-sex-robots-headed-to-your-bed-and-heart/.
Denworth, Lydia. *Friendship: The Evolution, Biology, and Extraordinary Power of Life's Fundamental Bond*. New York: W. W. Norton, 2020.
Derrick, Jaye L. "Energized by Television: Familiar Fictional Worlds Restore Self-Control." *Social Psychological and Personality Science* 4, no. 3 (2013): 299–307. https://journals.sagepub.com/doi/abs/10.1177/1948550612454889.
Derrick, Jaye L., Shira Gabriel, and Kurt Hugenberg. "Social Surrogacy: How Favored Television Programs Provide the Experience of Belonging." *Journal of Experimental Social Psychology* 45, no. 2 (2009): 352–62. https://www.sciencedirect.com/science/article/abs/pii/S0022103108002412.
DeSteno, David. *Emotional Success: The Power of Gratitude, Compassion, and Pride*. New York: Houghton Mifflin Harcourt, 2019.
Dormehl, Luke. "Realdoll Is Building a Fleet of AI-Powered Sex Robots with Customizable Personalities." Digital Trends, February 3, 2017. https://www.digitaltrends.com/cool-tech/realdoll-sex-robot-ai/.
Eyal, Keren, and Jonathan Cohen. "When Good Friends Say Goodbye: A Parasocial Breakup Study." *Journal of Broadcasting and Electronic Media* 50, no. 3 (2006): 502–23. https://www.tandfonline.com/doi/abs/10.1207/s15506878jobem5003_9.
Frey, Bruno S., Christine Benesch, and Alois Stutzer. "Does Watching TV Make Us Happy?" *Journal of Economic Psychology* 28, no. 3 (2007): 283–313. https://psycnet.apa.org/record/2007-07718-001.
Giles, David. *Illusions of Immortality: A Psychology of Fame and Celebrity*. London: Macmillan Education,

2000.
Glascock, Taylor. "The Japanese Gamers Who Prefer to Date Videogame Characters." *Wired*, October 28, 2015. https://www.wired.com/2015/10/loulou-daki-playing-for-love/.
Halpern, Jake. *Fame Junkies: The Hidden Truths Behind America's Favorite Addiction*. Boston: HMH Books, 2007.
Hampton, Keith N., Chul-joo Lee, Eun Ja Her. "How New Media Affords Network Diversity: Direct and Mediated Access to Social Capital Through Participation in Local Social Settings." *New Media and Society* 13, no. 7 (2011): 1031–49. https://journals.sagepub.com/doi/10.1177/1461444810390342.
Hari, Johann. *Lost Connections: Uncovering the Real Causes of Depression—and the Unexpected Solutions*. New York: Bloomsbury, 2018.
Harris, Michael. *Solitude: In Pursuit of a Singular Life in a Crowded World*. New York: St. Martin's, 2017.
Hegarty, Stephanie. "Why I 'Married' a Cartoon Character." BBC, August 17, 2019. https://www.bbc.com/news/stories-49343280.
Hirayama, Maki. "Developments in Information Technology and the Sexual Depression of Japanese Youth since 2000." *International Journal of the Sociology of Leisure* 2 (2019): 95–119. https://link.springer.com/article/10.1007/s41978-019-00034-2.
Lutz, Ashley. "Meet the Men Who Gave Up Dating in Favor of Life-Sized Dolls." Insider, May 16, 2012. https://www.businessinsider.com/meet-the-men-who-gave-up-dating-for-life-sized-dolls-2012-5.
Katayama, Lisa. "Love in 2-D." *New York Times*, July 21, 2009. https://www.nytimes.com/2009/07/26/magazine/26FOB-2DLove-t.html.
Khademi, Casey Ali. "The Cultural Reconstruction of Fame: How Social Media and Reality Television Have Reshaped America's Definition of 'Famous.' " PhD diss., Stanford University, March 2015. https://comm.stanford.edu/mm/2016/07/Casey-Khademi-MA-Thesis.pdf.
Khazan, Olga. "How Loneliness Begets Loneliness." *Atlantic*, April 2017. https://www.theatlantic.com/health/archive/2017/04/how-loneliness-begets-loneliness/521841/.
Koike, Mayu, et al. "What Factors Attract People to Play Romantic Video Games?" *PLOS One* 15, no. 4 (2020). https://www.ncbi.nlm.nih.gov/pmc/articles/PMC7162468/.
Kushlev, Kostadin, et al. "Smartphones Reduce Smiles Between Strangers." *Computers in Human Behavior* 91 (February 2019): 12–16. https://www.sciencedirect.com/science/article/abs/pii/S0747563218304643.
Lather, Julie, and Emily Moyer-Guse. "How Do We React When Our Favorite Characters Are Taken Away? An Examination of a Temporary Parasocial Breakup." *Mass Communication and Society* 14, no. 2 (2011): 196–215. https://www.tandfonline.com/doi/abs/10.1080/15205431003668603.
Lindstrom, Martin. *Brandwashed: Tricks Companies Use to Manipulate Our Minds and Persuade Us to Buy*. New York: Currency, 2011.
Liu, Dong, et al. "Digital Communication Media Use and Psychological Well-Being: A Meta-Analysis." *Journal of Computer-Mediated Communication* 24, no. 5 (2019): 259–73. https://academic.oup.com/jcmc/article/24/5/259/5583692.
Lowry, Rachel. "Meet the Lonely Japanese Men in Love with Virtual Girlfriends." *Time*, September 15, 2015. https://time.com/3998563/virtual-love-japan/.
Maheshwari, Surabhika. "Children of Famous Parents: An Exploratory Study." *World Academy of Science, Engineering and Technology* 47 (2008): 350–59. https : //citeseerx.ist.psu.edu/viewdoc /download?doi=10.1.1.193.1528&rep=rep1&type=pdf.
Marche, Stephen. "Is Facebook Making Us Lonely?" *Atlantic*, May 2012. https://www.theatlantic.com/

magazine/archive/2012/05/is-facebook-making-us-lonely/308930/.
Marsh, Jenni. "The Rise of Romance Gaming: Is the Perfect Boyfriend Inside Your Phone?" CNN, November 1, 2017. https://www.cnn.com/2016/11/21/asia/romance-gaming-japan/index.html.
Murthy, Vivek H . *Together: The Healing Power of Human Connection in a Sometimes Lonely World*. New York: Harper Wave, 2020.
Naquin, Charles E., Terri R. Kurtzberg, and Liuba Y. Belkin. "E-Mail Communication and Group Cooperation in Mixed Motive Contexts." *Social Justice Research* 21 (2008): 470–89. https://link.springer.com/article/10.1007/s11211-008-0084-x.
Niemiec, Christopher P., Richard M. Ryan, and Edward L. Deci. "The Path Taken: Consequences of Attaining Intrinsic and Extrinsic Aspirations in Post-College Life." *Journal of Research in Personality* 73, no. 3 (2009): 291–306. https://www.ncbi.nlm.nih.gov/pmc/articles/PMC2736104/.
Nishimura-Poupee, Karyn. "No Sad Endings for Japan's Virtual Romance Fans." Phys Org, February 11, 2017. https://phys.org/news/2017-02-sad-japan-virtual-romance-fans.html.
Noser, Amy, and Virgil Zeigler-Hill. "Self-Esteem Instability and the Desire for Fame." *Self and Identity* 13, no. 6 (2014): 701–13. https://www.tandfonline.com/doi/abs/10.1080/15298868.2014.927394.
Ohanesian, Liz. "Japanese Romance Apps Hit the U.S., and They're Amazing." *LA Weekly*, July 7, 2014. https://www.laweekly.com/japanese-romance-apps-hit-the-u-s-and-theyre-amazing/.
Olds, Jacqueline, and Richard S. Schwartz. *The Lonely American: Drifting Apart in the Twenty-First Century*. Boston: Beacon, 2010.
Pinker, Susan. *The Village Effect: How Face-to-Face Contact Can Make Us Healthier and Happier*. Toronto: Random House of Canada, 2014.
Potter, Ned. "More Facebook Friends, Fewer Real Ones, Says Cornell Study." *ABC News*, November 7, 2011. https://abcnews.go.com/Technology/facebook-friends-fewer-close-friends-cornell-sociologist/story?id=14896994.
Prinstein, Mitch. *Popular: Finding Happiness and Success in a World That Cares Too Much About the Wrong Kinds of Relationships*. New York: Penguin, 2017.
Putnam, Robert. *Bowling Alone: The Collapse and Revival of American Community*. New York: Simon & Schuster, 2000.
Rockwell, D., and D. C. Giles. "Being a Celebrity: A Phenomenology of Fame." *Journal of Phenomenological Psychology* 40, no. 2 (2009): 178–210. https://psycnet.apa.org/record/2009-21140-003.
Rosenblatt, Gideon. "Unrequited Love in the Time of Technology." Vital Edge, February 5, 2015. https://www.the-vital-edge.com/unrequited-love/.
Schwartz, Barry. *Paradox of Choice: Why More Is Less*. New York: Ecco, 2003.
Scott Barry Kaufman (@sbkaufman). "The thirst for power is an attempt to escape from loneliness. However, power is never as satisfying as love. (Baumeister & Leary, 1995)." Twitter, June 30, 2017, 8:41 p.m. https://mobile.twitter.com/sbkaufman/status/880994842221752320.
"Sex Dolls That Talk Back." *New York Times*, June 11, 2015. https://www.nytimes.com/2015/06/12/technology/robotica-sex-robot-realdoll.html?_r=0.
Storr, Will. *Selfie: How We Became So Self-Obsessed and What It's Doing to Us*. New York: Harry N. Abrams, 2018.
Tarantola, A. "Realdoll Invests in AI for Future Sexbots That Move, and Talk Dirty." Engadget, June 13, 2013. https://www.engadget.com/2015-06-12-realdoll-robots-ai-realbotix.html.
Thompson, Clive. *Coders: The Making of a New Tribe and the Remaking of the World*. New York: Penguin, 2019.

Turkle, Sherry. *Alone Together: Why We Expect More from Technology and Less from Each Other*. New York: Basic Books, 2012.

Turkle, Sherry. *Reclaiming Conversation: The Power of Talk in a Digital Age*. New York: Penguin, 2016.

Uhls, Y. T., and P. M. Greenfield. "The Value of Fame: Preadolescent Perceptions of Popular Media and Their Relationship to Future Aspirations." *Developmental Psychology*, December 19, 2011. Advance online publication. doi:10.1037/a0026369.

University of Maryland. "Cellphone Use Linked to Selfish Behavior." Science-Daily, February 14, 2012. https://www.sciencedaily.com/releases/2012/02/120214122038.htm.

University of Rochester. "Achieving Fame, Wealth, and Beauty Are Psychological Dead Ends, Study Says." ScienceDaily, May 19, 2009. https://www.sciencedaily.com/releases/2009/05/090514111402.htm.

Young, Emma. "Different Kinds of Loneliness—Having Poor Quality Relationships Is Associated with Greater Distress Than Having Too Few." *Research Digest* (blog), February 2, 2019. https://digest.bps.org.uk/2019/02/20/different-kinds-of-loneliness-having-poor-quality-relationships-is-associated-ith-a-greater-toll-than-having-too-few/.

Wichita State University. "People Lie More When Texting, Study Finds." ScienceDaily, January 26, 2012. https://www.sciencedaily.com/releases/2012/01/120125131120.htm.

3 人間は、他人に必要とされないと生きていけない生き物

"An Audience with . . . Ted Kaptchuk." *Nature Reviews Drug Discovery* 7 (July 2008): 554. https://www.nature.com/articles/nrd2629.

Baumeister, Roy F. *The Cultural Animal: Human Nature, Meaning, and Social Life*. New York: Oxford University Press, 2005.

Blanchflower, David G., and Andrew J. Oswald. "Well-Being over Time in Britain and the USA." Working Paper No. 7487. National Bureau of Economic Research, January 2000. https://www.nber.org/papers/w7487.

Bregman, Rutger. *Humankind: A Hopeful History*. Translated by Elizabeth Manton and Eric Moore. New York: Little, Brown, 2020.

Cacioppo, John T., and William Patrick. *Loneliness: Human Nature and the Need for Social Connection*. New York: Norton, 2009.

Cahalan, Susannah. *The Great Pretender: The Undercover Mission That Changed Our Understanding of Madness*. New York: Grand Central, 2019.

Caluori, Reto. "Even Psychological Placebos Have an Effect." *Informationsdienst Wissenschaft*, February 5, 2019. https://idw-online.de/de/news710065.

Charles, S. J., et al. "Blocking Mu-Opiod Receptors Inhibits Social Bonding in Rituals." *Biology Letters* 16 (2020). https://royalsocietypublishing.org/doi/10.1098/rsbl.2020.0485.

Christian Science Monitor. "The Ten Happiest Jobs." https://www.csmonitor.com/Photo-Galleries/In-Pictures/The-10-happiest-jobs/(photo)/382926.

Colla, Judith, et al. "Depression and Modernization: A Cross-Cultural Study of Women." *Social Psychiatry and Psychiatric Epidemiology* 41, no. 4 (2006): 271–79. https://pubmed.ncbi.nlm.nih.gov/16520885/.

Crockett, Molly J., et al. "Harm to Others Outweighs Harm to Self." *Proceedings of the National Academy of Sciences* 111, no. 448 (2014): 17320–25. https://www.pnas.org/content/111/48/17320.short.

Dartmouth College. "Our Brains Are Obsessed with Being Social." ScienceDaily, May 16, 2018. https://www.sciencedaily.com/releases/2018/05/180516162533.htm.

Denworth, Lydia. *Friendship: The Evolution, Biology, and Extraordinary Power of Life's Fundamental Bond*.

New York: W. W. Norton, 2020.
Feinberg, Cara. "The Placebo Phenomenon." *Harvard Magazine*, January–February 2013. https://harvardmagazine.com/2013/01/the-placebo-phenomenon.
Finniss, Damien G., et al. "Placebo Effects: Biological, Clinical, and Ethical Advances." *Lancet* 375, no. 9715 (2010): 686–95. https://www.ncbi.nlm.nih.gov/pmc/articles/PMC2832199/.
Gaab, Jens, et al. "Effects and Components of Placebos with a Psychological Treatment Rationale—Three Randomized-Controlled Studies." *Scientific Reports* 9, no. 1421 (2019). https://www.nature.com/articles/s41598-018-37945-1.
Greenberg, Gary. "What If the Placebo Effect Isn't a Trick?" *New York Times Magazine*, November 7, 2018. https://www.nytimes.com/2018/11/07/magazine/placebo-effect-medicine.html.
Hare, Brian, and Vanessa Woods. *Survival of the Friendliest: Understanding Our Origins and Rediscovering Our Common Humanity*. New York: Random House, 2020.
Hari, Johann. *Chasing the Scream: The First and Last Days of the War on Drugs*. New York: Bloomsbury, 2019.
Hari, Johann. *Lost Connections: Uncovering the Real Causes of Depression—and the Unexpected Solutions*. New York: Bloomsbury, 2018.
Hidaka, Brandon H. "Depression as a Disease of Modernity: Explanations for Increasing Prevalence." *Journal of Affective Disorders* 140, no. 3 (2012): 205–14. https://pubmed.ncbi.nlm.nih.gov/22244375/.
Insel, Thomas R. "Is Social Attachment an Addictive Disorder?" *Physiology & Behavior* 79, no. 3 (2003): 351–7. https://pubmed.ncbi.nlm.nih.gov/12954430/.
Junger, Sebastian. *Tribe: On Homecoming and Belonging*. New York: Grand Central,2016.
Kaptchuk, Ted J. "About." https://www.tedkaptchuk.com/.
Kaptchuk, Ted J. "The Placebo Effect in Alternative Medicine: Can the Performance of a Healing Ritual Have Clinical Significance?" *Annals of Internal Medicine* 136, no. 11 (2002): 817–25. https://pubmed.ncbi.nlm.nih.gov/12044130/.
Kaptchuk, Ted. "Placebo Effects Make Good Medicine Better." TEDMED. https://www.tedmed.com/talks/show?id=299407.
Kaptchuk, Ted J., and Franklin G. Miller. "Open Label Placebo: Can Honestly Prescribed Placebos Evoke Meaningful Therapeutic Benefits?" *BMJ*, October 2, 2018. https://pubmed.ncbi.nlm.nih.gov/30279235/.
Kirsch, Irving. "Antidepressants and the Placebo Effect." *Zeitschrift fur Psychologie* 222, no. 3 (2014): 128–34. https://www.ncbi.nlm.nih.gov/pmc/articles/PMC4172306/.
Kirsch, Irving, and Guy Sapirstein. "Listening to Prozac but Hearing Placebo: A Meta-analysis of Antidepressant Medication." *Prevention and Treatment* 1, no. 2(1998). https://psycnet.apa.org/record/1999-11094-001.
Lowe, Derek. "Expensive Placebos Work Better." *Science*, January 29, 2015. https://blogs.sciencemag.org/pipeline/archives/2015/01/29/expensive_placebos_work_better.
Miller, Franklin G., and Ted J. Kaptchuk. "The Power of Context: Reconceptualizing the Placebo Effect." *Journal of the Royal Society of Medicine* 101, no. 5(2008): 222–25. https://www.ncbi.nlm.nih.gov/pmc/articles/PMC2376272/.
Miller, Franklin G., Luana Colloca, and Ted J. Kaptchuk. "The Placebo Effect: Illness and Interpersonal Healing." *Perspectives in Biology and Medicine* 52, no. 4 (2009): 518. https://www.ncbi.nlm.nih.gov/pmc/articles/PMC2814126/.
Murthy, Vivek H. *Together: The Healing Power of Human Connection in a Sometimes Lonely World*. New

York: Harper Wave, 2020.
Ohio State University. "Why Some Friends Make You Feel More Supported Than Others." ScienceDaily, October 7, 2020. https://www.sciencedaily.com/releases/2020/10/201007085609.htm.
Olds, Jacqueline, and Richard S. Schwartz. *The Lonely American: Drifting Apart in the Twenty-First Century*. Boston: Beacon, 2010.
Olson, Jay A., et al. "Super Placebos: A Feasibility Study Combining Contextual Factors to Promote Placebo Effects." PsyArXiv Preprints, December 26, 2020. https://psyarxiv.com/sh4f6/.
Pinker, Susan. *The Village Effect: How Face-to-Face Contact Can Make Us Healthier and Happier*. Toronto: Random House of Canada, 2014.
Porot, Nicolas, and Eric Mandelbaum. "The Science of Belief: A Progress Report." *WIREs Cognitive Science* 12, no. 2 (2021): e1539. https://wires.onlinelibrary.wiley.com/doi/10.1002/wcs.1539.
Prioleau, Leslie, Martha Murdock, and Nathan Brody. "An Analysis of Psychotherapy Versus Placebo Studies." *Behavioral and Brain Sciences* 6, no. 2 (1983): 275–85. https://www.cambridge.org/core/journals/behavioral-and-brain-sciences/article/abs/an-analysis-of-psychotherapy-versus-placebo-studies/08C6F3704103BE1DE8737138D61BE66B.
Quinones, Sam. *Dreamland: The True Tale of America's Opiate Epidemic*. New York: Bloomsbury, 2015.
Robinson, Paul H., and Sarah M. Robinson. *Pirates, Prisoners, and Lepers: Lessons from Life Outside the Law*. Lincoln, NE: Potomac Books, 2015.
Snyder, C. Richard, ed. *Handbook of Hope: Theory, Measures, and Applications*. Cambridge, MA: Academic, 2000.
Solnit, Rebecca. *A Paradise Built in Hell: The Extraordinary Communities That Arise in Disaster*. New York: Penguin, 2010.
Specter, Michael. "The Power of Nothing." *New Yorker*, December 12, 2012. https://www.newyorker.com/magazine/2011/12/12/the-power-of-nothing.
Sternberg, Robert, and Judith Gl.ck, eds. *The Cambridge Handbook of Wisdom*. Cambridge: Cambridge University Press, 2019.
Storr, Will. *Selfie: How We Became So Self-Obsessed and What It's Doing to Us*. New York: Harry N. Abrams, 2018.
Suttie, Jill. "Why Americans Struggle to Be Happy." *Greater Good Magazine*, October 26, 2015. https://greatergood.berkeley.edu/article/item/why_americans_struggle_to_be_happy.
University of Michigan Health System. "Placebo Power: Depressed People Who Respond to Fake Drugs Get the Most Help from Real Ones." Science-Daily, September 30, 2015. https://www.sciencedaily.com/releases/2015/09/150930140131.htm.
Wai-lan Yeung, Victoria, Andrew Greers, and Simon Man-chun Kam. "Merely Possessing a Placebo Analgesic Reduced Pain Intensity: Preliminary Findings from a Randomized Trial." *Current Psychology* 38 (2019): 194–203. https://link.springer.com/article/10.1007/s12144-017-9601-0.
Wehrwein, Peter. "Astounding Increase in Antidepressant Use by Americans." *Harvard Health Blog*, October 20, 2011. https://www.health.harvard.edu/blog/astounding-increase-in-antidepressant-use-by-americans-201110203624.
Weissman, Myrna M., et al. "The Changing Rate of Major Depression: Cross-National Comparisons." *JAMA* 268, no. 21 (1992): 3098–105. https://jamanetwork.com/journals/jama/article-abstract/401629.
Wikipedia. "Inclusion of the Ingroup in the Self." https://en.wikipedia.org/wiki/Self-expansion_model#Inclusion_of_the_ingroup_in_the_self.
Wikipedia. "Placebo." https://en.wikipedia.org/wiki/Placebo.

Wikipedia. "Rumspringa." https://en.wikipedia.org/wiki/Rumspringa.
Wikipedia. "Ted Kaptchuk." https://en.wikipedia.org/wiki/Ted_Kaptchuk.

4 超個人主義に殺されないために

Christakis, Nicholas A. *Blueprint: The Evolutionary Origins of a Good Society*. New York: Little, Brown, 2019.

Cozolino, Louis. *The Neuroscience of Human Relationships: Attachment and the Developing Social Brain*, 2nd ed. New York: W. W. Norton, 2014.

Finkel, Michael. *The Stranger in the Woods: The Extraordinary Story of the Last True Hermit*. New York: Knopf Doubleday, 2017.

Robinson, Paul H., and Sarah M. Robinson. *Pirates, Prisoners, and Lepers: Lessons from Life Outside the Law*. Lincoln, NE: Potomac Books, 2015.

何やら結論めいたもの

Baumeister, Roy F., and Mark R. Leary. "The Need to Belong: Desire for Interpersonal Attachments as a Fundamental Human Motivation." *Psychological Bulletin* 117, no. 3 (1995): 497–529. https://psycnet.apa.org/record/1995-29052-001.

Baumeister, Roy F., and William von Hippel. "Why Nature Selected Human Minds to Use Meaning." *Evolutionary Studies in Imaginative Culture* 4, no. 1(2020): 1–18. https://www.jstor.org/stable/10.26613/esic.4.1.158?seq=1.

Freling, Traci H. "When Poignant Stories Outweigh Cold Hard Facts: A Meta-analysis of the Anecdotal Bias." *Organizational Behavior and Human Decision Processes* 160 (2020): 51–67. https://www.sciencedirect.com/science/article/abs/pii/S0749597819301633.

Hu, Caitlin. "An Italian Doctor Explains 'Syndrome K,' the Fake Disease He Invented to Save Jews from the Nazis." Quartz, July 8, 2016. https://qz.com/724169/an-italian-doctor-explains-syndrome-k-the-fake-disease-he-invented-to-save-jews-from-the-nazis/.

"Italian Doctor Who Fooled Nazis." *BBC News*, last updated December 3, 2004. http://news.bbc.co.uk/2/hi/europe/4066105.stm.

Lambert, Nathaniel M., et al. "To Belong Is to Matter: Sense of Belonging Enhances Meaning in Life." *Personality and Social Psychology Bulletin* 39, no. 11 (2013): 1418–27. https://journals.sagepub.com/doi/abs/10.1177/0146167213499186.

Wikipedia. "Fatebenefratelli Hospital." https://en.wikipedia.org/wiki/Fatebenefratelli_Hospital.

Wikipedia. "Giovanni Borromeo." https://en.wikipedia.org/wiki/Giovanni_Borromeo.

邦訳文献

第1章　人の心は見た目が2割

『思考のトラップ：脳があなたをダマす48のやり方』デイヴィッド・マクレイニー著、安原和見訳、二見書房、2014
『コールド・リーディング：人の心を一瞬でつかむ技術』イアン・ローランド著、福岡洋一訳、楽工社、2011
『人の心は読めるか？：本音と誤解の心理学』ニコラス・エプリー著、波多野理彩子訳、ハヤカワ文庫、2017
『人間関係における非言語情報伝達』マーク・L.ナップ著、牧野成一／牧野泰子訳、東海大学出版会、1979
『The Confidence Game：信頼と説得の心理学』マリア・コニコヴァ著、片桐恵理子訳、ダイレクト出版、2019
『第一印象の科学：なぜヒトは顔に惑わされてしまうのか？』アレクサンダー・トドロフ著、中里京子訳、作田由衣子監修、みすず書房、2019
『人間この信じやすきもの：迷信・誤信はどうして生まれるか』T.ギロビッチ著、守一雄／守秀子訳、新曜社認知科学選書、1993
『スヌープ！：あの人の心ののぞき方』サム・ゴズリング著、篠森ゆりこ訳、講談社、2008
『シャーロック・ホームズの思考術』マリア・コニコヴァ著、日暮雅通訳、早川書房、2014
『正直シグナル：非言語コミュニケーションの科学』アレックス（サンディ）・ペントランド著、柴田裕之訳、安西祐一郎監訳、みすず書房、2013
『忘れられない脳：記憶の檻に閉じ込められた私』ジル・プライス／バート・デービス著、橋本碩也訳、ランダムハウス講談社、2009
『9つの脳の不思議な物語』ヘレン・トムスン著、仁木めぐみ訳、文藝春秋、2019

第2章「頼れる友だち」は実在するのか

『ブループリント：「よい未来」を築くための進化論と人類史』（上下巻）ニコラス・クリスタキス著、鬼澤忍・塩原通緒訳、ニューズピックス、2020
『あなたはなぜ「友だち」が必要なのか』カーリン・フローラ著、高原誠子訳、原書房、2013
『四つの愛〔新訳〕』C.S.ルイス著、佐柳文男訳、新教出版社、2011
『親切な進化生物学者：ジョージ・プライスと利他行動の対価』オレン・ハーマン著、垂水雄二訳、みすず書房、2011
『一瞬で人に好かれる6つの秘密：なぜ、あの人の周りにだけ人が集まるのか？』オリ・ブラフマン／ロム・ブラフマン著、林田レジリ浩文訳、フォレスト出版、2013
『人を動かす 文庫版』D・カーネギー著、山口博訳、創元社、2016
『傷つきやすいアメリカの大学生たち：大学と若者をダメにする「善意」と「誤った信念」の正体』グレッグ・ルキアノフ／ジョナサン・ハイト著、西川由紀子訳、草思社、2022
『あの人はなぜあなたを疲れさせるのか』アルバート・J.バーンスタイン著、実川元子訳、角川書店、2001
『ラリー・フリント』ラリー・フリント著、田畑智通訳、徳間文庫、1997

第3章 愛こそすべて？

『当世出会い事情：スマホ時代の恋愛社会学』アジズ・アンサリ／エリック・クライネンバーグ著、田栗美奈子訳、亜紀書房、2016

『一度なら許してしまう女一度でも許せない男：嫉妬と性行動の進化論』デヴィッド・M. バス著、三浦彊子訳、PHP 研究所、2001
『女と男のだましあい：ヒトの性行動の進化』デヴィッド・M. バス著、狩野秀之訳、草思社、2000
『つながり：社会的ネットワークの驚くべき力』ニコラス・A. クリスタキス／ジェイムズ・H. ファウラー著、鬼澤忍訳、講談社、2010
『不倫の惑星：世界各国、情事のマナー』パメラ・ドラッカーマン著、佐竹史子訳、早川書房、2008
『愛はなぜ終わるのか：結婚・不倫・離婚の自然史』ヘレン・E. フィッシャー著、吉田利子訳、草思社、1993
『愛するということ』エーリッヒ・フロム著、鈴木晶訳、紀伊國屋書店、2020
『結婚生活を成功させる七つの原則』ジョン・M. ゴットマン／ナン・シルバー著、松浦秀明訳、第三文明社、2007
『性欲の科学：なぜ男は「素人」に興奮し、女は「男同士」に萌えるのか』オギ・オーガス／サイ・ガダム著、坂東智子訳、阪急コミュニケーションズ、2012
『夫婦ゲンカで男はなぜ黙るのか』タラ・パーカー＝ポープ著、古草秀子訳、NHK 出版、2011
『愛の心理学』R.J. スタンバーグ／K. ヴァイス 編、和田実／増田匡裕訳、北大路書房、2009
『臨床恋愛病講座』フランク・タリス著、春日井晶子訳、ランダムハウス講談社、2006
『人はなぜ恋に落ちるのか？：恋と愛情と性欲の脳科学』ヘレン・フィッシャー著、大野晶子訳、ソニー・マガジンズ、2005
『愛はすべてか：認知療法によって夫婦はどのように誤解を克服し、葛藤を解消し、夫婦間の問題を解決できるのか』アーロン・T・ベック著、井上和臣監訳、金剛出版、2021
『ゴットマン式コミュニケーション術：自己診断テストでわかる改善と対策』ジョン・M・ゴットマン／ジョアン・デクレア著、伊藤和子訳、パンローリング、2021
『選択の科学：コロンビア大学ビジネススクール特別講義』シーナ・アイエンガー著、櫻井祐子訳、文藝春秋、2010
『セックスレスは罪ですか？』エステル・ペレル著、高月園子訳、ランダムハウス講談社、2008
『ポジティブ心理学の挑戦："幸福"から"持続的幸福"へ』マーティン・セリグマン著、宇野カオリ監訳、ディスカヴァー・トゥエンティワン、2014
『なぜ人はキスをするのか？』シェリル・カーシェンバウム著、沼尻由起子訳、河出書房新社、2011
『モラル・アニマル』（上下巻）ロバート・ライト著、小川敏子訳、講談社、1995

第 4 章 人はひとりでは生きていけない？
『幸福優位 7 つの法則：仕事も人生も充実させるハーバード式最新成功理論』ショーン・エイカー著、高橋由紀子訳、徳間書店、2011
『孤独の科学：人はなぜ寂しくなるのか』ジョン・T・カシオポ／ウィリアム・パトリック著、柴田裕之訳、河出文庫、2018
『フロー体験入門：楽しみと創造の心理学』M. チクセントミハイ著、大森弘監訳、世界思想社、2010
『昨日までの世界：文明の源流と人類の未来』（上下巻）ジャレド・ダイアモンド著、倉骨彰訳、日経ビジネス人文庫、2017
『ある世捨て人の物語：誰にも知られず森で 27 年間暮らした男』マイケル・フィンケル著、宇丹貴代実訳、河出書房新社、2018
『孤独の歴史』デイヴィド・ヴィンセント著、山田文訳、東京堂出版、2021
『僕らはそれに抵抗できない：「依存症ビジネス」のつくられかた』アダム・オルター著、上原裕美子訳、ダイヤモンド社、2019
『なぜ「やる気」は長続きしないのか：心理学が教える感情と成功の意外な関係』デイヴィッド・デス

テノ著、住友進訳、白揚社、2020
『なぜ、それを買わずにはいられないのか：ブランド仕掛け人の告白』マーティン・リンストローム著、木村博江訳、文藝春秋、2012
『POPULAR「人気」の法則：人を惹きつける謎の力』ミッチ・プリンスタイン著、茂木健一郎訳・解説、三笠書房、2018
『孤独なボウリング：米国コミュニティの崩壊と再生』ロバート・D.パットナム著、柴内康文訳、柏書房、2006
『なぜ選ぶたびに後悔するのか：「選択の自由」の落とし穴』バリー・シュワルツ著、瑞穂のりこ訳、ランダムハウス講談社、2004
『Coders：凄腕ソフトウェア開発者が新しい世界をビルドする』クライブ・トンプソン著、井口耕二訳、日経BP、2020
『つながっているのに孤独：人生を豊かにするはずのインターネットの正体』シェリー・タークル著、渡会圭子訳、ダイヤモンド社、2018
『一緒にいてもスマホ：SNSとFTF』シェリー・タークル著、日暮雅通訳、青土社、2017
『Humankind 希望の歴史：人類が善き未来をつくるための18章』（上下巻）ルトガー・ブレグマン著、野中香方子訳、文藝春秋、2021
『なりすまし：正気と狂気を揺るがす、精神病院潜入実験』スザンナ・キャハラン著、宮﨑真紀訳、亜紀書房、2021
『ヒトは〈家畜化〉して進化した：私たちはなぜ寛容で残酷な生き物になったのか』ブライアン・ヘア／ヴァネッサ・ウッズ著、藤原多伽夫訳、白揚社、2022
『麻薬と人間 100年の物語：薬物への認識を変える衝撃の真実』ヨハン・ハリ著、福井昌子訳、作品社、2021
『定本・災害ユートピア：なぜそのとき特別な共同体が立ち上がるのか』レベッカ・ソルニット著、高月園子訳、亜紀書房、2020

PLAYS WELL WITH OTHERS
by Eric Barker

残酷すぎる人間法則
9割まちがえる「対人関係のウソ」を科学する

2023年3月31日　第1刷発行

著　者　エリック・バーカー
監訳者　橘 玲
訳　者　竹中てる実
発行者　大山邦興
発行所　株式会社　飛鳥新社
〒101-0003東京都千代田区一ツ橋2-4-3
光文恒産ビル
電話（営業）03-3263-7770（編集）03-3263-7773
http://www.asukashinsha.co.jp

装　丁　井上新八
校　正　井口崇也

印刷・製本　中央精版印刷株式会社

ISBN978-4-86410-949-9

編集担当　矢島和郎